Gibier

à poil et à plume

Design graphique : Nicole Morin
Infographie : Luisa da Silva
Révision et correction : Ginette Patenaude
Traitement des images : Mélanie Sabourin
Photographies : Pierre Beauchemin
Styliste culinaire : Myriam Pelletier
Styliste accessoiriste : Luce Meunier

Catalogage avant publication de Bibliothèque et Archives nationales du Québec et Bibliothèque et Archives Canada

Grappe, Jean-Paul

Gibier à poil et à plume : découper, apprêter et cuisiner
Nouv. éd.
Comprend des réf. bibliogr. et un index.

ISBN 978-2-7619-2551-8

1. Cuisine (Gibier). I. Titre.

TX751.G72 2008   641.6'91   C2008-941747-X

Pour en savoir davantage sur nos publications,
visitez notre site : **www.edhomme.com**
Autres sites à visiter : www.edjour.com
www.edtypo.com • www.edvlb.com
www.edhexagone.com • www.edutilis.com

09-08

© 2008, Les Éditions de l'Homme,
division du Groupe Sogides inc.,
filiale du Groupe Livre Quebecor Media inc.
(Montréal, Québec)

Tous droits réservés

Dépôt légal : 2008
Bibliothèque et Archives nationales du Québec

ISBN 978-2-7619-2551-8

DISTRIBUTEURS EXCLUSIFS :

• Pour le Canada et les États-Unis :
MESSAGERIES ADP*
2315, rue de la Province
Longueuil, Québec J4G 1G4
Tél. : 450 640-1237
Télécopieur : 450 674-6237
* filiale du Groupe Sogides inc.,
  filiale du Groupe Livre Quebecor Media inc.

• Pour la France et les autres pays :
INTERFORUM editis
Immeuble Paryseine, 3, Allée de la Seine
94854 Ivry CEDEX
Tél. : 33 (0) 1 49 59 11 56/91
Télécopieur : 33 (0) 1 49 59 11 33
Service commandes France Métropolitaine
Tél. : 33 (0) 2 38 32 71 00
Télécopieur : 33 (0) 2 38 32 71 28
Internet : www.interforum.fr
Service commandes Export – DOM-TOM
Télécopieur : 33 (0) 2 38 32 78 86
Internet : www.interforum.fr
Courriel : cdes-export@interforum.fr

• Pour la Suisse :
INTERFORUM editis SUISSE
Case postale 69 – CH 1701 Fribourg – Suisse
Tél. : 41 (0) 26 460 80 60
Télécopieur : 41 (0) 26 460 80 68
Internet : www.interforumsuisse.ch
Courriel : office@interforumsuisse.ch
Distributeur : OLF S.A.
ZI. 3, Corminboeuf
Case postale 1061 – CH 1701 Fribourg – Suisse
Commandes : Tél. : 41 (0) 26 467 53 33
                 Télécopieur : 41 (0) 26 467 54 66
                 Internet : www.olf.ch
                 Courriel : information@olf.ch

• Pour la Belgique et le Luxembourg :
INTERFORUM editis BENELUX S.A.
Boulevard de l'Europe 117,
B-1301 Wavre – Belgique
Tél. : 32 (0) 10 42 03 20
Télécopieur : 32 (0) 10 41 20 24
Internet : www.interforum.be
Courriel : info@interforum.be

Gouvernement du Québec – Programme de crédit d'impôt pour l'édition de livres – Gestion SODEC – www.sodec.gouv.qc.ca

L'Éditeur bénéficie du soutien de la Société de développement des entreprises culturelles du Québec pour son programme d'édition.

Conseil des Arts   Canada Council
du Canada   for the Arts

Nous remercions le Conseil des Arts du Canada de l'aide accordée à notre programme de publication.

Nous reconnaissons l'aide financière du gouvernement du Canada par l'entremise du Programme d'aide au développement de l'industrie de l'édition (PADIÉ) pour nos activités d'édition.

Jean-Paul Grappe

et l'Institut de tourisme et d'hôtellerie du Québec (ITHQ)

Gibier
à poil et à plume

Découper, apprêter et cuisiner

LES ÉDITIONS DE L'HOMME

Une compagnie de Quebecor Media

ITHQ

CE LIVRE EST DÉDIÉ AUX CUISINIÈRES ET AUX CUISINIERS

L'art tend à l'embellissement de la vie. Il doit nous aider à vivre plus et mieux. Mais il n'atteint pleinement ce but que s'il nous permet d'éprouver une satisfaction intellectuelle, doublée d'un bien-être physique. Satisfaction et bien-être qui doivent se confondre, résister et trouver un équilibre afin que chacun conserve sa spécificité. Sinon, dans un cas, c'est le mysticisme et, dans l'autre, la débauche. Et c'est précisément cet équilibre entre la chair et l'esprit qu'il faut respecter dans la dégustation si l'on veut la hausser au rang d'art.

Jean-Paul Grappe, j'ai eu le plaisir de le découvrir il y a quelques années lors d'une expédition dans le Grand Nord québécois où, accompagné de mes amis cuisiniers, nous avons parcouru plus de 2000 kilomètres en motoneige.

Chaque soir nous conduisait dans un bivouac différent où Jean-Paul officiait en cuisine, nous concoctant des plats réalisés à partir de produits locaux, bien souvent pêchés ou chassés par les Inuits qui nous encadraient lors de ce périple. C'est ainsi que nous avons pu découvrir, parfois avec étonnement, des mets particulièrement originaux.

J'ai parcouru avec un grand intérêt l'énorme manuscrit traitant de la chasse et de tout ce qui s'y rattache, d'où l'édition de ce livre qui en résulte. J'ai rarement eu l'occasion d'avoir entre les mains un ouvrage aussi complet sur le sujet, largement illustré de photographies, qui s'approche plus d'une encyclopédie que d'un banal livre de recettes, tellement il fourmille d'informations et d'explications fort détaillées.

Il faut dire que le Canada est non seulement un très beau pays, mais aussi un pays très giboyeux. Il y a donc matière à s'exprimer sur le sujet, ce que n'a pas manqué de faire notre ami, qui laisse poindre à travers son discours sa grande humanité et son respect de la nature.

Tout comme dans son précédent ouvrage, *Poissons, Mollusques et Crustacés,* Jean-Paul Grappe a réalisé un énorme travail de pédagogie auquel il est foncièrement attaché, donnant à tous et à chacun un cours magistral sur les différentes façons de cuisiner le gibier et tout ce qui s'y rapporte.

Toutes mes félicitations ; cet ouvrage deviendra, j'en suis sûr, le livre de chevet de tous les chasseurs, ainsi que des amoureux de la nature. Son succès est assuré.

Paul Bocuse

CHASSE ET RESPECT

Lorsque les premiers Français arrivèrent sur ce continent, ils furent surpris (et rassurés) d'y trouver une telle abondance de gibier. Dans leur pays d'origine, leur ordinaire était loin d'être aussi riche en produits carnés, ce qui fait dire à plusieurs historiens que l'on mangeait mieux en Nouvelle-France qu'en France.

Sur ce vaste territoire où forêts, lacs et rivières abritaient une faune abondante, les autochtones vivaient en harmonie avec leur environnement. Ils puisaient dans ce réservoir tout ce qu'il leur fallait pour se nourrir, se vêtir et faire du commerce, sans épuiser la ressource. Ils avaient aussi ce souci inhérent à leur culture de préserver le cycle de la vie. L'animal comme l'homme contribuaient à l'équilibre de la vie.

Bien des lunes plus tard, nous ne chassons plus pour vivre, nous nourrir ou nous vêtir. Nous chassons pour le plaisir. Celui de collectionner des trophées. Celui de goûter une viande sauvage.

Bien souvent, ce que nous appelons « gibier » n'en a plus aujourd'hui que le nom. On parle de gibier d'élevage, sans se rendre compte que ces deux mots s'opposent. La vente de « vrai » gibier est interdite. Le caribou est le seul à échapper à cette réglementation. Le bœuf musqué aussi, dans certaines conditions. Seuls les chasseurs peuvent donc accéder à cette ressource et faire profiter les autres de leur bonne fortune.

Chasser est un privilège. Un code d'honneur devrait l'accompagner. Tuer pour ne recueillir que quelques morceaux est une injure à la nature, un manque de respect et de civisme. Tout comme le chasseur doit connaître le maniement d'une arme à feu, il devrait aussi savoir utiliser un couteau de boucherie !

Avec la parution de ce livre, plus aucun n'aura d'excuses. Voilà, identifiées soigneusement, de la plus petite à la plus imposante, toutes ces proies convoitées qui pourront ainsi prendre le chemin de la table, avec le respect qu'on leur doit. Bonne chasse. Bon appétit.

FRANÇOISE KAYLER

Le Québec est un paradis pour les amateurs de gibier à poil et à plume. Du nord au sud, d'est en ouest, qu'ils préfèrent les forêts, la taïga et la toundra du Grand Nord, les lacs ou les rivières, les chasseurs et les pêcheurs sont plus que choyés dans notre belle province.

De tout temps, la chasse fut la pourvoyeuse de nos tables. Grimod de la Reynière, Brillat-Savarin, Escoffier, Paul Bocuse et bien d'autres célébrités en cuisine ont vanté les délices du gibier dont la chair est plus savoureuse et plus substantielle que celle des animaux domestiques. Les animaux sauvages vivent en liberté et se nourrissent de ce qui leur convient; de ce fait, leur chair a des saveurs qui transforment un repas en délice gastronomique.

Mais avant de déguster le gibier, il faut apprendre à le respecter, entre autres en lui donnant la chance d'échapper à la mort: c'est ce que fait le chasseur patient qui tue sa proie seulement rendu à proximité. Et si le chasseur gagne, il se doit d'utiliser toutes les parties de l'animal.

Nous aborderons dans ce livre les genres de gibier à poil (venaison, basse venaison) et de gibier à plume (aquatique ou terrestre) ainsi que leurs divers modes de préparation. Si certaines préparations sont fort simples, d'autres, par contre, font intervenir marinades, piquages ou lardages. La basse venaison ne comprend que les lièvres, pour lesquels de nombreuses recettes ont été créées.

La vente de viande sauvage pour les restaurants est interdite au Québec, et c'est tant mieux, car en permettre la vente libre serait catastrophique pour l'équilibre naturel. Pour pallier cette interdiction, des producteurs font depuis plusieurs dizaines d'années l'élevage de certaines espèces de gibier à plume et à poil. Plusieurs espèces, au Québec, ont été bien adaptées à l'élevage. Citons, parmi le gibier à plume, la caille, le faisan, le colin de Virginie, la pintade, le dindon, la bartavelle, le pigeon, le colvert et, parmi le gibier à poil, dont la liste pourrait être fort longue, le cerf de Virginie, l'orignal, le caribou, l'ours noir, le bison, le bœuf musqué, le castor et le phoque, qui font l'objet de recettes dans ce livre.

Dans les recettes de cet ouvrage, on utilise des animaux d'ici et d'ailleurs. Comme il est permis de chasser des espèces dans certaines régions alors que dans d'autres, elles sont protégées, il est important de s'assurer que la chasse de l'animal que vous convoitez n'est pas interdite sur votre territoire de chasse.

LE GIBIER À PLUME

Lorsqu'il s'agit du gibier à plume, plusieurs questions se posent. Faut-il ou non vider les oiseaux avant la cuisson? Les spécialistes nous diront qu'il faut vider les oiseaux à bec gros et court (comme la caille) et laisser tels quels les oiseaux dont le bec est long et fin (la bécasse, par exemple). Il se trouve toutefois des amateurs qui, au nom de l'hygiène et de la propreté, voient la nécessité de vider tous les oiseaux, même petits.

Certains oiseaux sont si petits qu'il faut en compter plusieurs par personne (la caille, la bécassine, la grive ou l'alouette, par exemple); d'autres sont suffisamment gros pour satisfaire deux ou plusieurs personnes (le faisan, la perdrix, le lagopède, le coq de Bruyère, l'outarde et le canard). Les différentes espèces de gibier à plume sont présentées par familles qui se distinguent parfaitement ou se ressemblent. Elles seront cuisinées de façon traditionnelle ou évolutive, afin de toujours préserver leur saveur.

LE GIBIER À POIL

Nous traiterons ici d'animaux qu'on ne trouve que rarement chez les détaillants. Par contre, si vous avez la chance de connaître des chasseurs, l'aventure d'une dégustation de bœuf musqué, de castor, d'ours et même de phoque vous fera connaître de belles expériences culinaires.

Au Québec, paradis de la chasse et de la pêche, nous avons la chance de développer notre propre art culinaire : celui d'apprêter les produits de nos forêts, de nos lacs et de nos rivières. Cet art fait de nous des « cuisiniers gastronomes ». Mais qu'est-ce que la gastronomie ?

LA GASTRONOMIE

Affirmer que la gastronomie est un art fera protester ceux et celles qui clament qu'il faut « manger pour vivre et non vivre pour manger ». Pour eux, l'art de manger n'a pas droit d'existence.

L'art n'est autre chose, en somme, que la cause et l'effet de l'affinement de certains sens tels que la vue, l'ouïe et le toucher. Pourquoi, dans ce cas, refuser au sens du goût sa place dans la genèse et le triomphe de l'art ?

Ainsi qu'on le verra dans cet ouvrage, le fait d'apprécier la jouissance provoquée par un bon repas n'incombe pas seulement au goût; les autres sens entrent aussi en jeu. La gastronomie n'est donc pas seulement un art qui s'adresse au palais; il porte sur le psychisme et sur tous les sens. La gastronomie peut donc être considérée comme un art complet.

La gastronomie est également une science, une science appliquée. Certains vous diront que ce n'est qu'une technique. En admettant que cela soit vrai, cette technique est dictée par une science véritable, la science appliquée, qui a des points communs avec toutes les autres sciences.

On peut certainement attribuer à la cuisine une valeur artistique tout en lui refusant toute valeur scientifique. Un cuisinier qui exécute aveuglément les recettes de son livre de cuisine ne créera jamais de nouvelles techniques; il restera dans son cercle infiniment petit, ne se doutant même pas qu'il existe de nouvelles combinaisons dans lesquelles entrent en jeu les éléments qu'il emploie journellement dans sa cuisine. Ce cuisinier sera toujours un mauvais cuisinier.

« La découverte d'un nouveau plat fait plus de bien à l'humanité que la découverte d'une étoile nouvelle », a dit Brillat-Savarin. Sans pousser les choses jusque-là, avouons que s'il est difficile pour un astronome de trouver une nouvelle planète, il est aussi relativement difficile pour le gourmet de trouver un nouveau plat. Le cuisinier, comme le gourmet, doit être un esprit cultivé, instruit. Rappelons que les combinaisons célèbres du foie gras et de la truffe sont dues à Rossini; que l'emploi des rognons pour relever certains plats fut imaginé par Meyerbeer.

Le gourmet, qui est toujours cuisinier dans l'âme, doit comprendre le comment et le pourquoi de ce qu'il fait. Dès ce jour, en ses mains, la cuisine devient une science.

Comprendre comment et pourquoi un dîner bien préparé et bien servi nous comble de bonheur suppose que l'on ait des connaissances élémentaires sur les aliments, la digestion, l'assimilation, voire même sur le psychisme.

Est-ce à dire qu'il faut absolument connaître la composition chimique exacte des tissus d'une huître, par exemple, pour en goûter l'onctuosité et la saveur? Non. On peut être un artiste sans être un homme de science. On peut admirer une cathédrale gothique sans rien connaître de la résistance des matériaux. Avouez cependant qu'un observateur qui a des notions générales sur la construction des voûtes et la résistance des piliers découvrira, dans l'abside d'une église, des sujets d'admiration qui échapperont certainement au touriste errant qui n'a pour toute science que les indications du *Baedeker*.

Tout art a son côté scientifique. L'art architectural n'existerait pas sans la science du constructeur. La sculpture ne serait rien sans l'anatomie; la peinture serait peu de chose sans la notion des couleurs. De même, la gastronomie est doublée de la gastrotechnie.

La gastrotechnie est la science de la préparation des aliments. Ceux-ci doivent être rendus digestibles, assimilables au maximum et présentés par l'art culinaire de telle façon qu'ils fassent naître en nous le maximum de cette jouissance psychique qui influe énormément sur la sécrétion des sucs digestifs. Et cela revêt une grande importance, car les aliments, une fois digérés et assimilés, sont les agents actifs de la réfection de nos tissus, c'est-à-dire de notre propre matière; ils sont en outre la source de notre chaleur naturelle, de notre force musculaire, de notre travail intellectuel, c'est-à-dire de notre énergie.

LE QUÉBEC, TERRE DE GASTRONOMIE

Souvent, vous remarquerez que certaines de mes recettes sont dédiées ou rendent hommage à un grand chef cuisinier ou à une personnalité de l'hôtellerie ou de la restauration.

Ce sont ces personnes qui ont établi les bases solides de notre cuisine au cours des cinquante dernières années. Bien sûr, il y en a eu d'autres, mais les personnes que je nomme dans ce livre sont celles que j'ai côtoyées et qui ont été des modèles de professionnalisme pour moi. Certaines d'entre elles nous ont quittés et d'autres profitent d'une retraite bien méritée. C'est grâce à ces gens que la gastronomie québécoise est connue à travers le monde.

D'autres générations capables de faire honneur à cette réputation ont repris le flambeau. Mentionnons entre autres André Besson, Alain Pignard, Dominique Crevoisier, Marc Decan, Jean-Pierre Curtat, Normand Laprise, Claude Pelletier et Jean Soulard. La relève est garante de l'avenir, qui s'annonce prometteur. Certains de mes anciens étudiants s'illustrent à l'étranger: Shanghai, Hong-Kong, Hô Chi Minh-Ville, Lausanne, Vancouver, Koweït, Paris, Munich, Amsterdam, Toronto, Vancouver. De jeunes Québécois et Québécoises nous font honneur. D'autres s'illustrent aussi au Québec: Martin Picard, Myriam Pelletier, David McMillan, Karen Anderson, Ève Rozon, Martin Boucher, Ian Perreault, Pierre Tétreault, Marie Sophie Picard, Steve McCandless, Colombe St-Pierre, William Chiasson, Nelson Boucher et bien d'autres.

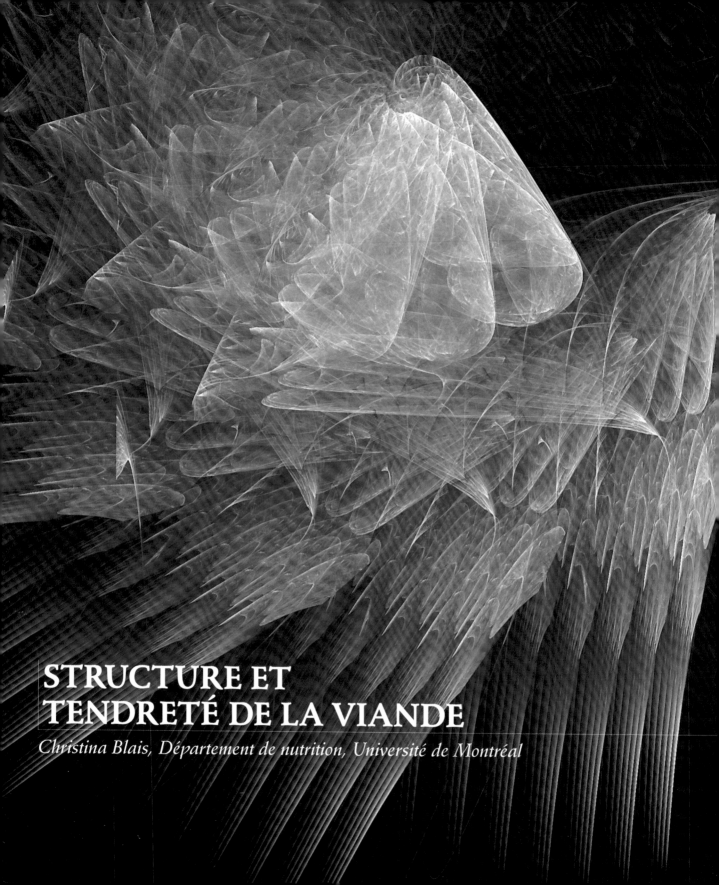

STRUCTURE ET TENDRETÉ DE LA VIANDE

Christina Blais, Département de nutrition, Université de Montréal

Toutes les viandes, qu'elles proviennent d'animaux d'élevage, de gibier à plume ou à poil, ont la même structure. Elles sont composées, pour l'essentiel, de fibres musculaires, de tissu adipeux (gras) et de tissu conjonctif (collagène). La proportion de ces diverses composantes, leur couleur et leur texture peuvent cependant varier.

L'AGENCEMENT DES FIBRES MUSCULAIRES

Les muscles sont faits de très longues cellules spécialisées appelées «fibres» ou «cellules» musculaires. Ces cellules, qui mesurent parfois plusieurs centimètres de long, contiennent du liquide ainsi que les protéines nécessaires à la contraction, c'est-à-dire l'actine et la myosine. Le coulissement de ces deux protéines l'une sur l'autre à l'intérieur des cellules permet la contraction et le relâchement des muscles.

Chaque fibre musculaire est enveloppée d'une fine couche de collagène appelée «endomysium». Les fibres musculaires sont regroupées par centaines, pour former des faisceaux, gainés eux aussi d'une couche de collagène appelée «périmysium». Les faisceaux sont regroupés entre eux pour former le muscle, qui est à son tour enveloppé d'une gaine de collagène appelée «épimysium». Ces trois niveaux de collagène (l'endomysium, le périmysium et l'épimysium) assurent l'attachement des muscles aux os et aux articulations, ainsi que leur mouvement. L'importance de cette trame de tissu conjonctif détermine en grande partie la tendreté, alors que la disposition et la taille des faisceaux musculaires déterminent le grain d'une pièce de viande.

LE RÔLE DU COLLAGÈNE

Le collagène est composé de longues chaînes de protéines enroulées sur elles-mêmes comme des cordes. Ces cordes, appelées «fibres» ou «fibrilles», sont ensuite enchevêtrées à la manière d'un feutre plus ou moins épais et résistant. Les fibres de collagène sont attachées les unes aux autres par des liaisons chimiques dont le nombre varie selon l'âge et l'exercice. Plus les fibres sont solidement liées entre elles, plus la viande est dure. Les muscles les plus sollicités contiennent davantage de collagène et celui-ci est plus résistant que le collagène que l'on trouve dans les muscles moins exercés. L'âge aussi a un effet: en vieillissant, le nombre de liaisons chimiques entre les fibres de collagène augmente, ce qui explique pourquoi la viande des animaux d'âge mûr est toujours plus coriace que celle des jeunes animaux.

À l'état cru, le collagène est élastique et coriace. Heureusement, dans les bonnes conditions, la cuisson permet de défaire les liaisons chimiques qui retiennent les fibres de collagène ensemble et de le «solubiliser», c'est-à-dire le transformer en gélatine. Le collagène des jeunes animaux se transforme plus aisément en gélatine que celui des animaux âgés. Comme nous le verrons plus loin, la méthode de cuisson doit être adaptée à la teneur en collagène d'une viande, pour en révéler la tendreté.

LE RÔLE DE LA GRAISSE

C'est le gras, ou tissu adipeux, et non le maigre qui est responsable en grande partie de la saveur particulière d'une viande. Le teneur en gras varie de 5 à 30 % du poids du muscle. Cependant, le gibier contient moins de gras que les animaux d'élevage, ce qui en fait une viande maigre qui a tendance à s'assécher à la cuisson. La texture (fermeté) du gras ainsi que sa couleur varient selon l'âge, l'espèce et l'alimentation de l'animal. On distingue la graisse de couverture, qui recouvre l'extérieur de la carcasse, le gras intermusculaire, qui entoure les muscles, et finalement, le gras intramusculaire, appelé

« persillé », qui se trouve entre les faisceaux de fibres musculaires. Une viande bien persillée est perçue comme étant plus juteuse qu'une viande maigre, car le gras stimule la salivation et contribue aussi à séparer les faisceaux musculaires.

LA COULEUR DE LA VIANDE

Les muscles contiennent trois types de fibres musculaires : les fibres rouges, riches en myoglobine, présentes dans les muscles responsables des mouvements longs et lents (la marche et l'équilibre, par exemple), et les fibres blanches, dépourvues de myoglobine, présentes dans les muscles responsables des mouvements brusques et rapides, et finalement, les fibres intermédiaires qui assurent l'endurance musculaire. Les oiseaux migrateurs, par exemple, ont un grand nombre de fibres intermédiaires. C'est la proportion entre les fibres rouges et les fibres blanches dans un muscle qui explique la différence de couleur entre la viande blanche et la viande brune de la volaille, par exemple.

La couleur rouge des fibres musculaires est due principalement à la myoglobine, un pigment dont le rôle est de transporter l'oxygène à l'intérieur de la cellule musculaire. Si un animal est correctement saigné après l'abattage, l'hémoglobine (le pigment responsable de la couleur rouge du sang) n'intervient que très peu dans la couleur du muscle.

L'intensité de la couleur d'un muscle varie selon l'espèce, le sexe, l'âge ainsi que le niveau et le type d'activité physique de l'animal. Chez un animal, les muscles les plus utilisés sont les plus pigmentés, et les muscles des jeunes animaux sont plus pâles que ceux des animaux plus âgés. Entre les espèces, la couleur des muscles dépend des besoins physiologiques de l'animal et des types de mouvements qu'il effectue. Les phoques, par exemple, présentent une viande presque noire, très riche en myoglobine, car ils possèdent une grande capacité de stockage d'oxygène dans leurs cellules musculaires. Cette caractéristique permet à ces mammifères marins de passer de longues périodes en plongée, sous l'eau, sans respirer. Par ailleurs, la viande de lapin est plutôt rose, car elle contient beaucoup de fibres musculaires blanches qui favorisent des mouvements rapides et de courte durée.

La couleur de la viande dépend aussi de l'acidification des muscles dans les heures suivant la mise à mort. Après l'abattage, le pH (une mesure de l'acidité) des muscles passe de neutre (7) à légèrement acide (environ 5,5 à 5,7). L'acidification amène un resserrement des fibres musculaires et aussi une modification de la forme chimique de la myoglobine. Ce changement de pH, qui est bénéfique à la conservation de la viande, requiert environ 48 heures pour les gros animaux. Si un animal subit des conditions de stress juste avant la mort (fuite, peur, douleur), ses réserves de glycogène (le sucre présent dans les muscles et qui est transformé en acide lactique après la mort) seront épuisées et l'acidification ne sera pas suffisante. La couleur de la viande sera alors très sombre.

Après le dépeçage, la couleur de la viande dépend de la présence ou de l'absence d'oxygène. En effet, la couleur de la myoglobine varie en fonction de son degré d'exposition à l'oxygène. La surface d'une viande fraîchement coupée est rouge vif, car la myoglobine fixe l'oxygène de l'air, alors que le cœur de la pièce est sombre et de couleur pourpre, faute d'oxygène (l'oxygène ne pénètre que quelques millimètres sous la surface). Si les surfaces coupées sont exposées très longtemps à l'air, la myoglobine s'oxyde et prend alors une coloration brune, peu attrayante. Les viandes emballées sous vide perdent progressivement leur couleur rouge vif et deviennent pourpres, faute d'oxygène dans l'emballage. Cependant, lorsque l'emballage est ouvert et que la viande entre en contact avec l'air, elle reprend sa couleur rouge suite à la fixation de l'oxygène par la myoglobine.

LA TRANSFORMATION DES MUSCLES EN VIANDE

Immédiatement après l'abattage, les muscles sont souples, mais peu à peu ils deviennent plus fermes : c'est l'installation du *rigor mortis,* communément appelé « rigor ». La rigidité débute de une à deux heures après l'abattage du petit gibier et environ une douzaine d'heures après l'abattage du gros gibier. Le raffermissement est causé par une série de changements biochimiques dans le muscle, le plus important étant la conversion du glycogène (réserve d'énergie du muscle) en acide lactique. Le fait de suspendre la carcasse (ou les quartiers) peu après la mise à mort permet d'étirer certains muscles et d'éviter qu'ils ne se contractent trop. La période du rigor dure quelques heures chez le petit gibier et de 24 à 48 heures chez le gros gibier. Après un certain temps, les fibres musculaires s'attendrissent à cause du processus de maturation.

Deux phénomènes reliés à une chute de la température de la carcasse avant l'apparition du rigor peuvent se produire : la contracture (raccourcissement des fibres musculaires) par le froid, communément appelée *cold shortening* et la contracture à la décongélation, appelée parfois « taurigor » ou *thaw-rigor*.

La contracture par le froid se produit si la température de la carcasse passe rapidement sous la barre de 10 °C (50 °F), en quelques heures seulement. Cette situation peut se produire chez un animal de petite taille récolté par temps froid (température extérieure sous le point de congélation). Il se produit

alors une forte contraction musculaire qui compromet la tendreté ultime de la viande, même après une période normale de maturation.

La contracture à la décongélation se produit lorsque la viande est congelée avant l'apparition du rigor. Au moment de la décongélation, la viande se contracte très fortement, devenant alors extrêmement dure.

LA MATURATION

Après le passage du rigor, la viande continue de s'attendrir. Il est bien connu que la viande des grands animaux d'élevage tels que le bœuf gagne en tendreté et en saveur lorsqu'elle est mûrie sous réfrigération, entre 1 et 4 °C (35 et 40 °F) pendant une période allant de 10 à 14 jours. La viande peut être vieillie en carcasse mais, plus souvent qu'autrement, elle est vieillie en quartiers emballés sous vide. Cette période, appelée « maturation », n'est pas requise pour les oiseaux d'élevage (volaille), ni pour le porc et les jeunes animaux tels que le veau et l'agneau, car les quelques jours qui s'écoulent normalement entre l'abattage et la mise en marché suffisent pour assurer l'attendrissement de la viande.

Il ne faut pas confondre la maturation avec le faisandage, un procédé pratiqué autrefois sur le gibier à plume. Pendant le faisandage, la fermentation bactérienne du contenu intestinal donne un goût prononcé à la viande. Le faisandage est donc inexistant lorsque l'oiseau est éviscéré.

Pendant la maturation, des enzymes appelées « protéases », naturellement présentes dans la viande, fragmentent les fibres musculaires, les rendant plus tendres. La saveur aussi est améliorée, grâce à la formation de molécules précurseurs d'arômes et de goût. En revanche, contrairement à la croyance populaire, la maturation n'a pratiquement pas d'effet sur le collagène, qui conserve sa résistance. Même si les enzymes sont actives pendant environ 28 jours, leur efficacité diminue beaucoup après 10 à 14 jours de maturation.

LA MATURATION DU GROS GIBIER

Faut-il faire vieillir le gros gibier? Idéalement oui, mais la pratique peut poser des risques sanitaires selon les conditions de la chasse, les conditions climatiques et les moyens à la portée du chasseur pour refroidir la carcasse[1]. Voici certaines considérations:

- Les jeunes animaux n'ont pas besoin de période de maturation: leur viande est naturellement tendre. La période entre la récolte, le retour à domicile et la préparation de la viande pour la réfrigération ou la congélation suffit;
- Si l'animal est abattu par temps doux (températures extérieures supérieures à 15 °C/ 60 °F) et qu'il n'y a pas d'accès à une chambre froide, il n'est pas nécessaire, ni souhaitable de faire vieillir la carcasse. En effet, à ces températures, le rigor est moins important et l'action des enzymes responsables de la maturation de la viande est nettement plus rapide. La carcasse s'attendrit autant en trois ou quatre jours qu'en une dizaine de jours sous réfrigération. Une période de maturation plus longue n'est pas recommandée, car le risque de croissance bactérienne est alors trop élevé;
- Si l'animal a été poussé ou stressé par la course, la peur ou des blessures avant sa mise à mort, ses réserves de glycogène seront épuisées au moment de l'abattage. Dans ces conditions, il ne restera pas suffisamment de glycogène pour permettre l'acidification des muscles grâce à la production d'acide lactique, ce qui compromet la conservation pendant le vieillissement. En effet, l'acidification de la viande nuit à la croissance des micro-organismes. Dans ce cas, la maturation est déconseillée. De plus, la viande de tels animaux est souvent sombre et collante (voir la section sur la couleur de la viande) et ne présente pas les qualités recherchées dans la viande de gibier.

Pour faire vieillir un gros gibier en toute sécurité, il est essentiel de suivre quelques règles de base:

- Éviscérer l'animal le plus rapidement possible;
- Refroidir la carcasse le plus rapidement possible. Idéalement, la viande doit atteindre 7 °C (45 °F) ou moins dans les 24 heures suivant l'abattage. Le refroidissement peut être accéléré en suspendant la carcasse par les pattes arrière et en gardant la cage thoracique grande ouverte. Assurer une bonne circulation d'air autour de la carcasse. Si le gibier est immédiatement coupé en quartiers, les suspendre et assurer également l'aération des quartiers. Un thermomètre à longue tige métallique, inséré dans la fesse ou l'épaule, est très utile pour suivre le changement de température du muscle;
- Ne pas dépouiller l'animal. Que la viande soit conservée en carcasse ou en quartiers, la peau sert de protection naturelle contre la contamination et réduit les pertes par déshydratation plus tard, lors de la maturation;
- Assurer des bonnes conditions de température et d'aération durant le transport.

---

1. Voir l'article intitulé: «Règles de base en microbiologie pour le gibier à poil et à plume», dans la section Le coin du chasseur du site Internet des Éditions de l'Homme (www.edhomme.com/gibier).

Si ces conditions sont respectées, la viande peut être mûrie en chambre froide (1 à 4 °C/34 à 40 °F), pendant 7 à 10 jours. Notez que cette durée sera moins longue si, entre la récolte et le début de la période de maturation, la carcasse ou les quartiers ont été soumis à des conditions de température non optimales.

Finalement, au lieu de faire vieillir toute la carcasse, il peut être plus pratique de la dépecer et de ne faire vieillir que les parties tendres (côtes, longe), en prenant soin de les emballer sous vide pour réduire les pertes. Il est inutile de faire vieillir les pièces de viande qui seront hachées.

EFFET DE LA CUISSON SUR LA TENDRETÉ DE LA VIANDE

Le mode de cuisson et le degré de cuisson d'une viande affectent sans aucun doute sa tendreté. En effet, la tendreté d'une viande cuite dépend de l'équilibre entre la conversion du collagène en gélatine et de la coagulation des fibres musculaires.

L'EFFET DE LA CUISSON SUR LES FIBRES MUSCULAIRES

Durant la cuisson, les protéines contenues dans les fibres *coagulent*, c'est-à-dire qu'elles se resserrent. Durant ce processus, les protéines expulsent l'eau qu'elles contiennent. Pour caricaturer, on peut comparer la viande à une éponge gorgée d'eau, et la chaleur à une pression exercée sur l'éponge. Plus la température de la viande s'élève, plus il y a de pression sur les fibres, et donc de jus qui sort de la viande.

Des recherches ont démontré que la viande commence à perdre du jus à partir d'une tempéra-ture interne d'environ 55 °C (130 °F), alors que la viande est bien saignante. Ce début de perte de jus est causé par le rétrécissement (ou contraction thermique) de l'endomysium, le collagène qui entoure chacune des fibres musculaires. Lorsque la viande atteint une température interne d'environ 70 °C (160 °F), la perte de jus s'accentue, car à cette température, le périmysium (collagène qui gaine les faisceaux musculaires) se contracte à son tour et exerce une pression additionnelle sur les cellules. Une viande qui atteint une température interne de 80 °C (175 °F) aura perdu jusqu'à 30 à 35 % de son eau.

EFFET DE LA CUISSON SUR LE COLLAGÈNE

Les liaisons chimiques qui retiennent les molécules de collagène ensemble se défont sous l'effet de la chaleur et de l'humidité, ce qui permet de les « solubiliser » c'est-à-dire de les transformer en gélatine, facile à mastiquer. Mais il y a un hic : cette transformation requiert une très longue cuisson à basse température et un milieu de cuisson humide. En effet, la conversion du collagène en gélatine s'opère très lentement à compter de 50 à 60 °C (122 à 140 °F), mais beaucoup plus rapidement à compter de 80 °C (175 °F).

On comprend mieux pourquoi les pièces de viande tendres, qui ont peu de tissu conjonctif, peuvent être cuites rapidement (grillées, sautées) et servies saignantes : dans ces conditions de cuisson, le collagène n'a pas le temps de se ramollir. Inversement, les viandes coriaces, qui contiennent davantage de tissu conjonctif, doivent subir une cuisson longue et lente afin que les réactions chimiques qui transformeront le collagène en gélatine puissent avoir lieu. On utilise ces pièces de viande pour des ragoûts, des braisés et des pot-au-feu.

LES EFFETS DE LA CHALEUR SUR LA VIANDE

	Effets sur les fibres musculaires	Effets sur le collagène*
Vers 40 °C (100 °F)	Les protéines commencent à se dénaturer, c'est-à-dire à se dérouler. L'eau qui est normalement liée aux protéines commence à être libérée et s'accumule dans les cellules (fibres musculaires). La viande est souple au toucher. Les enzymes protéolytiques** sont actives et attendrissent les fibres musculaires.	Aucun effet.
Entre 50 et 55 °C (120 et 130 °F)	Les protéines, qui sont maintenant déroulées, commencent à se lier, c'est-à-dire à coaguler. De plus en plus d'eau s'échappe des protéines et s'accumule dans les cellules. Les enzymes protéolytiques sont inactivées à partir de 55 °C.	Début de rétrécissement ou «contraction thermique» de l'endomysium, le collagène qui entoure les fibres musculaires.
Vers 60 °C (140 °F)	La coagulation se poursuit et la viande devient plus ferme au toucher. L'eau est expulsée des cellules musculaires sous la pression exercée par le collagène de l'endomysium.	La contraction thermique du collagène de l'endomysium se poursuit et exerce une pression sur les fibres musculaires.
Vers 70 °C (160 °F)	Presque toute l'eau est expulsée des cellules par la pression additionnelle exercée par le collagène du périmysium. La viande est ferme au toucher.	Début de rétrécissement ou de contraction thermique du périmysium, le collagène qui entoure les faisceaux musculaires. Le collagène commence à se solubiliser c'est-à-dire à se transformer en gélatine.
À plus de 80 °C (175 °F)	Les cellules musculaires ont perdu presque toute leur eau et sont devenues sèches. La viande est très ferme au toucher.	Le collagène se transforme de plus en plus rapidement en gélatine.

* Les températures auxquelles le collagène rétrécit, se dissout et se transforme progressivement en gélatine sont plus élevées de quelques degrés chez les animaux âgés.

** Le rôle des enzymes protéolytiques dans l'attendrissement des viandes au moment la cuisson ne fait pas l'unanimité chez les chercheurs. Le mécanisme d'attendrissement le plus certain est celui de la transformation du collagène en gélatine.

CHOISIR LE BON MODE DE CUISSON

La méthode de cuisson doit être adaptée à la teneur en collagène d'une viande, pour en révéler toute la tendreté.

LES COUPES PEU TENDRES
Rôtir au four à basse température

- Cette technique de cuisson se prête bien à de grosses pièces de viande, par exemple, des rôtis de plus de 3 kg (6 ½ lb). Habituellement, les rôtis sont cuits au four à 150 à 175 °C (325 à 350 °F). Cependant, de plus en plus de spécialistes de la cuisson des viandes préconisent une température plus basse, soit de 110 à 120 °C (225 à 250 °F). À cette température, la chaleur est transmise très lentement de l'extérieur vers l'intérieur du rôti. La coagulation des fibres musculaires se fait doucement, et moins d'eau est expulsée de la viande, à condition de ne pas trop cuire[1]. Pendant ce temps, le collagène est en présence de l'humidité naturelle de la viande et se transforme lentement en gélatine.
- Pour être efficace, la cuisson à basse température doit s'étendre sur plusieurs heures, ce qui n'est pas toujours pratique! Cependant, le résultat est une cuisson plus uniforme et une viande tendre et juteuse.

Braisés, pot-au-feu, ragoûts

Ces méthodes de cuisson populaires se prêtent aux pièces provenant des parties les plus dures. C'est aussi la méthode utilisée pour la cuisson à la mijoteuse.

Lorsque la cuisson s'effectue dans un liquide, la chaleur est transmise rapidement à la viande et celle-ci atteint aisément les températures favorisant la transformation rapide du collagène en gélatine (80 °C/ 175 °F et plus). Plusieurs options sont possibles:

- Mijoter pendant 2 ou 3 heures à couvert sur un feu doux ou au four à basse température (150 °C/275 °F ou moins);
- Cuire pendant 6 à 8 heures à basse température dans une mijoteuse;
- Cuire pendant 30 à 40 minutes dans un cuiseur sous pression (la conversion du collagène en gélatine se fait très rapidement à la température atteinte dans un cuiseur sous pression).

Une fois le collagène transformé en gélatine, les fibres musculaires se séparent et la viande se défait facilement à la fourchette. Cependant, comme les fibres musculaires perdent presque toute leur humidité, il est important de servir la viande dans son jus de cuisson, où elle pourra en réabsorber.

LES COUPES TENDRES
Griller, poêler, rôtir au four, sauter

Les coupes provenant de la longe et de la région des côtes sont naturellement tendres. L'objectif de la cuisson est de conserver cette tendreté et de minimiser la perte de jus. La viande peut être rôtie, grillée, sautée ou poêlée. Elle sera tendre et succulente à condition de ne pas trop la cuire, car, rappelons-le, plus la température interne augmente, plus il y a de perte de jus à cause de la pression exercée sur les fibres musculaires par les gaines de collagène qui se contractent à la chaleur[1]. L'utilisation d'un bon thermomètre à viande est la clé du succès. C'est pour cela d'ailleurs, que la majorité des recettes de ce livre vous proposent une température de cuisson interne qui devrait être vérifiée au thermomètre.

---

1. Voir le tableau des températures de cuisson suggérées par différents organismes à la fin du chapitre.

LES MARINADES SONT-ELLES EFFICACES?

Les recherches démontrent que pour être efficace, la marinade doit contenir une bonne dose d'acidité : jus de citron, vin, vinaigre de vin, yogourt, ce n'est pas le choix qui manque. Les acides brisent une partie des liens qui retiennent les molécules de collagène ensemble, de sorte qu'au moment de la cuisson, celles-ci se transforment plus aisément en gélatine. Malheureusement, les marinades n'agissent qu'en surface (elles ne pénètrent la viande que de quelques millimètres) d'où leur efficacité limitée, surtout pour les pièces de viande épaisses. Pour maximiser l'effet attendrissant d'une marinade, il faut qu'il y ait une bonne quantité de l'ingrédient acide, que le temps de marinage soit assez long (24 à 48 heures) et que la viande ne soit pas trop épaisse.

LES DEGRÉS DE TEMPÉRATURE INTERNE

Les températures internes suggérées pour la viande varient. Le ministère de l'Agriculture, des Pêcheries et de l'Alimentation (MAPAQ), dans sa brochure *Votre guide de consommation*[1] propose des températures de cuisson plus élevées que dans le livre *Technologie culinaire à la carte*[2], que les élèves des écoles hôtelières et les cuisiniers utilisent en Europe. Les températures de cuisson utilisées dans ce livre se rapprochent de celles proposées dans *Technologie culinaire à la carte*.

MAPAQ		Technologie culinaire à la carte	
Bœuf, veau, agneau			
Saignant	63 °C (145 °F)	Saignant	45 à 50 °C (113 à 122 °F)
À point	70 °C (158 °F)	À point	55 à 60 °C (131 à 140 °F)
Bien cuit	77 °C (170 °F)	Bien cuit	Au-dessus de 60 °C (140 °F)
		Viande blanche	70 à 80 °C (158 à 176 °F)
Gibier d'élevage	70 °C (158 °F)		
Gibier sauvage	77 °C (170 °F)		

Par ailleurs, le MAPAQ, dans son *Guide du manipulateur d'aliments* destiné aux institutions, présente une table d'équivalences de températures internes de cuisson de 70 °C/158 °F pour les rôtis qui peut être suivie dans les nouvelles technologies de cuisson.

Équivalents température/temps														
Température	68 °C	66 °C	65 °C	64 °C	63 °C	62 °C	61 °C	60 °C	59 °C	58 °C	57 °C	56 °C	55 °C	54 °C
Temps	15 secs	60 secs	85 secs	140 secs	3 min	5 min	8 min	12 min	19 min	32 min	47 min	77 min	89 min	121 min

---

1. MAPAQ (Agriculture, Pêcheries et Alimentation Québec), *Votre guide du consommateur.*
2. Jean-Marc Wolff, Jean-Pierre Lebland et Nicole Soleilhac, *Technologie culinaire à la carte,* Paris, Delagrave, 2002.

TABLEAU COMPARATIF DES ÉLÉMENTS NUTRITIFS DU GIBIER À PLUME ET DE LA VOLAILLE

		Calories (kcal)	Protéines (g)	Lipides (gras) (g)	Cholestérol (mg)	Fer (mg)
Gibier à plume	Canard sauvage cuit	170	30,0	4,4	Nd	9,9
	Bernache du Canada (outarde), chair seulement, rôtie	200	30,8	7,6	96	9,9
	Bécasse	115	25,0	1,5	Nd	Nd
	Lagopède, chair, cuit	154	30,0	2,9	89	8,7
	Tétras	106	22,0	2,0	Nd	Nd
	Grive	120	22,0	3,5	Nd	Nd
	Pluvier	115	25,0	1,5	Nd	Nd
	Vanneau	115	25,0	1,5	Nd	Nd
	Pigeon	175	37,0	3,0	Nd	Nd
Volaille	Poulet à rôtir, chair seulement, rôti	167	25,0	6,6	75	1,2
	Canard domestique chair seulement, rôti	201	23,5	11,2	89	2,7
	Faisan, portion comestible, cuit	247	32,4	12,1	89	1,4
	Caille, portion comestible, cuite	234	25,1	14,1	86	4,4
	Dinde, toutes catégories, chair seulement, rôtie	170	29,3	4,5	76	1,8

Information nutritionnelle/100 g

TABLEAU COMPARATIF DES ÉLÉMENTS NUTRITIFS
DU GIBIER À POIL ET DES ANIMAUX D'ÉLEVAGE

		Calories (kcal)	Protéines (g)	Lipides (gras) (g)	Cholestérol (mg)	Fer (mg)
Gibier à poil	Orignal, rôti	161	35,0	1,3	78	5,0
	Caribou (renne), viande, cuite	163	32,0	3,0	109	5,7
	Chevreuil, filet, maigre, rôti, cuit, grillé	149	29,9	2,4	88	4,3
	Caribou (renne), langue, cuite	326	20,0	27,0	Nd	3,3
	Caribou (renne), cœur, bouilli	145	28,0	3,5	Nd	8,9
	Sanglier, rôti	160	28,3	4,4	77	1,1
	Bison, rôti	143	28,4	2,4	82	3,4
	Bœuf musqué	Nd	Nd	Nd	Nd	Nd
	Castor, rôti	127	27,0	1,5	117	4,9
	Castor, queue, rôtie	437	11,0	43,0	Nd	0,7
	Ours, mijoté	259	32,4	13,4	98	10,7
	Lièvre, cuit	140	29,0	2,1	123	5,8
	Phoque annelé, bouilli	165	32,5	3,1	90	27,6
Animaux d'élevage	Bœuf, coupes diverses, bifteck, maigre, cuit	234	35,5	8,9	86	3,4
	Veau de lait, rôti d'épaule, entier, maigre, rôti	154	28,9	3,0	92	1,8
	Cheval, rôti	175	28,1	6,0	68	5,0
	Porc, frais, épaule, picnic, maigre, rôti	228	26,7	12,6	95	1,4
	Lapin domestique, coupes diverses, rôti	197	29,1	8,1	82	2,3
	Foie de veau, braisé	192	28,4	6,5	511	5,1

L'information nutritionnelle est présentée par portion de 100 g

canard	
oie	
bécasse	
tétras	
lagopède	pigeon
pintade	colin de Virginie
gélinotte	faisan
coq de Bruyère	caille
perdrix	dindon
	grive
	alouette
	vanneau

GIBIER À PLUME

CONSEILS SUR LA PRÉPARATION
ET LA CUISSON DU GIBIER À PLUME

La préparation du gibier à plume fait l'objet de beaucoup de controverse. Ainsi, selon Auguste Escoffier, les oiseaux, tels que les perdrix, les colins ainsi que les bécasses et les bécassines, gagnent à être légèrement faisandés, c'est-à-dire conservés pendant plusieurs jours dans un courant d'air, sans être plumés, pour qu'ils subissent un commencement de décomposition qui exhale le fumet spécial de leurs chairs et leur donne une valeur culinaire beaucoup plus grande.

Les chairs fraîches sont sèches et sans saveur, tandis que rassises et mortifiées raisonnablement, elles sont tendres, savoureuses et d'un incomparable fumet.

En général, on éviscère le gibier à plume tout de suite après l'abattage, puis on le laisse quelques jours dans un endroit frais, de préférence suspendu par le bec. Ensuite, on le dépouille de ses plumes.

On avait coutume, autrefois, de piquer les oiseaux, tel que le faisan et la perdrix. Cette pratique doit être résolument écartée : elle ne peut que nuire à la finesse de la chair si l'oiseau est jeune et, s'il est vieux, elle est incapable de lui rendre les qualités qu'il n'a plus. Une simple barde de lard enveloppant l'oiseau est bien plus efficace que le piquage pour le protéger contre l'ardeur du feu, et elle n'en altère nullement la saveur.

Du reste, un vieil oiseau ne doit jamais être servi tel quel; on doit plutôt l'employer pour la préparation des farces et des fonds. Contrairement aux perdrix, aux colins, aux bécasses et aux bécassines, tous les oiseaux doivent être consommés frais.

Sans qu'il soit dans notre intention de contredire Escoffier, concluons en disant que grâce à la technologie moderne de réfrigération, il est préférable de mortifier le gibier à plume quelque temps, mais dans un réfrigérateur avec une ventilation, à 6 ou 7 °C (env. 45 °F).

Plusieurs oiseaux peu utilisés en cuisine au Québec, sont consommés dans d'autres pays. Nommons, entre autres, l'agami, l'avocette d'Amérique, la foulque, le hocco, le jaseur, l'ortolan, le tinamou, l'autruche, le corbeau, la corneille, la pie, le cygne, le geai et le paon. Mais attention, certaines espèces peuvent être protégées dans votre région.

LES DIFFÉRENTES ESPÈCES DE GIBIER À PLUME

LES CANARDS

Au Québec, on trouve plusieurs espèces de canards, des oiseaux aquatiques, en général de taille moyenne, qui diffèrent des oies par leurs tarses scotellés, leur cou plus court et leur corps plus aplati. On distingue en général des différences bien marquées entre le plumage du mâle et celui de la femelle adulte. Les pattes des canards sont situées plus à l'arrière du corps que celles des oies, ce qui leur confère une démarche moins aisée. Les canards percheurs, dont le canard branchu, que l'on retrouve au Québec, comptent parmi les plus beaux du monde.

Les canards de surface n'ont pas l'habitude de plonger et se nourrissent à la surface de l'eau et sur la terre ferme. Quant aux canards plongeurs, qui passent leur vie en eau douce et en eau salée, ils cherchent leur nourriture sous l'eau. Notons que ce sont surtout les canards d'élevage qui garnissent nos tables et font, depuis des lunes, le bonheur des gastronomes.

Les fuligules (plongeurs)
Fuligule à dos blanc, fuligule à tête rouge, fuligule à collier, fuligule morillon, fuligule milouinan, petit fuligule.

Les canards marins et les harles (plongeurs)
Eider à duvet, eider à tête grise, arlequin plongeur, canard Kakawi, macreuse noire, macreuse à front blanc, macreuse brune, garrot à œil d'or, garrot d'Islande, petit garrot, harle piette, harle couronné, grand harle.

Les canards barboteurs
Sarcelle d'hiver, canard noir, canard colvert, canard pilet, sarcelle d'été, sarcelle à ailes bleues, sarcelle cannelle, canard souchet, canard chipeau, canard siffleur d'Amérique.

Les canards d'élevage
Canards de Pékin (Brome), canard de Barbarie, canard de Rouen, canard Kaki-Campbell, canard mulard, canard Duclair, canard coureur indien.

Le canard en gastronomie

Le foie gras de canard provient généralement du canard mulard par gavage. Cette richesse utilisée depuis l'Antiquité est un plat de roi.

La poitrine du canard gavé porte le nom de « magret ».

Certains canards ont une très grosse poitrine (Barbarie), d'autres, beaucoup plus petite (Pékin).

En général, les poitrines des jeunes canards se dégustent à la goutte de sang, tandis que les canards qui voyagent beaucoup sont braisés.

Le canard sauvage a une saveur beaucoup plus prononcée, car son alimentation est beaucoup plus sélective et il vit à son rythme, ce qui en fait un animal « heureux ».

Parce qu'il a une vie sédentaire, le canard d'élevage est beaucoup plus tendre.

Généralement, les poitrines sont rôties, sautées et poêlées; les cuisses, braisées, confites.

Un canard tué par balle fait une hémorragie interne; le canard d'élevage, quant à lui, peut être étouffé et non saigné, et servir à cuisiner le célèbre canard au sang.

CANARD NOIR
Anas rubripes/American Black Duck

SARCELLE À AILES VERTES OU SARCELLE D'HIVER (barboteur)
Anas crecca (Linné)/Green-winged Teal

HABITAT : Le canard noir est celui qui niche en plus grand nombre dans presque tout le sud-est du Canada, y compris dans l'île d'Anticosti et les îles de la Madeleine. On le trouve en eau peu profonde. Il fréquente les eaux douces et les eaux salées.

TAILLE ET COULEUR : Les parties inférieures et supérieures sont brun foncé. Le dessus des ailes est blanc. Ce canard est de forte taille (mâle et femelle).

POIDS : De 800 g à 1,3 kg.

PARTICULARITÉS : Le canard noir est le préféré des chasseurs de l'est du Canada, où il prend la place du canard colvert. C'est aussi un oiseau très apprécié des gourmets en raison de sa forte taille et de son goût fin.

HABITAT : La sarcelle à ailes vertes niche sur la côte et les basses terres du sud de la baie d'Hudson, à la baie James et dans le nord du Québec. Elle émigre dans le sud du Canada et aux États-Unis.

À l'état sauvage, la sarcelle à ailes vertes fréquente l'extrémité sud de l'Ontario, spécialement les régions où l'on cultive les céréales et le maïs. Elle se distingue des gélinottes, des perdrix et des faisans par sa petite taille. Son cri très caractéristique ressemble à « bob-ouête ». Au Québec, cet oiseau vit dans des champs de céréales en jachère.

TAILLE ET COULEUR : La sarcelle femelle a un plumage brunâtre tacheté. Toutefois, le ventre blanchâtre est mal délimité. Plus gris, les mâles ont la tête d'un roux marron avec de larges bandes métalliques sur les joues. Sa taille moyenne est de 30 à 35 cm.

POIDS : 400 g.

PARTICULARITÉS : C'est notre plus petit canard. Ses dimensions le distinguent de toutes les espèces de canards qui se rencontrent régulièrement au Canada.

NOURRITURE : Elle se nourrit d'insectes, d'escargots, d'alevins, de têtards, de plantes aquatiques et de bourgeons.

SARCELLE À AILES BLEUES
(sarcelle soucrourou)
Anas discors/Blue-Winged Teal

CANARD COLVERT (barboteur)
Anas platyrhynchos (Linné)/Mallard

HABITAT : La sarcelle à ailes bleues fréquente les étangs et les lacs, les terrains marécageux et le littoral herbeux des rivières au cours lent et même des petits cours d'eau. Elle fréquente rarement les étendues d'eau sale ou saumâtre. On la rencontre partout au Québec, mais elle abonde au lac Saint-Jean, aux îles de la Madeleine, et plus particulièrement à l'île d'Anticosti.

TAILLE ET COULEUR : Sa taille varie de 35,5 à 40,6 cm. La tête et le haut du cou sont gris foncé, avec une légère touche de violet, et on note un large croissant blanc en avant des yeux. Le dessous de la tête est noirâtre ; le dos, le croupion et la queue sont brun foncé. La partie antérieure des plumes est bleue et séparée du spéculum vert brillant par une mince bande blanche. La poitrine, l'abdomen et les côtés sont bruns.

POIDS : Mâle, 400 g ; femelle, 350 g.

PARTICULARITÉS : En Europe deux sarcelles peuvent être chassées : la sarcelle d'hiver (*Anas crecca*) et la sarcelle d'été (*Anas querquedula*). Nous avons au Canada ces deux espèces, plus quatre autres familles. Ces petits canards qui se nourrissent d'insectes, d'escargots, d'alevins, de têtards de plantes aquatiques et de bourgeons possèdent évidemment une grande qualité gastronomique.

HABITAT : Au Québec, le canard colvert niche sur la côte est de la baie James et au sud du Lac-Saint-Jean. Il hiverne dans le sud-ouest du Québec.

TAILLE ET COULEUR : Comme chez presque tous les canards, la couleur et la taille distinguent le mâle de la femelle. Chez le mâle, le manteau et les scapulaires sont finement vermiculés de gris et de blanc. Le cou, d'un vert métallique, est orné d'un fin collier blanc. La femelle possède des plumes noisette cernées de brun foncé ; sa tête est chamois pâle et le sommet est sombre avec des reflets verts.

POIDS : De 950 g à 1,2 kg pour la femelle ; de 1,1 kg à 1,6 kg pour le mâle.

PARTICULARITÉS : Le canard colvert est sans aucun doute le plus connu au monde. On le rencontre à l'état sauvage dans presque toutes les régions tempérées de l'hémisphère boréal. En captivité, il est l'ancêtre de presque toutes les variétés de canards domestiques, dont plusieurs lui ressemblent beaucoup.

NOURRITURE : Il se nourrit de plantes aquatiques charnues, de graines, d'insectes et de petits animaux aquatiques. Il est très friand de céréales, de riz sauvage et de maïs.

MACREUSE À BEC JAUNE

(canard marin)

Melanitta (nigra) americana (Linné)/Black Scoter

CANARD DE BARBARIE

Cairina – Moschata/Muscovy Duck

HABITAT : On trouve la macreuse à bec jaune surtout dans les baies d'Hudson et James, dans la partie méridionale du détroit d'Hudson et de la baie d'Ungava. Elle hiverne le long de la côte de l'Atlantique.

TAILLE ET COULEUR : De 43 à 45 cm. Le mâle adulte est le seul de cette espèce à ne pas avoir de tache blanche sur la tête et sur les ailes. La femelle a les joues uniformément pâles, tandis que les femelles des autres espèces de macreuses ont une tache plus claire de chaque côté de la tête. La calotte brune tranche sur le reste de la tête, qui est pâle. La femelle présente une tache blanche sur les ailes.

POIDS : 1,14 kg.

PARTICULARITÉS : La macreuse se rencontre sur les eaux côtières salées (habituellement près du rivage). Elle vient rarement à terre sauf pour nicher.

NOURRITURE : Elle se nourrit principalement de poissons, d'où sa particularité culinaire.

HABITAT : Élevage.

TAILLE ET COULEUR : Ce canard possède un corps très large et peu profond. Le mâle est noir et blanc ; la femelle est blanche. Sa face nue est rouge. Le canard de Barbarie a des caroncules qui se rejoignent pour former un bourrelet de chair à la naissance du bec.

POIDS : La femelle pèse 3 kg, et le mâle, 4 kg.

PARTICULARITÉS : Le canard de Barbarie est une espèce bien particulière, différente de *Anas platyrnynchos,* dont on connaît plusieurs races.

Vivant à l'état sauvage en Argentine et au Brésil, il aurait été domestiqué au Pérou et importé en Europe par Christophe Colomb. Ce canard est aussi appelé « canard d'Inde », « canard musqué » ou « canard muet ». Chaque dénomination correspond à une caractéristique précise de cette espèce.

C'est un canard percheur qui vole beaucoup plus aisément que tous les canards dérivés du colvert. Son aspect extérieur est très différent de celui des autres canards : la tête présente des caroncules rouges autour des yeux et les mâles sont beaucoup plus gros que les femelles.

CANARD DE PÉKIN
(Nom au Québec : Brome)
Anas platyrhynchos domestica/Peking Duck

CANARD DE ROUEN
Rouen Duck

HABITAT : Élevage.

TAILLE ET COULEUR : Le corps du canard de Pékin est large, avec une poitrine très développée. Sa couleur est jaune soufre ; blanc pur à l'automne pour notre Pékin canadien.

POIDS : La femelle pèse 3 kg et le mâle, 3,5 kg.

PARTICULARITÉS : Comme son nom l'indique, le canard de Pékin vient de Chine. On l'a introduit aux États-Unis en 1873. On l'a considérablement amélioré de sorte qu'il convient parfaitement à la production de viande. Sa chair est d'excellente qualité et il atteint son poids marchand en huit semaines ; il a cependant tendance à être trop gras.

Aux États-Unis, il a été croisé avec des canards de Aylesbury, d'où la présence de deux variétés : le Pékin allemand et le Pékin américain.

HABITAT : Élevage.

TAILLE ET COULEUR : Le corps allongé du canard de Rouen présente une inclinaison de l'avant vers l'arrière. Sa couleur est semblable à celle du colvert sauvage. Tête et cou verts, bordés d'un fin liseré blanc. La couleur de la cane va du beige clair au chamois.

POIDS : La femelle pèse de 2,5 à 3 kg, et le mâle, de 3,5 à 4 kg.

PARTICULARITÉS : Le canard de Rouen vient de France. Les premiers colons l'amenèrent de France en Amérique. Il se caractérise par la production d'œufs verts.

Connu pour la beauté de son plumage, il ressemble au canard malard ou au canard sauvage. Le plumage des deux sexes est éclatant. Il prend plus de temps à atteindre la taille adulte, mais il fournit une viande dont la saveur est la plus caractéristique de toutes les races de canards.

CANARD MULARD (canard d'élevage)
Cryptosporidium/Mule Duck

CANARD DE CHALLANS
Challans Duck

HABITAT : Élevage.

TAILLE ET COULEUR : Ce canard qui est un croisement entre le canard de Pékin femelle et le canard de Barbarie mâle a été créé spécialement pour le gavage. Suite à l'évolution de la sélection génétique le plumage du canard mulard est majoritairement blanc et noir, avec une prédominance de blanc. Les souches de canard plus anciennes ont conservé leur plumage bigarré.

POIDS : C'est le plus lourd de tous les canards. Le mâle pèse de 4 à 4,5 kg et la femelle pèse 3,5 à 3,8 kg.

PARTICULARITÉS : Ce canard est un des plus propices à la production de foie gras. Après 13 semaines, il est gavé avec 50 % de maïs et 50 % d'autres aliments. Les 25 derniers repas (2 par jour) sont composés de 98 % de maïs mélangé à 2 % de ferments lactiques et de minéraux. Les poitrines de canard mulard gavé portent le nom de « magret ».

HABITAT : Élevage.

TAILLE ET COULEUR : Sa tête longue et étroite est massive et bien arrondie. Son front est plat. La tête et le cou sont bruns et le reste du corps jaune. La cane est légèrement différente du mâle.

POIDS : Mâle : 2,5 à 2,8 kg. Femelle : 1,9 à 2,5 kg.

PARTICULARITÉS : Plus connu sous le nom de canard Nantais ou parfois Chalandais, le standard du canard de Challans fut créé en 1934. Il bénéficie du label « canard de Challans » depuis 1947.

CANARD BRANCHU
Aix sponsa/Wood Duck

CANARD ORPINGTON
Orpington Duck

HABITAT : On le trouve sur les lacs, les étangs et les cours d'eau des régions boisées. Il niche dans le sud ouest du Québec jusqu'à l'île aux Coudres, à Cap Tourmente, à Falardeau et à Rimouski. Il hiverne dans le Sud, jusqu'au centre du Mexique.

TAILLE ET COULEUR : Les taches blanches sur la face du mâle sont caractéristiques. La région blanche de faible étendue autour de l'œil est particulière à la femelle. Sa huppe est plus courte que celle du mâle. Sa tête est gris brunâtre avec un lustre verdâtre. La tête du mâle en plumage nuptial est d'un vert iridescent et d'un bleu intense devenant vert violacé sous les yeux. La taille de l'aile du mâle adulte : 21,5 à 23,2 mm ; de la femelle adulte : 203 à 225 mm.

PARTICULARITÉS : Selon mon ami chasseur Serge Yelle, c'est le plus délicieux des canards sauvages. C'est un canard percheur. Cette espèce comprend 14 familles.

PARTICULARITÉS : Le canard Orpington a vu le jour en 1899 dans le Kent. La cane – qui donne une excellente ponte – est parfois utilisée pour des croisements avec des canards de Barbarie. De leur union naissent des «mulards», un peu plus petits que les canards de Barbarie.

CANARD DE AYLESBURY (élevage)
Aylesbury Duck

CANARD DUCLAIR (élevage)
Duclair Duck

CANARD À DOS BLANC
Thalassornis leuconotus/White-backed Duck

CANARD BRUN
Anas fuligula/Mottled Duck

CANARD SOUCHET
Anas clypeata/Northern Shoveler

CANARD PILET (barboteur)
Anas acuta (Linné)/Northern Pintail

HABITAT : Le canard souchet fréquente essentiellement les habitats aquatiques d'eau douce : les marais et les étangs riches en végétation, les lacs et les réservoirs. Au Québec, on le retrouve souvent dans le sud est de la province.

TAILLE ET COULEUR : Sa taille varie de 43 à 53 cm. Il est facilement reconnaissable à son énorme bec spatulé. Chez le mâle en parure nuptiale, la tête vert éclatant contraste avec la poitrine blanche et les flancs roux. Son iris jaune le différencie de tous les autres canards de surface. Les deux sexes montrent des tâches bleu pâle à l'avant de l'aile et possèdent un miroir alaire vert. Les pattes sont orange.

PARTICULARITÉS : Le canard souchet est une espèce holarctique. Sa présence est relativement rare au Québec. Cependant on l'a signalé au lac Saint-Jean, sur la côte nord du Saint-Laurent, dans l'île d'Anticosti ainsi qu'aux îles de la Madeleine.

HABITAT : Le canard pilet niche sur les côtes et dans les plaines des baies d'Hudson et James, et dans le nord et le centre du Québec. On le trouve sur les étendues d'eau douce peu profondes et dans les marais, grands et petits. En dehors de la saison de nidification, il fréquente aussi les eaux salées ou saumâtres de la côte.

TAILLE ET COULEUR : De 66 à 76 cm. Le mâle adulte est facile à identifier quel que soit le plumage : il a un long cou fin, une queue pointue et une mince ligne blanche, mais bien visible le long de la partie postérieure de l'aile étendue. Sa tête et son cou sont bruns avec une ligne blanche s'étendant de chaque côté du cou sauf en automne. La femelle a le dessus de la tête brun-beige fortement rayé de noir. Les côtés de la tête et du cou sont blanc grisâtre, rayés de brun foncé.

POIDS : De 650 à 950 g.

PARTICULARITÉS : Ces magnifiques canards sont très sociables. Généralement, ils forment de petites troupes et se cantonnent souvent au milieu de grandes étendues libres.

LES OIES

L'oie a été domestiquée en Europe et en Asie il y a des milliers d'années. Il était normal que les premiers colons en emmènent en Amérique. En effet, presque tous les colons en gardaient à la ferme, car son rendement était supérieur à tout autre animal domestique. Elle pâturait et servait même de chien de garde. Elle pourvoyait l'agriculteur en viande pour la table, en plumes pour les lits et les oreillers, en graisse pour la cuisson, en plumeau pour le nettoyage et en plumes pour écrire.

L'élevage de l'oie est moins répandu aujourd'hui, car il est difficile, après l'abattage, de la préparer de façon à répondre aux exigences actuelles de la consommation. En outre, l'élevage de l'oie est coûteux, car la reproduction et l'éclosion des œufs sont parfois difficiles ; de plus, c'est une espèce qui pond peu, comparativement à d'autres volailles. La période pendant laquelle l'oie se reproduit de façon utile peut atteindre cinq ans.

La taille des oies du Canada se situe à mi-chemin entre celle du cygne et celle du canard. Plus petites que les cygnes, les oies du Canada ont le cou moins long. Le plumage de leur cou est creusé de sillons verticaux, elles n'ont pas de région iridescente ou de spéculum sur les ailes et pas de plumage éclipse, c'est-à-dire que le plumage nuptial n'est pas différent du plumage habituel. Leur démarche étant plus aisée sur la terre ferme que celle des canards, elles y cherchent plus fréquemment leur nourriture. Qui – surtout au Québec – ne reste pas en admiration devant un voilier d'oies sauvages qui migrent vers le Sud ou qui font une halte sur le Saint-Laurent ?

BERNACHE DU CANADA

(Nom au Québec: outarde)

Branta canadensis (Linné)/Canada Goose

BERNACHE CRAVANT

(Nom au Québec: outarde)

Branta bernicla (Linné)/Brant

HABITAT : La bernache du Canada vit à l'état sauvage et niche depuis le nord du Québec jusqu'au centre et au sud. Elle hiberne en quelques endroits au sud du Canada et va jusqu'au nord du Mexique et dans les États américains sur le littoral du golfe du Mexique.

TAILLE ET COULEUR : De 57 à 109 cm.

POIDS : De 1,3 à 5,4 kg.

PARTICULARITÉS : Au Québec, on la nomme plus souvent « outarde ». Les amateurs et les simples observateurs, qui regardent ces oiseaux voler haut dans le ciel dans une formation en V lors des migrations printanières et automnales, s'accordent pour dire que c'est un spectacle saisissant et émouvant.

NOURRITURE : Dans le nord, la bernache se nourrit de fruits sauvages, notamment d'airelles et de camarines noires. Dans le sud, elle est friande de céréales.

Sous-espèce : *Branta canadensis interior* : de forte taille, plus foncée et plus brune.

HABITAT : La bernache cravant vit à l'état sauvage dans le nord du Québec. Elle niche dans les régions arctiques de l'Amérique du Nord et de l'Eurasie. En Amérique du Nord, elle hiverne le long de la côte Atlantique, depuis le Massachusetts jusqu'à la Caroline du Nord.

TAILLE ET COULEUR : De 58 à 77 cm.

POIDS : De 1,4 kg à 1,8 kg.

PARTICULARITÉS : Cette petite oie, qui fréquente principalement l'eau salée, est très appréciée des chasseurs. Au vol, elle n'adopte pas la formation en V, comme la bernache du Canada, qui lui est très apparentée, mais vole en longue file ondulante ou en formation asymétrique. Les bernaches cravant sont grégaires et se tiennent en petits groupes.

NOURRITURE : Cette bernache retarde jusqu'au début de juin sa migration vers le nord pour se nourrir dans le sud ; durant la migration, elle se nourrit des zostères qui apparaissent à marée basse ou qu'elle cueille dans l'eau en y enfonçant la partie antérieure de son corps.

OIE DES NEIGES
Chen caerulescens (Linné)/Snow Goose

OIE BLEUE
(oie des neiges en phase bleue)
Anser caerulescens/Snow Goose

HABITAT : L'oie des neiges vit à l'état sauvage. En été, on la trouve à la baie James au nord-ouest du Québec, à la baie Déception. L'automne venu, les oies blanches se rassemblent en grand nombre dans le sud de la baie James pour prendre la route vers le Sud ; sur leur chemin, elles s'arrêtent principalement à Cap-Tourmente.

TAILLE ET COULEUR : De 63,5 à 76 cm.

POIDS : De 2,9 à 3,4 kg.

PARTICULARITÉS : L'oie des neiges a deux phases de coloration : d'abord bleue, on peut la confondre avec l'oie Empereur ; cette dernière a toutefois le haut du cou et la gorge noirs et les pattes orangées. Pendant sa phase de coloration blanche, elle est blanche ou blanc grisâtre avec le bout des ailes noires. Cette petite oie a une saveur exceptionnelle.

HABITAT : L'oie bleue vit à l'état sauvage. En été, au Québec, on la trouve à la baie James, à la baie d'Hudson et à la baie d'Ungava, et d'autres territoires nordiques. L'automne venu, elle migre vers le sud.

TAILLE ET COULEUR : L'oie bleue est une oie des neiges sombre (« phase bleue »). L'adulte a la tête et le cou blancs (souvent teintés de rouge), mais la partie postérieure du cou est souvent plus ou moins marbrée de brun noirâtre. La partie supérieure du dos et les scapulaires sont brun foncé. Les plumes ont du brun pâle au bout, les pattes sont rosâtres. Les tectrices supérieures des ailes sont gris-bleu. Les individus immatures ont une coloration différente : la tête, le cou, le dos et les parties inférieures sont gris ardoise.

POIDS : Les mâles adultes de la grande oie des neiges peuvent peser jusqu'à 3,5 kg ; les femelles, un peu moins. Les petites oies des neiges pèsent de 2,2 à 2,7 kg.

PARTICULARITÉS : Anser caerulescens atlanticus (ou grande oie des neiges) est l'oie des neiges la plus grande qui n'a de phase de coloration bleue, alors que l'oie Anser caerulescens caerulescens (ou petite oie des neiges) est plus petite et passe par les deux phases de couleur. Plusieurs chasseurs au Québec m'ont signalé beaucoup d'oies bleues.

OIE DES MOISSONS
Anser fabalis (latham)/Bean Goose

BERNACHE NONNETTE
Branta leucopsis (bechstein)/Barnacle Goose

HABITAT : Cette oie niche dans l'est du Groenland, en Islande, et quelquefois au nord du Canada. On la trouve aussi en Scandinavie et dans le nord de la Russie. Sa présence est accidentelle au Québec (un spécimen a été tué par un chasseur au cap Tourmente en 1982).

TAILLE ET COULEUR : Sa taille varie de 71 à 89 cm. Cette oie a le cou brun. Le dos et les ailes sont d'un brun grisâtre. Le front et une petite étendue à la base du bec sont blancs. La queue est brun foncé, blanchâtre au bout. Le bec est rosé, les pattes et les pieds sont orangés.

POIDS : De 1,8 à 5,9 kg.

PARTICULARITÉS : Cette oie fait partie de la grande famille des *Anserini,* comme l'oie à bec court (*Anser brachyrhynchus/Pink-footed goose*) et l'oie de Ross (*Anser rossii* (cassin)/*Ros' Goose*).

HABITAT : La bernache nonnette vit à l'état sauvage. Comme l'oie des moissons, elle niche principalement dans l'est du Gorenland ; quelques spécimens ont ét remarqué à cap Tourmente et à Montmagny.

TAILLE ET COULEUR : La tête est presque entièrement blanche avec une bande noire s'étendant depuis l'œil jusqu'à la base du bec noir et du cou, et jusque par-dessus la nuque. Le cou et la poitrine sont noirs. Le dos est gris bleuâtre. Le bec, pattes et les pieds sont noirs.

POIDS : De 2,8 à 3,5 kg.

PARTICULARITÉS : Cette espèce a l'aspect d'une petite bernache du Canada, mais son front blanc l'en distingue. Très rare au Québec.

AUTRES OIES SAUVAGES :

OIE DE ROSS
Anser rossii ou Chen rossii/Ross' Goose

OIE RIEUSE
Anser albifrons/Greater White fronted-Goose

OIE DE GUINÉE
Anser cygnoides/Guinea Goose

OIE GRISE DES LANDES
Grey Landes Goose

HABITAT : Élevage.

TAILLE ET COULEUR : On retrouve généralement deux variétés de l'oie de Guinée : l'une est grise aux reflets brunâtres ; l'autre est blanche aux yeux bleus. Sa tête fine, allongée, est surmontée d'une caroncule presque noire entourée d'un liseré blanc. Le bec est petit et noir. Le corps est allongé avec des cuisses plates et fortes.

POIDS : De 3 à 4 kg pour l'oie ; de 4 à 5 kg pour le jars.

PARTICULARITÉS : Cette oie, peut-être originaire d'Asie, porte plusieurs autres noms : oie du Siam, oie de Moscaire, oie du Japon. L'oie de Guinée n'est pas issue de l'oie cendrée.

HABITAT : Élevage.

TAILLE ET COULEUR : Oiseau gris clair ou gris foncé, selon les parties du corps. Le ventre et l'abdomen sont blancs. Plus petite que l'oie de Toulouse, l'oie grise des Landes possède un bec orange, rose vers l'extrémité.

POIDS : De 5 à 6 kg pour l'oie ; de 6 à 7 kg pour le jars.

PARTICULARITÉS : Cette oie, issue de croisements, a été sélectionnée à partir de l'oie de Toulouse sans bavette. Plus légère, l'oie grise produit des foies gras de meilleure qualité et sa chair est beaucoup plus goûteuse.

FRISÉE DU DANUBE
Sebastopol Goose

OIE DE TOULOUSE
Toulouse goose (sans bavette)
Dewlapped Toulouse goose (avec bavette)

HABITAT : Élevage d'agrément.

TAILLE ET COULEUR : D'un blanc immaculé, cette oie de petite taille possède une tête arrondie et un court bec orangé. Sa poitrine est arrondie et son dos est recouvert de plumes d'une longueur pouvant atteindre 40 cm. La frisure est due à la division des plumes qui possèdent un noyau rigide à filament fin de 3 à 4 cm. Leur manque de consistance contribue à former des ondulations.

POIDS : Jars : 5 à 6 kg ; Oie : 4 à 5 kg.

PARTICULARITÉS : Cette oie d'agrément demande une grande étendue de pâture, car elle a besoin de s'ébattre, mais également d'un point d'eau où elle entretiendra la blancheur de son plumage.

HABITAT : Élevage.

TAILLE ET COULEUR : Avec sa carrure épaisse et son dos large, l'oie de Toulouse de «type industriel» possède une bavette (l'oie de Toulouse sans bavette est appelée «type agricole»). La tête, le dos, les ailes et la queue sont gris foncé. La poitrine et les cuisses sont plus claires.

POIDS : De 10 à 12 kg pour les jars à bavette ; de 8 à 10 kg pour les jars sans bavette ; de 7 à 9 kg pour les oies.

PARTICULARITÉS : Digne descendante d'une oie sauvage (l'oie cendrée), l'oie de Toulouse est une grande vedette parmi les oies d'élevage.

LES BÉCASSES, LES BÉCASSEAUX, LES TÉTRAS, LES LAGOPÈDES, LES PINTADES ET LES GÉLINOTTES

La bécasse reste la préférée parmi les gibiers à plume en gastronomie. Monsieur de Saint-Just, dans son épître à l'Abbé d'Herville, affirmait : « La bécasse – lorsqu'elle est grasse – est un excellent gibier ; elle est toujours meilleure pendant les gelées ; on ne la vide jamais. En pilant des bécasses dans un mortier, on fait une purée délicieuse, un mets rare et non moins précieux ; si l'on met sur cette purée des ailes de perdrix piquées, on obtient le plus haut résultat de la science culinaire. Autrefois, quand les dieux descendaient sur la terre, ils ne se nourrissaient pas autrement. »

Cette grande famille d'oiseaux des rivages est dispersée dans le monde entier. Chaque espèce présente de grandes différences de taille et de coloration. Le bec de la bécasse est habituellement droit, mais parfois incurvé vers le bas ou légèrement retroussé ; il est plus fin que celui des pluviers ; de plus, il est mou et plutôt flexible sur toute sa longueur et son bout n'est pas nettement corné comme chez les pluviers. Ses pattes sont fines, longues ou moyennes et habituellement pourvues d'un doigt postérieur. La plupart des bécasses sont grégaires et se rencontrent en volée ou en groupes sur les grèves, sur le sol humide et dans les marais d'eau douce et d'eau salée.

Les tétras sont semblables à des poules. Ils ont les pattes complètement ou partiellement emplumées. Le tétras du Canada fréquente les forêts de conifères. La femelle ressemble un peu à la gélinotte huppée, mais elle est plus sombre et la bande terminale de sa queue est d'un brun noirâtre. De plus, elle n'a pas de collerette sur les côtés du cou.

Le lagopède est un oiseau merveilleux pour les gastronomes ! Cette espèce circumpolaire vit au grand froid. Sa chair est d'une grande finesse. Au Canada, en plus des deux principales espèces citées précédemment, il en existe six autres.

BÉCASSE D'AMÉRIQUE
Scolopax mino (Linné)/American Woodcock

BÉCASSINE DES MARAIS
Gallinago gallinago (Linné)/Common Snipe

HABITAT: La bécasse d'Amérique niche dans le sud du Québec, dans l'est de la Gaspésie, ainsi qu'à la Motte et au Lac-Saint-Jean. Elle hiverne dans le sud-ouest du Mississippi.

TAILLE ET COULEUR: De 25,5 à 30,5 cm. De couleur cannelle, la bécasse d'Amérique est pourvue d'un très long bec, de grands yeux placés haut sur la tête, d'une queue et d'un cou courts.

POIDS: De 300 à 400 g.

PARTICULARITÉS: En gastronomie, c'est certainement le meilleur des gibiers à plume. Sa cousine d'Europe, la bécasse des bois (*Scolopax rusticola/Linné*) est plus forte que la bécasse d'Amérique.

NOURRITURE: La bécasse se nourrit de vers, d'insectes, d'escargots, de pointe de bruyère et de larves.

HABITAT: La bécassine des marais niche au Québec dans le nord de la baie James et du Québec. Elle hiverne au sud du Québec. La bécassine aime les bords marécageux, les marais littoraux.

TAILLE ET COULEUR: Cet oiseau mesure de 26 à 30 cm et présente différentes teintes de brun et de chamois. Du jaune ocre et du noirâtre s'entremêlent sur les parties supérieures. Le bas du dos est rayé de chamois. La bécassine des marais a sur la tête une rayure médiane, chamois clair ou blanchâtre.

POIDS: De 200 à 300 g.

PARTICULARITÉS: Au printemps, en volant haut au-dessus des basses terres, la bécassine des marais produit fréquemment un grave trémolo «Hoû-Hoû-Hoû-Hoû». C'est un de ses comportements pour la parade. Ce son est produit au vol par le passage de l'air à travers les rectrices de la queue déployée.

NOURRITURE: Elle se nourrit de vers, d'insectes, de limaces et de mollusques.

BÉCASSEAU ROUX
Limnodromus griseus (Comelin)/Short-Billed Dowitcher

CHEVALIER SOLITAIRE
Tringa solitaria (Wilson)/Solitary Sandpiper

HABITAT : L'étendue de sa zone de nidification est mal connue. Il niche dans le centre-nord du Québec (région de Schefferville et probablement de Kuujjuaq). C'est un migrateur régulier au printemps et à l'automne. Il se dirige vers Montréal, Québec, le Lac-Saint-Jean, la Côte-Nord, la Gaspésie.

TAILLE ET COULEUR : De 26,5 à 30,5 cm. C'est un des plus grands bécasseaux de sa famille. Comme la bécasse d'Amérique et la bécassine des marais, il a un long bec. Le bas du dos est blanc. Sa teinte est cannelle.

POIDS : De 180 à 350 g.

PARTICULARITÉS : Cette grande famille des scolopacidés est composée de beaucoup d'espèces : 10 espèces de chevaliers, 1 espèce de maubèche, 7 espèces de courlis, 4 espèces de barges, 2 espèces de tournepierres, 20 espèces de bécasseaux, 2 espèces de bécassines et 2 espèces de bécasses. En Europe, la chasse est autorisée pour le courlis cendré, la barge à queue noire, le bécasseau maubèche, la bécassine des marais. Seule la bécasse des bois peut être chassée au Québec.

HABITAT : Contrairement aux autres maubèches, le chevalier solitaire fréquente de préférence les étangs calmes et les petits lacs des régions boisées, mais il se rencontre aussi dans des endroits plus à découvert, sur des rivages vaseux et au bord des rivières.

TAILLE ET COULEUR : Sa taille varie de 19 à 23 cm. Les parties supérieures y compris le croupion, sont d'un brun très foncé avec un léger chatoiement vert et mouchetées de blanc. Les pattes sont vert olive foncé. Les axillaires sont marquées de larges bandes noires et blanches.

POIDS : De 160 à 310 g.

PARTICULARITÉS : C'est un migrateur printanier et automnal. Son bec – mou et plutôt flexible sur toute sa longueur – est plus fin que celui des pluviers. En Europe, la chasse est autorisée pour le chevalier gambette (*Tringa totanus*), le chevalier aboyeur (*Tringa nebularia*), le chevalier cul-blanc (*Tringa ochropus*). Au Québec, le chevalier solitaire est une espèce protégée, donc la chasse en est interdite.

LAGOPÈDE DES SAULES
Lagopus lagopus (Linné)/Willow Ptarmigan

LAGOPÈDE ALPIN
(Nom au Québec : lagopèdes des rochers)
Lagopus mutus (Montin)/Rock Ptarmigan

HABITAT : Cette espèce est circumpolaire. Elle niche dans le nord du Québec (baie James, Côte-Nord). Elle réside en permanence dans les endroits où elle niche, bien qu'il lui arrive parfois d'émigrer.

TAILLE ET COULEUR : De 35,5 à 43 cm. Plus gros que le lagopède alpin ou des rochers, le lagopède des saules change de plumage trois fois par année. Son plumage d'hiver blanc ne présente jamais de raie noire de part ou d'autre de l'œil, comme le lagopède des rochers. Les lagopèdes se reconnaissent facilement à leurs doigts emplumés.

POIDS : De 400 à 800 g.

PARTICULARITÉS : Il vit au grand froid avec une nourriture sélectionnée, et sa chair est très prisée en gastronomie.

NOURRITURE : Bourgeons de saule.

HABITAT : Le Lagopède alpin se rencontre dans des régions plus septentrionales que les autres lagopèdes. Durant la saison de nidification, le lagopède des rochers préfère des terrains plus dénudés, plus secs et plus élevés que le lagopède des saules. En hiver et au cours des migrations, les deux espèces partagent souvent les mêmes habitats.

TAILLE ET COULEUR : Ce magnifique oiseau de 32,5 à 39,5 cm de longueur a la particularité de changer de plumage selon les saisons, ce qui lui permet de se fondre dans l'environnement. L'été, le dos, la poitrine et les flancs du mâle sont brun-roux tachetés de noir. Noter la présence d'une caroncule rouge au-dessus de l'œil. Les ailes et le ventre sont blancs en toute saison. L'automne, le plumage vire au gris tacheté de noir. L'hiver, les deux sexes sont blancs avec la queue noire.

POIDS : De 300 à 600 g.

PARTICULARITÉS : Le lagopède alpin vit au grand froid avec une nourriture sélectionnée. Sa chair est très prisée en gastronomie.

NOURRITURE : Il se nourrit de tous les petits fruits de la toundra, des bourgeons des arbustes.

GÉLINOTTE HUPPÉE
Bonasa umbellus (Linné)/Ruffed Grouse

PINTADE
Guinea Fowl

HABITAT : La gélinotte huppée vit dans le sud et le centre-sud du Québec. Cette espèce affectionne particulièrement les forêts d'arbres à feuilles caduques de repousse, les forêts mixtes et les rives de cours d'eau bordées d'aulnes et de saules.

TAILLE ET COULEUR : De 40,5 à 48 cm. La gélinotte huppée a une petite huppe sur la tête ainsi que plusieurs raies sur la queue et une large ligne subterminale. Elle se distingue des autres espèces de cette famille par ses collerettes noires ou brun rougeâtre et par une large raie caudale subterminale foncée.

PARTICULARITÉS : La plupart des gens connaissent la gélinotte huppée, que beaucoup appellent tout simplement « perdrix », ce qui évidemment est une erreur. On l'appelle aussi « poule des bois ». Il y a neuf sous-espèces connues au Canada.

NOURRITURE : La gélinotte huppée se nourrit de baies, de bourgeons (particulièrement de sapins), de feuilles, de fleurs et de pointes d'herbe.

HABITAT : Élevage.

TAILLE ET COULEUR : De couleur grise, la pintade a des perles argentées sur tout son corps, trapu et compact. Sa tête courte et large possède des barbillons rouges. Sa face déplumée est d'un blanc bleuâtre.

POIDS : De 1,2 à 2 kg.

PARTICULARITÉS : La pintade grise à caroncule fut ramenée d'Afrique par les Portugais, puis introduite en Amérique du Nord. Elle vivait autrefois à l'état sauvage, mais elle fut domestiquée. Au fil des siècles, elle porta plusieurs noms, dont « poule de Numidie » et « poule de Turquie ».

TÉTRAS DU CANADA
Dendragapus Canadensis (Linné)/Spruce Grouse

COQ DE BRUYÈRE OU GRAND TÉTRAS
Tetrao Urogallus/Capercaille

HABITAT : Le tétras du Canada se rencontre en permanence dans les forêts de conifères jusqu'à la limite de la végétation arborescente. On le retrouve dans le nord, le centre et le sud du Québec.

TAILLE ET COULEUR : Le tétras du Canada, qui mesure de 38 à 43 cm, est beaucoup plus petit que le coq de bruyère. Le mâle, à la poitrine noire, est facile à identifier. Les femelles ressemblent plus ou moins à la gélinotte huppée, mais elles ont des raies sur le dos et leur queue, plus courte, n'a pas de raie subterminale. De plus, elles n'ont pas de collerette.

POIDS : De 1,4 à 2,8 kg.

PARTICULARITÉS : Le tétras du Canada est un oiseau peu méfiant ; contrairement à la gélinotte huppée, il n'a jamais appris à craindre l'homme. Il est si peu farouche qu'on peut souvent le tuer avec un bâton ou une pierre.

NOURRITURE : Il se nourrit principalement d'aiguilles et de bourgeons de conifères, particulièrement en hiver. L'été, il ne dédaigne pas les baies sauvages.

HABITAT : Jadis répandu dans les forêts de plaines, ce tétras fréquente aujourd'hui les forêts de conifères et les forêts mixtes, les tourbières, la lisière des bois et les clairières.

TAILLE ET COULEUR : D'une taille imposante (de 85 à 100 cm), c'est le plus grand des gallinacés. Son plumage est sombre et sa poitrine, bleu nuit à reflets verts. La queue s'arrondit en éventail. Le grand tétras est doté de caroncules rouges au-dessus des yeux et d'une barbe sombre hérissée.

POIDS : Femelles, de 2,5 à 3 kg ; mâles, de 3,4 à 3,6 kg. Le grand tétras peut atteindre 5 kg.

PARTICULARITÉS : Le grand tétras est solitaire et sédentaire. Très farouche, il fuit l'homme et déteste être dérangé. Cette espèce n'est pas présente au Québec, mais s'il s'en trouve, il est interdit de la chasser.

LES PERDRIX, LES PIGEONS, LES COLINS DE VIRGINIE, LES FAISANS, LES CAILLES ET LES DINDONS

Les perdrix, les faisans et les dindons ressemblent aux poules par la forme de leurs pattes, de leurs doigts et de leurs narines sans plumes. Quelques espèces portent un ergot aux pattes, d'autres ont une surface plus ou moins grande de peau nue sur la tête. La queue est tantôt courte, tantôt longue et tantôt très sophistiquée. Ce groupe largement répandu compte certains des plus beaux oiseaux. La perdrix grise ou hongroise, très robuste, a été importée en Amérique du Nord comme gibier. Chez nous, on la retrouve dans l'extrême sud-ouest du Québec. Pour l'élevage, on sélectionne fréquemment la perdrix bartavelle. La sous-famille des tétraonidés comprend la gélinotte huppée, qui abonde au Québec. Cette dernière peut être grise ou rousse. La queue finement barrée a une bande terminale noire.

Le pigeon, que l'on cuisine depuis seulement quelques années au Québec, est très prisé en Europe. On commence à peine à trouver le pigeon biset (pigeon domestique) dans les marchés, mais il faut être fort prudent à l'achat, car sa chair a tendance à être ferme et coriace. À l'état sauvage, c'est dans les régions tropicales qu'on retrouve de nombreuses espèces de pigeons.

Originaires d'Eurasie, les faisans que nous retrouvons au Québec sont principalement des oiseaux d'élevage. Les faisans sauvages sont des rescapés des roues du roi (chasse). Le mâle est d'une beauté remarquable. La chair du faisan est relativement sèche, mais bien apprêtée, elle est très savoureuse.

PERDRIX GRISE
Perdix perdix (Linné)/Gray Partridge

PERDRIX ROUGE
Alectoris rufa/Red Legged Partridge

HABITAT : La perdrix grise est une espèce d'origine étrangère. On la retrouve dans l'extrême sud-ouest du Québec, jusqu'à Trois-Rivières, Plessisville et Aylmer.

TAILLE ET COULEUR : Oiseau aux formes rondes (longueur : 30 cm). La perdrix grise est reconnaissable à sa tête, à sa gorge et à sa queue rousses. Les plumes grisâtres sont striées de roux, la poitrine est grise, le dos brun grisâtre est strié de jaune. Les plumes scapulaires et de moyenne couverture de l'aile ne possèdent qu'une raie longitudinale bien délimitée chez le mâle.

POIDS : de 350 à 450 g.

PARTICULARITÉS : Cet oiseau qui se laisse difficilement approcher prend son envol dans un claquement d'ailes et en faisant entendre des gloussements. Il vole et plane assez rapidement tout en restant à faible altitude. Au vol, sa queue rougeâtre est bien visible. Les jeunes s'appellent perdreaux.

NOURRITURE : La perdrix se nourrit d'insectes, de larves, de vers et de graines.

HABITAT : On retrouve la perdrix rouge en Europe en terrains vallonnés, secs et pierreux. Les secteurs bocagers offrant un paysage varié constituent les habitats favoris de la perdrix rouge. L'alternance de haies, de cultures, de prairies, de vignes, de friches et de broussailles est particulièrement favorable. La présence d'eau est indispensable. Au Québec elle est plus rare.

TAILLE ET COULEUR : De 34 à 38 cm. On reconnaît cette perdrix à son bec et à ses pattes rouges, à ses flancs aux vifs coloris contrastés, barrés de roux, de blanc et de noir. Le dessus du corps est brun-roux, le dessus de la tête est gris.

POIDS : De 350 à 600 g.

PARTICULARITÉS : Contrairement à la perdrix grise, la perdrix rouge perche volontiers sur des arbres, arbustes ou murets.

PERDRIX BARTAVELLE
Alectoris graeca/Rock Partridge

COLIN DE VIRGINIE
Colinus virginianus (Linné)/Northern Bobwhite

HABITAT : Au Québec, on ne trouve que de la perdrix bartavelle d'élevage. Cependant, cet oiseau vit en liberté en Europe, dans les hauteurs, sur les flancs rocheux et ensoleillés et dans des ravins pierreux.

TAILLE ET COULEUR : De 33 à 36 cm. Elle ressemble à la perdrix rouge, mais s'en distingue par sa grande bavette blanche, sous la gorge, au pourtour nettement délimité par un collier noir. Les plumes des flancs sont rayées verticalement de deux traits noirs. Le dessus du corps est brun à reflets gris, et non pas roussâtre.

POIDS : De 300 à 450 g.

PARTICULARITÉS : Ce magnifique oiseau, fut le premier à faire l'objet d'élevage au Québec. Il est évident qu'il ne peut avoir la même saveur qu'à l'état sauvage, même si les éleveurs respectent au mieux ses habitudes alimentaires.

NOURRITURE : L'été, la bartavelle se nourrit de baies, de feuilles tendres, de pointes de semailles, d'araignées, d'insectes, de larves. En hiver, elle se nourrit de baies de genièvre.

HABITAT : Au Québec, on ne trouve pas le colin de Virginie à l'état sauvage. Par contre, il y en a dans le sud de l'Ontario où ils fréquentent les cultures de céréales et de maïs.

TAILLE ET COULEUR : De 24 à 27 cm. Le mâle a des rayures blanches au-dessus de l'œil, une tache blanche cernée de noir sur la gorge. Chez la femelle, le blanc de ces régions cède au chamois, au noir tournant au brun-roux. On observe des raies longitudinales sur les flancs. Les parties supérieures rougeâtres distinguent le colin de Virginie des autres colins.

POIDS : De 160 à 270 g.

PARTICULARITÉS : Le colin de Virginie diffère des autres colins par les marques distinctes sur sa face et par la couleur rougeâtre de ses parties supérieures. C'est sa petite taille qui le distingue des gélinottes, des perdrix et des faisans.

PIGEON BISET
(pigeon domestique)
Columbia livia (Gmelin)/Rock Dove

FAISAN DE COLCHIDE
Phasianus colchicus(Linné)/Ring-Necked Pheasant

HABITAT : Le pigeon biset aime les arbres et vit dans les forêts de sapins et de conifères. Il a été introduit au Canada lors de l'importation d'oiseaux domestiques. Il est retourné à l'état sauvage. On peut aussi le trouver en élevage ainsi que d'autres familles de pigeons : le Texan, le Mondain, le Romain et le King.

TAILLE ET COULEUR : D'une longueur de 28 à 34 cm, le pigeon biset a deux bandes alaires foncées, les pattes rougeâtres, le bec foncé. Au vol, une tache blanche sur le croupion nous permet de le reconnaître aisément. (Il est plus petit que son cousin européen, le pigeon ramier, qui peut mesurer jusqu'à 43 cm.)

POIDS : De 400 à 800 g.

PARTICULARITÉS : À l'état sauvage, le pigeon se nourrit de graines de sapins, de conifères et de glands. Il ne dédaigne pas non plus les escargots et les vers de terre. En élevage et pour la cuisine, on devrait n'utiliser que le pigeonneau, c'est-à-dire juste avant qu'il ne quitte le nid, sinon ses chairs deviennent très dures.

HABITAT : À l'état sauvage, ces magnifiques oiseaux sont rares au Québec. On en retrouve quelques spécimens dans le sud-ouest du Québec (en Estrie, dans la région de Montréal et à Hudson). Ils fréquentent surtout les fermes où il y a des champs de céréales, de maïs, de luzerne, de soja et de foin, ce qui leur assure une certaine protection.

TAILLE ET COULEUR : La taille varie de 55 à 85 cm. Cela dit, le faisan est l'un des oiseaux les plus colorés. La tête verte, brillante, est dotée de caroncules rouges autour des yeux. En général, on observe un collier blanc. Le corps fauve, roux, est recouvert de nombreuses plumes aux reflets dorés. La femelle est plus petite et plus terne que le mâle.

POIDS : De 1 à 1,5 kg.

PARTICULARITÉS : Les individus introduits au Québec appartenaient à plusieurs sous-espèces. La population qu'on y rencontre aujourd'hui est hybride et très variée : il est préférable de ne pas tenter de classer la population canadienne au-delà de l'espèce (*Phasianus colchicus*).

CAILLE
Coturnix coturnix (Linné)/Quail

DINDON SAUVAGE
Meleagris gallopavo(Linné)/Wild Turkey

HABITAT : La caille vit dans des élevages et à l'état sauvage. On ne trouve toutefois au Québec que des cailles d'élevage. Il est à noter, cependant, que le goût de ces petits oiseaux à l'état sauvage est incomparable.

TAILLE ET COULEUR : La caille est le plus petit gallinacé d'Europe et d'Amérique. Longue de 20 cm, son poids ne dépasse pas 100 g. La caille ressemble à une perdrix en miniature. Elle est brune sur le dessus, avec des traits en long et en large, jaune-roux; sa tête est plus foncée que son dos. La gorge est rousse, le ventre blanc jaunâtre. Les côtés du ventre et de la poitrine sont rouge-roux. L'iris est d'un brun-rouge clair, le bec, gris écaille, et les pattes sont rouges ou jaune pâle.

POIDS : De 100 à 200 g.

PARTICULARITÉS : Vu sa nourriture totalement différente en élevage, il est impératif d'apprêter ce joli petit oiseau de façon différente.

NOURRITURE : Graines, pointes de feuilles, bourgeons et insectes.

HABITAT : Le dindon sauvage a pratiquement été exterminé au Canada à une certaine époque. Il résidait autrefois en nombre variable – parfois assez considérable – dans l'extrême sud de l'Ontario. Des tentatives d'introduction en Alberta en 1962 ont donné de bons résultats et l'espèce s'est répandue. Au Québec et en Ontario, on trouve présentement beaucoup de dindons sauvages, pour la plus grande joie des chasseurs. Il fait également l'objet d'élevage.

TAILLE ET COULEUR : De 91 à 122 cm. D'un bronze cuivré tacheté de blanc. Sa tête est large et dénudée, montée sur un corps avec des caroncules bleu grisâtre. La poitrine est opulente.

POIDS : Selon l'âge et le sexe, son poids peut varier de 5 à 20 kg.

PARTICULARITÉS : L'espèce sauvage ressemble beaucoup à l'espèce domestique. Le dindon domestique descend d'une sous-espèce mexicaine et se distingue du dindon sauvage par le bout blanchâtre ou chamois pâle de ses tectrices sus-caudales et de sa queue.

ROUGE DES ARDENNES
Red Ardennes Turkey

BRONZÉ D'AMÉRIQUE

HABITAT : Élevage.

TAILLE ET COULEUR : Cette espèce de dindon a une poitrine pleine et le dos voûté. Son plumage est d'un rouge fauve, avec des zones plus claires. La tête et le cou sont dénudés. Ses caroncules bleu grisâtre peuvent virer au rouge lorsque l'animal est énervé.

POIDS : De 9 à 10 kg pour le dindon (jusqu'à 20 kg parfois) ; de 5 à 9 kg pour la dinde.

PARTICULARITÉS : Fauve orange (plus clair chez la femelle) avec le dos rouille aux reflets cuivrés. La couleur devient de plus en plus claire en descendant vers la queue. Les ailes sont blanches et rouille clair. Ce représentant de la famille des dindons français est apparu sur les marchés des Ardennes vers le milieu du siècle. Il était autrefois considéré comme un membre de la famille des dindons français au même titre que le dindon albinos, par exemple. Il a acquis son nom vers 1850. C'est la plus grosse volaille de nos basses-cours. Bien que sa chair soit succulente, ce dindon est actuellement quelque peu supplanté par le dindon blanc de Beltsville.

HABITAT : Élevage.

POIDS : La femelle pèse entre 6 et 8 kg et le mâle, entre 10 et 15 kg.

COULEUR : Bronze cuivre brillant avec des reflets vert cuivré.

PARTICULARITÉS : Jadis chassée en Amérique, cette espèce de dindon a fait son entrée pour la première fois en Europe, en passant par l'Espagne vers 1530. Les Français et les Anglais s'y sont intéressé trois siècles plus tard. En Amérique, la domestication de cet animal sauvage date du XVIe siècle.

BLANC DE BELTSVILLE
Beltsville turkey.

Plus de 70 % des dindes de Noël sont de cette race.

LES GRIVES, LES ALOUETTES,
LES VANNEAUX ET LES PLUVIERS

L'alouette est un oiseau migrateur d'une grande délicatesse qui salue l'aurore dans les campagnes. Elle est particulièrement succulente à l'époque des vendanges et des moissons. On la reconnaît à son plumage gris, plus foncé sur le ventre, et à son bec pointu. L'alouette, que l'on appelle aussi « mauviette », vole très rapidement et très haut, perpendiculairement au sol. On ne l'utilise pas en cuisine au Québec.

La grive est un oiseau migrateur. Sa chair est très parfumée, particulièrement à l'automne, à la période des vendanges. Son plumage est gris, blanc et brun. On consomme surtout la grive litorne.

Le pluvier et le vanneau sont des échassiers qui se tiennent généralement dans les étangs et les marais proches de la mer. Le pluvier se reconnaît à son bec court et noir. Ses ailes noires sont tachetées de jaune verdâtre et sa poitrine est parsemée de taches vertes et jaunes. Le vanneau, quant à lui, porte un plumage épais et noir sur le dos et une huppe sur la tête. Ses cuisses et son ventre sont blancs.

GRIVE LITORNE
Turdus pilaris/Fieldfare

GRIVE MAUVIS
Turdus iliacus/Redwing

HABITAT : Peu fréquente au Québec, on retrouve la grive litorne surtout dans le sud-ouest de la province.

TAILLE ET COULEUR : Son plumage est contrasté. Tête et croupion ardoise ; dos brunâtre ; gorge et poitrine rousses. Elle mesure environ 28 cm et son envergure atteint 46 cm. L'aile repliée mesure 15 cm ; la queue, un peu plus de 11 cm.

PARTICULARITÉS : La grive litorne est la plus grosse des grives. Au Canada, on en rencontre huit familles différentes. Malgré des antécédents culinaires exceptionnels, surtout pour sa finesse gustative, ce petit oiseau est très peu utilisé en cuisine et fait souvent l'objet d'une interdiction de chasse. C'est le cas au Québec.

HABITAT : Les grives et les merles qui font partie de la famille des turdidés affectionnent les habitats diversifiés où alternent des haies riches en baies, des bosquets et des zones cultivées. La grive draine recherche les arbres à gui.

TAILLE ET COULEUR : La grive mauvis est reconnaissable à ses sourcils blancs très marqués qui la différencient de la grive musicienne. La partie antérieure des ailes est rousse. Elle mesure entre 18 et 23 cm.

PARTICULARITÉS : Cette petite grive est d'origine européenne et sa présence au Québec est accidentelle. Sa chasse est autorisée en Europe, mais interdite au Québec.

ALOUETTE CORNUE
Eremophila alpestris (Linné)/Horned Lark

VANNEAU HUPPÉ
Vanellus vanellus(Linné)/Northern Lapwing

HABITAT : L'alouette cornue est un oiseau terrestre qui se rencontre dans les terrains à découvert : steppes, toundra arctique, littoraux et champs cultivés. Durant l'hiver, un certain nombre n'émigre pas et occupe les régions méridionales du Canada.

TAILLE ET COULEUR : Oiseau terrestre plus grand qu'un bruant, au dos brun et au bec mince. L'alouette cornue se reconnaît à son plastron noir et à la rayure noire en forme de faux qui s'étend du bec jusque sous les yeux. Les minuscules aigrettes noires du sommet de la tête sont souvent difficiles à voir. Longueur : de 17 à 19 cm.

POIDS : De 33 à 45 g.

PARTICULARITÉS : Il existe huit espèces d'alouettes au Canada. En Europe, elle se nomme *Alunda arvensis*. En cuisine, l'alouette prend le nom de « mauviette ». Sa chasse est actuellement interdite dans la plupart des pays, dont le Québec. La chasse à l'alouette des champs est autorisée en Europe.

NOURRITURE : L'espèce cherche sa nourriture au sol, se nourrissant surtout d'insectes, de petits animaux, de pointes d'herbes et de graines.

HABITAT : Assez rare au Québec, on a signalé la présence du vanneau huppé à Ruisseau-Vert. Il niche plutôt en Eurasie, depuis les îles Britanniques, les îles Féroé, le nord de la Suède, en Russie jusqu'à 62° de latitude N et, en Sibérie, jusqu'à 57° de latitude N.

TAILLE ET COULEUR : Mesurant de 28 à 32 cm, le vanneau est caractérisé par une longue huppe noire sur la tête. La gorge et le poitrail contrastent avec le ventre blanc. Le dessus du corps, sombre, a des reflets verts. La queue blanche est terminée par une barbe noire.

POIDS : De 150 à 310 g.

PARTICULARITÉS : Le vanneau huppé est un pluvier de taille assez forte qui arbore une longue huppe effilée. À distance, il semble noir et blanc, mais de près on distingue un chatoiement vert sur sa partie supérieure. Il porte une large bande noire en travers de la poitrine. Le vanneau possède un signe tout à fait particulier : il n'a que quatre doigts. La chasse du vanneau huppé est autorisée en Europe, mais pas au Québec.

NOURRITURE : Il se nourrit d'insectes, de vers, de petites limaces et de larves.

VALEUR GASTRONOMIQUE : Sa chair est meilleure vers le mois de novembre. Ce sont surtout les œufs de vanneau qui sont appréciés, mais ils sont protégés.

PLUVIER DORÉ D'AMÉRIQUE OU PLUVIER BRONZÉ

Pluvialis dominica/American Golden-Plover

FOULQUE

Fulica americana/American Coot

HABITAT : Le pluvier bronzé est un oiseau typique des toundras. On le trouve dans presque tous les marais de la terre. Le pluvier bronzé est presque exclusivement un migrateur d'automne au Québec. C'est un visiteur l'été, après quoi il se dirige vers l'Amérique du Sud.

TAILLE ET COULEUR : L'été, le pluvier doré est reconnaissable à son plumage finement piqueté d'or sur le dessus ; à sa grosse tête dotée d'un bec court ; à son ventre, sa gorge, ses joues et son cou noirs. Sa taille varie de 26 à 29 cm.

POIDS : De 140 à 210 g.

PARTICULARITÉS : Contrairement au pluvier bronzé, le pluvier semi-palmé se retrouve plus souvent au Québec (dans la région de Schefferville, la Côte-Nord et même aux îles de la Madeleine). Son cousin, le pluvier doré d'Eurasie, est légèrement plus gros. La chasse du pluvier doré (*Pluvialis apricaria*) est autorisée en Europe, mais pas au Québec.

NOURRITURE : Il se nourrit d'insectes, de vers, de larves, de coléoptères et d'escargots.

VALEUR GASTRONOMIQUE : Oiseau au goût particulièrement délicat que l'on déguste, de préférence, rôti.

HABITAT : La foulque d'Amérique fréquente principalement les marais d'eau douce, les étangs, les terrains marécageux, les lacs et les rivières au cours lent. Au Québec, on la trouve dans la région de Montréal, à Cap Tourmente et aux îles de la Madeleine.

TAILLE ET COULEUR : La poule d'eau et la foulque d'Amérique sont des oiseaux de marais de coloration gris foncé (qui semble souvent noir). Elles ont la taille de petits canards, mais leur bec ressemble à celui de la poule domestique et leur tête est beaucoup plus fine que celle des canards. Le bec blanc de la foulque ainsi que l'absence de ligne blanche le long des flancs la distinguent de la poule d'eau. Sa taille varie de 33 à 40 cm.

PARTICULARITÉS : La foulque d'Amérique fait partie de la famille des rallidés qui comprend les grues, le râle et la gallinule. Cet oiseau a des battements d'ailes peu puissants et il est plutôt lent ; il préfère se faufiler à travers la végétation dense des marais.

Recettes

de canard

POITRINES DE COLVERT EN BRIOCHE AUX ABRICOTS

Pâte à brioche

500 g (3 ¼ tasses)	Farine
20 g (env. 1 oz)	Levure de boulanger, fraîche
160 ml (⅔ tasse)	Eau tiède
2 c. à soupe	Sucre
2 c. à café (2 c. à thé)	Sel
240 g (1 tasse)	Beurre non salé
6	Œufs

Colvert

4	Poitrines de colvert de 225 à 300 g (8 à 10 oz)
	Sel et poivre du moulin
80 ml (⅓ tasse)	Huile de cuisson
60 g (¼ tasse)	Beurre
12	Abricots secs
2	Jaunes d'œufs
	Lait
320 ml (1 ⅓ tasse)	Fond brun de canard, lié

VARIANTES : toutes les espèces de canards.

Préparation de la pâte à brioche (12 heures avant) : Mettre la farine dans un récipient. Faire un puits au centre et y mettre la levure de boulanger avec l'eau tiède ; ajouter le sucre, le sel, le beurre à la température de la pièce, 4 œufs entiers, plus 2 jaunes d'œufs, et pétrir la pâte. Couvrir avec une pellicule plastique. Réserver au réfrigérateur pendant 12 heures. Normalement, elle devrait doubler de volume. Pétrir la pâte de nouveau. Réserver.

Colverts : La veille, saler et poivrer les poitrines de colvert. Chauffer l'huile de cuisson et le beurre dans une poêle à fond épais. Saisir des deux côtés en commençant par la partie la plus grasse, puis retirer du feu et laisser refroidir. Couvrir d'une pellicule plastique et conserver au réfrigérateur.

Deux heures avant de déguster : Chauffer le four à 225 °C (450 °F). Répartir la pâte en quatre boules et abaisser. Disposer sur chacune un quart des abricots séchés disposés en long. Mettre une poitrine de colvert par abaisse, puis les envelopper de pâte. Déposer sur une plaque, en prenant soin de laisser un espace entre chaque poitrine.

Couvrir avec un linge ou du papier d'aluminium puis laisser «gonfler» la pâte à brioche, en la plaçant sur le dessus de la cuisinière. La chaleur dégagée par le four sera suffisante pour faire lever la pâte.

Pendant ce temps, préparez la dorure en fouettant les jaunes d'œufs avec un peu de lait. Lorsque la pâte sera levée, badigeonner généreusement de dorure à l'aide d'un pinceau et mettre au four à 225 °C (450 °F) pendant 15 à 20 minutes.

VARIANTES : canard de Barbarie, canard mulard, canard Kaki-Campbell, canard de Pékin (Brome)

CANARD NOIR RÔTI, LÉGUMES RACINES

4 personnes

Assez facile

Préparation : 20 minutes

Cuisson : à la goutte
de sang

PANAIS
De la famille des ombellifères, le panais fut largement utilisé par les Grecs et les Romains. Ce légume racine est très nutritif et possède, entre autres, des propriétés diurétiques. De saveur délicate, il est préférable de le cuire sans liquide.

VARIANTES : canard de Pékin (Brome), canard de Barbarie, canard mulard, canard colvert, canard pilet.

2	Canards noirs (femelles de préférence) de 800 g à 1 kg (1 ¾ à 2 lb)
	Sel et poivre du moulin
300 g (1 ½ tasse)	Mirepoix de légumes cuits (oignons, carottes, céleri)
2	Feuilles de laurier
2	Branches de thym
8	Baies de genièvre
2	Bardes (tranches de lard) de 5 cm x 10 cm (2 po x 4 po)
	Sel et poivre du moulin
60 g (¼ tasse)	Beurre non salé
60 ml (¼ tasse)	Huile
60 g (⅓ tasse)	Échalotes, hachées finement
180 ml (¾ tasse)	Vin blanc sec
300 ml (1 ¼ tasse)	Fond brun de canard, non lié ou équivalent
2 ½ c. à soupe	Beurre à la température de la pièce
4	Petits panais
4	Petites carottes avec fanes
4	Petites racines de persil
1	Oignon espagnol coupé en quatre ou tout autre légume racine
	Sel et poivre du moulin

Saler et poivrer l'intérieur des canards. Farcir avec la mirepoix de légumes, la feuille de laurier, le thym et les baies de genièvre.

Brider les canards puis les barder (voir page 385-386). Les poivrer généreusement et les saler. Chauffer le beurre et l'huile de cuisson, de préférence dans une cocotte en fonte. Saisir les canards au four à 225 °C (450 °F) pendant 10 minutes. Enlever les bardes puis remettre au four à 200 °C (400 °F). Les poitrines seront cuites lorsque vous les piquerez avec une épingle et qu'une goutte de gras sortira avec une petite pointe de rose au centre. C'est ce qu'on appelle « cuisson à la goutte de sang ». Notez cependant que les cuisses ne seront pas nécessairement cuites à ce moment. Il suffira d'en terminer la cuisson lors d'un prochain repas.

Sortir les canards du four et les couvrir de papier d'aluminium. Les garder au chaud sur la cuisinière. Enlever l'excédent de gras de cuisson, ajouter les échalotes et le vin blanc. Réduire puis ajouter le fond brun de canard. Cuire pendant quelques minutes puis monter le jus avec le beurre. Pendant que le canard est au four, cuire les légumes racines à l'eau salée. Bien les égoutter puis les déposer pendant quelques minutes dans le jus de cuisson. Rectifier l'assaisonnement.

CANARD À L'ORANGE

4 personnes

Assez facile

Préparation : 20 à 40 min

Cuisson : au thermomètre

NOTE

On peut remplacer les suprêmes d'orange par des zestes d'orange blanchis.

4	Poitrines de canard de Pékin (Brome)
2	Oranges sans pépins
2 ½ c. à soupe	Cognac
2 ½ c. à soupe	Grand Marnier
	Sel et poivre
60 g (¼ tasse)	Beurre
60 ml (¼ tasse)	Huile
320 ml (1 ⅓ tasse)	Sauce à l'orange (voir page 348)
	Sel et poivre

Peler les oranges en enlevant la peau blanche et les trancher en segments (suprêmes).

Macérer les suprêmes d'orange dans le cognac et le Grand Marnier. Réserver les suprêmes.

Saler et poivrer les poitrines de canard. Chauffer le beurre et l'huile dans une poêle et faire cuire les poitrines de canard en commençant du côté gras. Les poitrines sont cuites lorsqu'elles atteignent 58 °C (136 °F) à cœur.

Extraire l'excédent de gras et, avec l'alcool de macération, flamber les poitrines. Enlever celles-ci et les réserver au chaud. Verser la sauce à l'orange dans la poêle et chauffer. Rectifier l'assaisonnement.

Quelques minutes avant de servir, réchauffer les suprêmes d'orange dans la sauce.

VARIANTES : oie, pintade, toutes les espèces de canards, poulet.

CANARD BRAISÉ AUX OLIVES

4 personnes

Difficile

Préparation : plus
de 40 min

Cuisson : 1 h à 1 h 30

1	Canard de 1,5 kg (3 ¼ lb)
	(de Rouen, mulard ou de Barbarie)
80 ml (⅓ tasse)	Huile d'arachide
1	Carotte en mirepoix
1	Oignon espagnol en mirepoix
1	Branche de céleri en mirepoix
1	Bouquet garni
30	Olives vertes ou noires dénoyautées
400 ml (1 ⅔ tasse)	Vin blanc
500 ml (2 tasses)	Fond brun de canard
	Sel et poivre

La veille, couper le canard en 8 morceaux en laissant les os. Chauffer l'huile d'arachide dans une poêle et faire revenir les morceaux de canard jusqu'à ce qu'ils prennent une belle coloration, puis les mettre dans un récipient ; ajouter la carotte, l'oignon, le céleri, le bouquet garni, les olives et le vin blanc, et laisser reposer à la température ambiante pendant 12 heures. L'alcool du vin pénétrera mieux dans le canard.

Le jour même, mettre les morceaux de canard dans une casserole ou une mijoteuse avec tous ses éléments aromatiques, ajouter le fond de canard et cuire doucement à 100 °C (200 °F). Plus la cuisson sera plus longue, plus le plat sera savoureux.

Enlever les morceaux de canard, les mettre dans un plat de service avec les olives et passer la sauce au chinois. Rectifier l'assaisonnement et, au besoin, la liaison.

À mi-cuisson, on peut cuire des pommes de terre dans la sauce.

VARIANTES : oie, pintade, poulet.

BOUQUET GARNI
Cet élément aromatique est composé de tiges de persil, d'une branche de thym et d'une ou deux feuilles de laurier. On attache ces éléments avec une corde afin d'en faciliter la manipulation.

POURQUOI DE L'HUILE D'ARACHIDE ?
C'est l'huile qui supporte le mieux une chaleur intense. En effet, son point de fumée est très élevé, c'est-à-dire au moment où elle commence à se décomposer et à produire des substances toxiques.

CANARD AU CIDRE DE ROUGEMONT

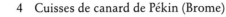

4 personnes

Difficile

Préparation : 20 à 40 min

Cuisson : 45 à 70 min

4	Cuisses de canard de Pékin (Brome)
80 ml (⅓ tasse)	Huile d'arachide ou autre
8	Pommes à cuire (Russet ou autres)
1	Bouteille de cidre sec
8	Échalotes moyennes entières
1	Petit morceau de cannelle ou ½ c. à café (½ c. à thé) de cannelle en poudre
4	Gousses d'ail
	Sel et poivre
80 ml (⅓ tasse)	Calvados
300 ml (1 ¼ tasse)	Fond brun de canard, lié

Chauffer l'huile d'arachide dans une poêle et faire colorer les cuisses de canard. Éplucher les pommes et les couper en petits dés.

Déposer les cuisses de canard dans un récipient, ajouter le cidre, les échalotes, les pommes, la cannelle et l'ail. Saler et poivrer et verser 4 c. à café (4 c. à thé) d'huile sur le tout. Laisser macérer pendant 12 heures.

Sortir les cuisses de canard et les mettre dans une casserole (rondeau). Les chauffer afin de laisser évaporer un peu d'humidité et flamber avec le calvados. Ajouter le fond de canard puis tous les éléments de macération, sauf les dés de pommes qui seront réservés. Cuire doucement.

À la fin de la cuisson, enlever les morceaux de canard et les échalotes ; passer la sauce au chinois.

Rectifier la liaison avec un peu de roux blanc si nécessaire.

Passer de nouveau au chinois fin, et remettre dans la casserole avec les morceaux de canard, les échalotes et les dés de pommes. Mijoter quelques minutes et servir très chaud.

VARIANTES : oie, pintade, dindon, poulet, canard.

CANNELLE
Écorce du cannelier dépouillée de son épiderme. On la trouve sous la forme de petits tuyaux. Sa saveur est forte et doit elle doit être utilisée avec parcimonie.

CANARD MULARD À L'ÉRABLE

À la mémoire de Renaud Cyr, grand chef cuisinier

4 personnes

Assez facile

Préparation : 40 à 60 min

Cuisson : à la goutte
de sang

1	Canard de 1,7 à 2,2 kg (3 ¾ à 4 ½ lb)
1	Oignon espagnol
2	Gousses d'ail
½	Branche de thym
¼	Feuilles de laurier
60 ml (¼ tasse)	Huile d'arachide
60 g (¼ tasse)	Beurre doux
80 ml (⅓ tasse)	Vin blanc
125 ml (½ tasse)	Vinaigre d'érable ou de cidre
150 g (5 oz)	Sucre d'érable
80 ml (⅓ tasse)	Sirop d'érable
250 ml (1 tasse)	Fond de canard brun, lié
125 ml (½ tasse)	Sortilège (vendu à la SAQ)
	Sel et poivre

Saler et poivrer le canard, mettre l'oignon, l'ail, le thym et le laurier à
l'intérieur du canard, et le brider (voir page 385). Chauffer l'huile et le beurre
dans une plaque. Déposer le canard et cuire au four à 225 °C (450 °F) en
l'arrosant régulièrement pendant 30 à 35 minutes.

Pendant la cuisson, mélanger le vin blanc, le vinaigre d'érable, le sucre
d'érable, le sirop d'érable et cuire jusqu'à ce que l'ensemble devienne sirupeux.

À mi-cuisson, badigeonner le canard avec le mélange à l'érable et laisser
cuire à la goutte de sang au milieu de la poitrine. Notez qu'alors les cuisses
ne seront pas encore cuites. Vous pourrez en terminer la cuisson lors
d'un autre repas.

VARIANTES : oie, pintade, toutes les espèces de canards, poulet.

SERVICE

Servir les poitrines en
aiguillettes (voir photo,
page 78) ou en morceaux
(ci-contre). Vous pouvez
accompagner ce plat d'un
fond de canard aromatisé
au Sortilège, de pommes
de terre sautées et de
haricots verts extrafins.

CUISSES DE CANARD CONFITES

4 personnes

Assez facile

Préparation : plus
de 40 min

Cuisson : au piqué

4	Cuisses de canard de Pékin
2 c. à soupe	Romarin
2 c. à soupe	Brindilles de thym sec
3	Baies de genièvre écrasées
½	Feuille de laurier ou
¼ c. à café (¼ c. à thé)	Laurier en poudre
4	Gousses d'ail écrasées
1 kg (4 tasses)	Gros sel
1 kg (4 tasses)	Graisse de canard

GÉSIERS DE CANARD CONFITS
Procéder de la même manière en comptant 150 g (5 oz) de gésiers par personne ; saler pendant 6 heures.

Déposer les cuisses de canard sur une plaque. Les frotter avec le romarin, le thym, les baies de genièvre, le laurier et l'ail.

Déposer le gros sel uniformément sur les cuisses et les réserver à couvert pendant 6 à 8 heures. Chauffer la graisse de canard à 90 °C (195 °F).

Bien laver les cuisses de canard et les éponger pour enlever le maximum d'humidité. Les déposer dans la graisse et les cuire à 90 °C (195 °F). Il est fort important de ne pas dépasser cette température.

Pour vérifier la cuisson, enfoncer un couteau dans le milieu de la cuisse ; s'il se retire facilement, les cuisses sont cuites.

Conserver les cuisses dans le gras de canard.

VARIANTES : faisan, pintade, tétras, poulet, toutes les espèces de canards.

BAIES DE GENIÈVRE
Le genévrier produit des baies noirâtres que l'on utilise, entre autres, en cuisine. Elles sont très appréciées comme apprêts de gibier à poil et à plume.

AIGUILLETTES DE CANARD À LA GOUTTE
DE SANG, SAUCE AUX GRIOTTES

4 personnes

Assez facile

Préparation : 20 à 40 min

Cuisson : à cœur

2	Poitrines de canard mulard d'environ 300 g (10 oz) chacune
3 c. à soupe	Huile d'arachide
3 ½ c. à soupe	Beurre non salé
	Sel et poivre
100 ml (env. ⅓ tasse)	Kirsch
3 c. à soupe	Carottes en brunoise
3 c. à soupe	Céleri en brunoise
2 ½ c. à soupe	Échalotes hachées finement
300 ml (1 ¼ tasse)	Sauce aux griottes (voir page 347)
	Sel et poivre

Chauffer l'huile et le beurre dans une poêle en fonte ou en cuivre. Saler et poivrer les poitrines et les cuire à la goutte de sang en commençant par le côté du gras.

Les poitrines étant cuites, enlever l'excédent de gras et flamber avec le kirsch, ajouter les carottes, le céleri et les échalotes, fondre la brunoise une minute, ajouter la sauce aux griottes et mijoter quelques minutes.

VARIANTES : oie, pigeon, tous types de canards.

AIGUILLETTES
L'aiguillette est une tranche mince tirée de la poitrine de canard et coupée dans le sens de la fibre (longueur).

SERVICE

Au moment de servir, verser la sauce au fond de l'assiette, escaloper les poitrines et les disposer sur la sauce. On peut ajouter quelques griottes chauffées dans la sauce.

CERISES GRIOTTES
Les cerises griottes sont petites et rouges, avec une chair molle et très acidulée. Au Canada, on les cultive dans la vallée du Niagara. On peut les remplacer par de petites cerises sauvages. Elle entre d'ailleurs dans la confection d'un mets classique : le canard Montmorency.

MAGRETS DE CANARD RÔTIS
FOIE GRAS AUX RAISINS

4 personnes

Difficile
Préparation : 20 à 40 min
Cuisson : à la goutte
de sang

NOTE
Comme le mulard,
le canard de Barbarie
peu être gavé.

MAGRETS
Seules les poitrines de
canards gavés peuvent
porter le nom de
« magrets ». Elles sont
très tendre.

2	Magrets de canard de Barbarie
400 g (14 oz)	Raisins rouges
180 ml (env. ¾ tasse)	Monbazillac, Sauternes ou Samos
60 ml (¼ tasse)	Huile d'arachide
80 g (⅓ tasse)	Beurre doux
250 g (½ lb)	Foie gras de canard (4 tranches)
250 ml (1 tasse)	Fond brun de gibier à plume, lié
	Sel de Guérande ou sel de mer et poivre blanc

Enlever la peau et les pépins des raisins, les couper en deux et les macérer avec 100 ml (3 ½ oz) de Monbazillac.

Dans un sautoir, chauffer l'huile et le beurre. Colorer les magrets (poitrines) de canard et les cuire au four à la goutte de sang. Pendant la cuisson des magrets, assaisonner le foie gras de sel de Guérande et de poivre. Cuire à la poêle en aller-retour et réserver.

Sortir les magrets du four et préparer la sauce : déglacer avec le vin de Monbazillac ou autre, réduire et ajouter le fond de gibier. Mijoter pendant quelques minutes puis ajouter les raisins macérés.

VARIANTES : oie, pigeon, tous types de canards.

SERVICE

Verser la sauce au fond
de chaque assiette,
escaloper les magrets,
déposer sur la sauce en
intercalant le foie gras.

RAISINS
Joseph Favre disait : « J'ignore si le raisin faisait partie des fruits du paradis terrestre, mais ce que je sais bien c'est que de tout temps il fut un aliment des dieux et des grands de la terre. »

Gibier à poil et à plume

SAUVAGINE LAQUÉE À LA SZÉCHUAN

4 personnes

Difficile
Préparation : plus
de 40 min
Cuisson : 40 à 60 min

NOTE

Le mot «sauvagine» inclut l'ensemble des oiseaux sauvages qui fréquentent la mer, les rivières et les marais.

Gingembre
Plante herbacée (zingibéracées) à rhizome charnu. Il a une odeur très parfumée et une saveur piquante. Il est utilisé énormément en cuisine asiatique. Au Québec, une variété de gingembre pousse à l'état sauvage, mais cette plante est protégée.

2	Sauvagines ou petite cane

Marinade

60 g (¼ tasse)	Sucre
2 c. à soupe	Sel
1 c. à café (1 c. à thé)	Poudre aux cinq épices
2 c. à soupe	Gingembre moulu
95 g (3 ½ oz)	Gingembre mûr épluché
1	Morceau d'anis étoilé
¼	Feuille de laurier

Glaçage

1 c. à café (1 c. à thé)	Sucre de malt
4 c. à café (4 c. à thé)	Vinaigre chinois rouge
1 c. à soupe	Vinaigre de riz
1 c. à soupe	Vin de riz rouge

Sauce

2 c. à soupe	Sucre
2 c. à café (2 c. à thé)	Sauce aux huîtres
25 g (⅓ tasse)	Pâte de graines de soja
4 c. à café (4 c. à thé)	Sauce Hoisin
4 c. à café (4 c. à thé)	Huile de sésame
3 c. à soupe	Huile végétale

Marinade : Bien mélanger tous les ingrédients et saupoudrer l'intérieur des sauvagines. Laisser pénétrer une vingtaine de minutes. Farcir alors les sauvagines avec les épices et fermer avec une brochette ou une aiguille à brider. Plonger les sauvagines dans l'eau bouillante pendant 7 secondes, puis les plonger immédiatement dans l'eau glacée pour interrompre le processus de cuisson. Les sécher.

Glaçage : Mélanger les ingrédients du glaçage et badigeonner la peau de canard, ce qui lui donnera sa couleur éclatante, brun-rouge foncé. Suspendre alors les sauvagines pendant 6 heures dans un endroit frais pour les laisser sécher.

Sauce : Mélanger le sucre, la sauce aux huîtres, la pâte de graines de soja, la sauce Hoisin et l'huile de sésame. Faire chauffer l'huile végétale dans une poêle, y verser le mélange et porter à ébullition. Laisser mijoter pendant quelques minutes. Laisser refroidir et réserver.

Chauffer le four à 175 °C (350 °F). Faire griller les sauvagines sur une grille pendant 25 à 30 minutes sur le dos, puis 15 minutes sur le ventre. À la fin de la cuisson, verser sur la peau 30 ml (2 c. à soupe) d'huile bouillante. Servir très chaud.

VARIANTES : pintade, tétras, poulet, tous les canards.

Recettes

d'oie

POITRINES D'OIE BLEUE SAUTÉES,
FRICASSÉE DE CHANTERELLES ET BEURRE AU JUS DE CANNEBERGE

4 personnes

Assez facile

Préparation : 20 à 40 min

Cuisson : à la goutte
de sang

4	Petites poitrines d'oie bleue de 180 g (6 oz) par personne
320 g (1 ⅓ tasse)	Beurre doux
625 ml (2 ½ tasses)	Canneberges
4	Échalotes sèches hachées finement
2 c. à soupe	Canneberges déshydratées, hachées finement
60 ml (¼ tasse)	Huile d'arachide ou de tournesol
320 g (12 oz)	Chanterelles
2 c. à soupe	Persil haché finement
	Sel et poivre

Laisser le beurre à la température ambiante afin qu'il soit bien en pommade.

Extraire le jus des canneberges à l'aide d'une centrifugeuse. Le mettre dans une casserole avec la moitié des échalotes hachées et réduire de 90 %. Laisser refroidir. Bien mélanger cette réduction avec 200 g (1 tasse) de beurre, saler et poivrer au goût et incorporer les canneberges hachées. Réserver.

Chauffer 60 g (¼ tasse) de beurre avec l'huile dans une poêle et saisir les poitrines d'oie bleue. Cuire au four à 230 °C (450 °F) jusqu'à la goutte de sang.

Pendant la cuisson, faire sauter les chanterelles dans le reste du beurre. Saler et poivrer et, à la fin de la cuisson, ajouter l'autre moitié des échalotes. Ajouter le persil haché finement.

VARIANTES : canard, faisan, pigeon, tétras.

SERVICE

Mettre les poitrines d'oies sautées dans des assiettes et les entourer de fricassée de chanterelles. Au dernier moment, déposer une cuillère à thé de beurre de canneberge sur les poitrines. Le beurre fondra à la chaleur, enrobant les morceaux d'oie.

Recettes

d'oie

JEUNE BERNACHE FARCIE AUX MARRONS RÔTIS, SAUCE AUX AIRELLES

Très difficile

Préparation : plus
de 40 min

Cuisson : au thermomètre

NOTE

Si on utilise des marrons
congelés, qui sont déjà
cuits, les laisser macérer
quelques minutes dans
le fond de cuisson
des échalotes.

1	Jeune bernache ou oie des neiges
150 g (⅔ tasse)	Beurre non salé
90 g (½ tasse)	Échalotes hachées finement
500 g (1 lb)	Marrons frais avec la peau ou marrons surgelés épluchés
180 ml (¾ tasse)	Madère
180 ml (¾ tasse)	Vin blanc
80 ml (⅓ tasse)	Cidre tranquille aux canneberges

Farce

4	Tranches de pain
180 ml (¾ tasse)	Crème à 35 %
4	Feuilles de sauge
2 ou 3	Blancs d'œufs
300 g (10 oz)	Cuisses d'oies hachées ou échine de porc hachée
	Sel et poivre
2 c. à soupe	Persil haché
1 ½ litre (6 tasses)	Bouillon de volaille, d'oie ou de canard
80 ml (⅓ tasse)	Huile
	Sauce aux airelles (canneberges) (voir page 345)

Chauffer le beurre dans une casserole. Faire suer les échalotes, ajouter
les marrons, le madère, le vin blanc, le cidre ; couvrir et laisser cuire pendant
une dizaine de minutes. Laisser refroidir.

Farce : Faire tremper le pain dans la crème pendant quelques minutes.
Ajouter la sauge et les blancs d'œufs, et passer le tout au robot culinaire.
Bien incorporer ce mélange à la chair d'oie hachée et ajouter la préparation
aux marrons. Rectifier l'assaisonnement et ajouter le persil. Envelopper
cette farce dans un torchon pour former un boudin dont le diamètre convient
à la cavité de l'outarde puis la cuire dans un bouillon de volaille, d'oie ou
de canard pendant 10 minutes. Laisser refroidir, puis enlever le torchon.

Saler et poivrer la bernache ou l'oie à l'intérieur et à l'extérieur. Farcir avec
la préparation précédente. Coudre l'ouverture et bien brider l'oie.

SERVICE

Retirer la farce et en
déposer un morceau
dans chaque assiette ;
ajouter un morceau d'oie
et napper de sauce.

Dans une plaque allant au four, chauffer l'huile. Déposer l'oie et cuire à 230 °C (450 °F) pendant une quinzaine de minutes. Lorsqu'elle est bien dorée, la couvrir d'une feuille d'aluminium et baisser le four à 175 °C (350 °F). Continuer la cuisson jusqu'à ce que la température atteigne 85 °C (185 °F) à l'arrière de la cuisse. Ne pas oublier d'arroser souvent.

Chauffer la sauce aux airelles (voir page 345).

VARIANTES : canard, faisan, pintade, tétras, dinde.

MARRONS FRAIS
Faire chauffer 2 à 3 litres d'eau dans une casserole. Pratiquer une incision dans la première peau de chaque marron puis l'enlever; ensuite, trois par trois, les tremper pendant 1 minute dans l'eau bouillante. Les retirer et enlever la deuxième peau immédiatement. Répéter l'opération.

SAUGE
Elle s'accorde bien avec le thon grillé, l'anguille, le mouton, l'agneau, le veau, les côtelettes de porc, les farces et certains légumes. La sauge s'harmonise avec l'ail et les oignons.

POITRINES D'OIE BLEUE SAUTÉES,
FRICASSÉE DE CHANTERELLES ET BEURRE AU JUS DE CANNEBERGE

4 personnes

Assez facile

Préparation : 20 à 40 min

Cuisson : à la goutte
de sang

4	Petites poitrines d'oie bleue de 180 g (6 oz) par personne
320 g (1 ⅓ tasse)	Beurre doux
625 ml (2 ½ tasses)	Canneberges
4	Échalotes sèches hachées finement
2 c. à soupe	Canneberges déshydratées, hachées finement
60 ml (¼ tasse)	Huile d'arachide ou de tournesol
320 g (12 oz)	Chanterelles
2 c. à soupe	Persil haché finement
	Sel et poivre

Laisser le beurre à la température ambiante afin qu'il soit bien en pommade.

Extraire le jus des canneberges à l'aide d'une centrifugeuse. Le mettre dans une casserole avec la moitié des échalotes hachées et réduire de 90 %. Laisser refroidir. Bien mélanger cette réduction avec 200 g (1 tasse) de beurre, saler et poivrer au goût et incorporer les canneberges hachées. Réserver.

Chauffer 60 g (¼ tasse) de beurre avec l'huile dans une poêle et saisir les poitrines d'oie bleue. Cuire au four à 230 °C (450 °F) jusqu'à la goutte de sang.

Pendant la cuisson, faire sauter les chanterelles dans le reste du beurre. Saler et poivrer et, à la fin de la cuisson, ajouter l'autre moitié des échalotes. Ajouter le persil haché finement.

VARIANTES : canard, faisan, pigeon, tétras.

SERVICE

Mettre les poitrines d'oies sautées dans des assiettes et les entourer de fricassée de chanterelles. Au dernier moment, déposer une cuillère à thé de beurre de canneberge sur les poitrines. Le beurre fondra à la chaleur, enrobant les morceaux d'oie.

CUISSES D'OIE DU CANADA MARINÉES
AU JUS DE PLAQUEBIÈRE

4 à 6 personnes

Assez facile
Préparation : plus
de 40 min
Cuisson : au piqué

4	Cuisses d'oie
1 litre (4 tasses)	Jus de plaquebière ou 1 bouteille de Chicoutai
2	Oignons espagnols
2	Carottes
2 ¼ c. à soupe	Thé du Labrador ou thé des bois
2	Gousses d'ail
	Bouquet garni
500 ml (2 tasses)	Fond brun de canard ou d'oie, non lié
	Roux blanc (voir page 344)
	Sel et poivre

Mettre les cuisses d'oie à macérer avec le jus de plaquebière ou le Chicoutai, les deux oignons émincés, les carottes en fines rondelles, le thé du Labrador, l'ail et le bouquet garni. Couvrir le récipient hermétiquement et laisser sur le comptoir pendant au moins 12 heures.

Verser le tout dans une marmite, ajouter le fond de canard ou d'oie, assaisonner et cuire à basse température (env. 92 à 95 °C ou 197 à 200 °F) jusqu'à cuisson complète, c'est-à-dire lorsque l'on peut retirer facilement la pointe d'un couteau des chairs. Enlever les cuisses du jus de cuisson, réserver au chaud, passer le jus au chinois et le lier avec un roux blanc cuit. Mijoter pendant quelques minutes. Rectifier l'assaisonnement. Passer au chinois fin et ajouter les cuisses d'oie. Garder au chaud.

VARIANTES : canard, faisan, pintade, tétras.

PLAQUEBIÈRE
Plante vivace de quelques centimètres qui pousse dans l'hémisphère nord. En Laponie, on appelle son fruit « framboise des marais » et les peuples amérindiens le nomment « chicouté ». La Société des alcools du Québec en a fait un digestif par « macération », le Chicoutai, que vous pouvez utiliser à la place du jus de plaquebière.

SERVICE

Servir avec des cœurs de quenouille ou un riz pilaf.

THÉ DES BOIS
De la famille des éricacées, ce petit arbuste a élu domicile dans les tourbières. On récolte les jeunes feuilles à la saveur tout à fait particulière et d'une grande finesse pour les infuser.

CUISSES DE BERNACHE EN DAUBE

2	Cuisses de Bernache avec os par personne
8	Écorces d'orange
2	Gousses d'ail
2	Oignons espagnols en gros dés
1	Carotte en gros dés
2	Branches de céleri en dés
1	Feuille de laurier
1	Branche de thym
1 litre (4 tasses)	Vin rouge tannique
160 ml (⅔ tasse)	Huile d'olive
3	Olives noires dénoyautées par personne
200 g (7 oz)	Lard entrelardé haché
4	Pommes de terre moyennes
	Sel et poivre

À l'exception du lard et des pommes de terre, mettre tous les ingrédients dans un récipient et laisser mariner sur le comptoir pendant 12 heures. Égoutter et réserver.

Préparer la garniture. Dans une casserole chaude, faire blondir le lard et ajouter les oignons, les carottes, l'ail, le céleri, puis ajouter les cuisses d'outarde, le vin, les olives et les aromates. Assaisonner. Couvrir la casserole avec une assiette creuse remplie d'eau et mettre au four à 230 °C (450 °F). Ajouter de l'eau dans l'assiette à mesure qu'elle s'évapore. À mi-cuisson, ajouter les pommes de terre.

Avec la pointe d'un couteau ou un thermomètre, vérifier la cuisson.

VARIANTES: canard, tétras, coq, dinde, poulet.

---

6 à 8 personnes

Assez facile

Préparation : plus de 40 min

Cuisson : au piqué

NOTE

Lorsque vous avez plusieurs bernaches, séparer les cuisses des coffres. Les cuisses étant plus longues à cuire, on les réservera pour une autre recette.

SERVICE

Servir avec les éléments de cuisson et les pommes de terre.

DAUBE

La daube est une recette typiquement provençale. Sa particularité est que l'on ne fait pas revenir la viande. Généralement, on la fait cuire avec des olives.

SAUTÉ DE GÉSIERS D'OIE
AUX CHAMPIGNONS SAUVAGES

4 personnes

Assez difficile
Préparation : plus
de 40 min
Cuisson : au piqué

600 g (env. 1 ¼ lb)	Gésiers d'oie
2	Échalotes
150 g (¾ tasse)	Beurre
2	Gousses d'ail hachées
1 c. à café (1 c. à thé)	Marjolaine
80 ml (⅓ tasse)	Huile végétale
2 ½ c. à soupe	Farine
400 ml (1 ⅔ tasse)	Fond brun de canard ou d'oie, lié
200 g (7 oz)	Chanterelles, cèpes, pieds de mouton
60 ml (¼ tasse)	Huile de tournesol
2 c. à soupe	Ciboulette émincée
	Sel et poivre

MARJOLAINE
La marjolaine est employée dans les sauces pour donner aux viandes une saveur plus relevée. Elle sert aussi de condiment dans les marinades, la confection des mélanges d'épices pour farces, ragoûts et sauces, particulièrement la sauce tomate. Elle accompagne fort bien les salades, les poissons et les légumes. Dans les recettes, on peut facilement la remplacer par l'origan.

Bien dégraisser les gésiers, les couper en gros dés réguliers, les blanchir et réserver.

Émincer les échalotes séchées, chauffer le beurre et étuver les échalotes ; ajouter l'ail haché et la marjolaine, étuver de nouveau pendant 5 minutes. Pendant cette cuisson, faire revenir les gésiers avec l'huile dans une poêle en fonte jusqu'à une belle coloration ; ajouter la farine et cuire de nouveau quelques minutes. Réserver.

Ajouter les gésiers au mélange d'échalotes et mouiller avec le fond de canard ou d'oie. Cuire doucement jusqu'à ce que l'on puisse enfoncer et retirer facilement la pointe d'un couteau des gésiers.

Pendant la cuisson, bien laver les champignons, puis les égoutter. Chauffer l'huile de tournesol dans une poêle en fonte. Sauter vivement les champignons jusqu'à complète évaporation du liquide. Saler et poivrer.

Quelques minutes avant de servir, ajouter les champignons aux gésiers.

VARIANTES : canard, faisan, pintade, dinde, poulet.

SERVICE

Servir avec des pommes de terre cuites à l'eau salée ou cuites avec les gésiers. Parsemer de ciboulette.

RILLETTES D'OIE AUX RAISINS BLONDS

15 personnes

Difficile

Préparation : environ
40 min

Cuisson : 2 à 3 heures

NOTE

Le mot «rillette» vient de l'ancien français «rille» ou petit morceau de porc ; pour un puriste cela signifie que le porc doit entrer dans une préparation de ce nom. Selon les régions, les préparations changent : ici pur porc, là porc et lapin, là encore, porc et oie.

VARIANTES : canard, faisan, pintade, lapin.

800 g (1 ½ lb)	Échine de porc (collier)
1,1 kg (2 ½ lb)	Chair d'oie
500 ml (2 tasses)	Eau
800 g (1 ½ lb)	Graisse de porc (panne de filet ou de rognons)
1	Bouquet garni
100 g (3 oz)	Raisins blonds secs
180 ml (¾ tasse)	Armagnac
1 litre (4 tasses)	Fond de canard ou d'oie
1	Poireau
1	Morceau de céleri-rave (200 g ou 7 oz)
400 g (14 oz)	Maigre de bœuf ou poitrine d'oie
3	Blancs d'œufs
3	Sachets de gélatine
2	Branches d'estragon
	Sel et poivre

Verser 500 ml (2 tasses) d'eau dans une cocotte, y mettre la graisse de porc découpée en gros dés et laisser fondre tranquillement à feu très doux.

Tailler l'échine de porc et la chair d'oie en bandes de 2 cm (¾ po) de largeur. Les ajouter à la graisse de porc fondue avec le bouquet garni ; cuire à léger frémissement, en remuant régulièrement de temps à autre pendant 2 à 3 heures. Saler et poivrer. En fin de cuisson, ôter l'excédent de gras et réserver. Rectifier l'assaisonnement. Mettre les rillettes dans une terrine et couvrir avec la graisse de cuisson. Réserver. Laisser refroidir, puis placer au réfrigérateur pendant au moins 8 heures ou jusqu'au lendemain.

Faire tremper les raisins dans l'armagnac pendant une nuit. Verser le fond de canard ou d'oie dans une casserole et le faire tiédir. Tailler en mirepoix le poireau et le céleri. Hacher la viande de bœuf ou d'oie et mélanger ces trois éléments. Ajouter les blancs d'œufs, fouetter, puis verser sur le fond de canard ou d'oie tiède en remuant doucement jusqu'à ébullition. Continuer alors la cuisson à feu très doux pendant 1 heure environ.

Filtrer ensuite délicatement au chinois fin ou à l'étamine et ajouter la gélatine préalablement mise à tremper à l'eau froide, l'estragon et les raisins blonds gonflés à l'armagnac. Verser la préparation dans une plaque de 2 cm (¾ po) de hauteur et placer au réfrigérateur.

SERVICE

Le lendemain, servir à la cuillère 2 belles quenelles de rillettes accompagnées de deux cuillères de gelée de canard ou d'oie aux raisins blonds avec quelques tranches de pain de campagne.

Gibier à poil et à plume

POITRINES D'OUTARDE AU PAIN D'ÉPICE, SAUCE HOLLANDAISE AUX ATOCAS

ATOCAS
Au Canada, les atocas se nomment aussi « canneberges » ; en Europe, on les connaît sous le nom d'« airelles ». L'espèce canadienne est naine, comparativement à celle qu'on trouve en Europe. Elle pousse dans les tourbières et elle est maintenant cultivée commercialement. Les fruits rouges sont meilleurs si on les cueille après plusieurs gelées faibles. On en fait de la confiture ou de la gelée pour accompagner les plats de volaille, des tartes, des biscuits et des gâteaux. On en fait aussi un vin rosé corsé.

2 à 4	Poitrines d'outardes, suivant leur grosseur
6	Tranches de pain d'épice
	Sel fin de mer
	Poivre du moulin
80 ml (⅓ tasse)	Huile de cuisson
80 g (⅓ tasse)	Beurre non salé
125 ml (⅓ tasse)	Miel de trèfle
125 ml (⅓ tasse)	Vinaigre de cidre
80 g (⅓ tasse)	Beurre non salé
16	Pointes d'asperges
180 ml (¾ tasse)	Atocas (canneberges) ou bleuets séchés
300 ml (1 ¼ tasse)	Sauce hollandaise (recette de base)

Placer les six tranches de pain d'épice sur la grille de la lèchefrite et mettre au four à 100 °C (200 °F). Les y laisser jusqu'à ce qu'elles deviennent bien sèches. Broyer au robot culinaire. Réserver.

Saler et poivrer généreusement les poitrines d'outardes. Chauffer l'huile et le beurre dans une poêle à fond épais. Saisir les poitrines en commençant par le côté peau. Cuire au four à 175 °C (350 °F) pour atteindre 48 °C (118 °F) à cœur. Sortir du four, puis badigeonner avec le miel de trèfle et le vinaigre de cidre mélangés. Enrober les poitrines avec la chapelure de pain d'épice. Déposer sur la grille de la lèchefrite et continuer la cuisson à 120 °C (250 °F) en versant délicatement un peu de beurre fondu régulièrement. Sortir du four lorsque le thermomètre à viande atteindra 54 °C (128 °F) à cœur. Laisser reposer sur le dessus de la cuisinière, ce qui « détendra » les fibres de la viande.

Cuire les asperges al dente. Pendant ce temps, mélanger les canneberges ou les bleuets séchés non sucrés à la sauce hollandaise.

VARIANTES : oie des neiges, oie bleue, oie de Toulouse, oie de Guinée, bernache nonnette.

de bécasse, de tétras, de lagopède, de pintade, de gélinotte et de coq de Bruyère

BÉCASSES À LA FINE CHAMPAGNE

4	Bécasses
4	Petites bardes
80 g (⅓ tasse)	Gras de canard
80 g (⅓ tasse)	Fine champagne
160 ml (⅔ tasse)	Vin blanc de qualité
180 ml (¾ tasse)	Fond brun de gibier à plume
150 g (⅔ tasse)	Beurre
1 ½ c. à café (1 ½ c. à thé)	Truffes noires hachées
4	Tranches de pain aux quatre grains ou tranches de brioche
	Sel et poivre

4 personnes
Difficile
Préparation : 10 à 20 min
Cuisson : 10 à 15 min

NOTE

Il existe plusieurs écoles, à savoir si l'on doit laisser faisander les bécasses ou non. Le choix vous appartient mais, quel qu'il soit, 24 heures au réfrigérateur ne nuiront pas.

Plumer les bécasses et les passer à la flamme. Les vider et récupérer tous les abattis, à l'exception du gésier. Les saler et poivrer et les remettre à l'intérieur des bécasses. Généralement, on laisse la tête et le cou. Brider, saler, poivrer et barder (voir pages 385-386). Dans une cocotte à fond épais, chauffer la graisse de canard et saisir les bécasses. Mettre au four à 175 °C (300 °F) de 4 à 5 minutes, puis baisser le four à 150 °C (325 °F) une dizaine de minutes, suivant la grosseur des oiseaux. Extraire l'excédent de gras et flamber à la fine champagne. Enlever les bécasses et les garder au chaud.

Mettre le vin blanc dans la casserole et réduire de moitié. Ajouter le fond de gibier, monter au beurre, rectifier l'assaisonnement et incorporer la truffe hachée.

Pendant la cuisson des bécasses, découper les tranches de pain ou de brioche en forme d'oiseau et les faire griller. Récupérer tous les abattis qui auront cuit en même temps que la bécasse, les passer au tamis puis les tartiner avec une spatule sur les tranches de pain ou de brioche.

VARIANTES : alouette, grive, ortolan, palombe.

SERVICE

Déposer les tartines au fond de l'assiette puis, y mettre les bécasses. Napper de sauce.

BÉCASSES RÔTIES, FLAMBÉES AU MARC
DE GEWURZTRAMINER, RISOTTO AUX TRUFFES

4 personnes

Assez facile

Préparation : 30 minutes

Cuisson : à la goutte
de sang

NOTE

La bécasse est considérée
comme l'un des plus
nobles oiseaux à plume
en gastronomie. À tout
seigneur, tout honneur,
des truffes et du marc
de Gewurztraminer
seront à ses côtés.

VARIANTES : lagopède,
caille, alouette, ortolan,
pigeon.

SERVICE

Déposer le risotto, puis
la bécasse au fond de
chaque assiette. Servir
le jus monté au beurre
en saucière. Offrir
des rince-doigts et
n'hésitez pas à vous
servir de vos doigts pour
déguster ce plat de roi.

4	Grosses bécasses ou 8 petites
	Sel de mer fin
	Poivre du moulin
6 c. à soupe	Beurre non salé
80 ml (⅓ tasse)	Marc de Gewurztraminer, eau-de-vie blanche d'Alsace ou autre
180 ml (¾ tasse)	Fond brun de gibier à plume, non lié
80 g (⅓ tasse)	Beurre à la température de la pièce
40 g (1 ½ oz)	Truffes du Périgord, hachées
	Sel et poivre du moulin

Risotto aux truffes

80 g (⅓ tasse)	Beurre non salé
60 g (⅓ tasse)	Échalotes sèches, hachées très finement
	Sel
400 g (1 ⅔ tasse)	Riz carnaroli ou basmati
1,5 litre (6 tasses)	Fond blanc de gibier à plume, lié
180 ml (¾ tasse)	Parmesan râpé
25 g (1 oz)	Truffes du Périgord, hachées
	Poivre du moulin

Plumer délicatement les bécasses afin de garder la peau la plus intacte possible. Leur laisser le cou et la tête, qui seront le gage de qualité de ce plat.

Saler et poivrer l'intérieur des bécasses puis les brider en disposant soigneusement les têtes (voir photo). Chauffer le beurre non salé dans une cocotte à fond épais avec couvercle. Commencer à saisir délicatement les bécasses en commençant par les poitrines. Lorsqu'elles auront une belle coloration, les ranger dans la cocotte puis les mettre au four à 150 °C (300 °F). Couvrir et arroser plusieurs fois. Après 6 à 8 minutes, selon la grosseur des bécasses, piquer l'arrière de la cuisse avec une épingle. Si une goutte de gras apparaît avec un point rosé au centre, retirer les bécasses de la cocotte et enlever l'excédent de gras. Les remettre dans la cocotte et réchauffer sur la cuisinière. Verser le marc de Gewurstraminer et flamber. Enlever les bécasses et les déposer sur la grille de la lèchefrite. Recouvrir d'un papier d'aluminium et garder au chaud dans le four éteint.

Gibier à poil et à plume

Verser le fond brun de gibier à plume dans la cocotte. Monter au beurre. Mijoter quelques minutes et ajouter les truffes hachées. Rectifier l'assaisonnement et réserver au chaud.

Risotto aux truffes : Faire chauffer la moitié du beurre dans un sautoir et faire fondre les échalotes. Saler et ajouter le riz. Verser petit à petit le fond blanc de gibier à plume jusqu'à ce que le riz ait absorbé tout le liquide et soit cuit (environ 20 minutes). Retirer du feu et incorporer le reste du beurre, le parmesan et la truffe hachée. Poivrer et servir. Le risotto doit être cuit avant les bécasses et réservé au chaud.

TOURTE DE BÉCASSE

4 personnes

Très difficile
Préparation : 40 min
Cuisson : 40 à 45 min

4	Bécasses
½ c. à café (½ c. à thé)	Quatre épices
125 ml (½ tasse)	Madère
60 ml (¼ tasse)	Cognac
150 g (5 oz)	Foie de volaille
100 g (3 oz)	Lard gras
180 g (¾ tasse)	Beurre
2	Râbles de lièvres
2	Cuisses de lièvre
500 g (1 lb)	Échine de porc
8	Jaunes d'œufs
40 g (1 ½ oz)	Moelle de boeuf
200 g (7 oz)	Pâte brisée
	Set et poivre

Désosser les bécasses, les dégager de leur peau et les mettre dans une terrine avec les épices, la moitié du madère et le cognac. Enlever le fiel et le gésier et hacher les abattis avec le foie de volaille et le lard gras. Chauffer 60 g (¼ tasse) de beurre et saisir l'ensemble. Saler et poivrer, et laisser refroidir ; passer au robot, puis au tamis. Réserver.

Désosser les râbles et les cuisses de lièvre et les hacher avec l'échine de porc frais. Assaisonner. Ajouter les jaunes d'œufs, la moelle de bœuf et mélanger avec le reste du madère.

Abaisser la moitié de la pâte brisée et foncer un moule à tarte ; déposer la farce au lièvre au fond, puis disposer les bécasses en rond avec le liquide de la macération. Au centre, dresser de la farce et les abats des bécasses, puis couvrir le tout avec le reste de la farce. Abaisser le reste de la pâte, former un cercle et recouvrir la tourte. Faire une petite cheminée et cuire à 150 °C (300 °F) pendant 40 à 45 minutes.

VARIANTES : alouette, grive, ortolan, palombe.

SERVICE

Servir la tourte très chaude avec, par exemple, une sauce périgourdine.

Recettes de bécasse, de tétras, de lagopède, de pintade, de gélinotte et de coq de Bruyère

SALMIS DE BÉCASSE À LA BERNARDINE

Cette recette a été trouvée dans la bibliothèque du couvent de Saint-Bernard (1602). Source : Joseph Favre

4 personnes

Difficile
Préparation : 40 min
Cuisson : 8 à 15 min

8	Bécasses, suivant la grosseur
150 g (⅔ tasse)	Beurre doux
60 ml (¼ tasse)	Huile végétale
4	Citrons
	Sel
	Herbes aromatiques au choix (marjolaine, bardane, acacia blanc, rosier sauvage)
125 ml (½ tasse)	Moutarde de Dijon
160 ml (⅔ tasse)	Vin blanc
	Sel et poivre

Saler et poivrer les bécasses. À l'exception des gésiers, laisser tous les abattis dans la cavité des oiseaux. Brider (voir page 385) et cuire, de préférence à la broche ou dans un sautoir à fond épais, avec la moitié du beurre et l'huile de cuisson à 230 °C (450 °F) pendant 2 à 3 minutes. Retirer et découper : couper en deux les ailes, les cuisses, les poitrines et le croupion. Réserver.

Écraser les abattis des oiseaux ; lever le zeste d'un citron, le couper finement et extraire le jus des 4 citrons puis l'incorporer aux abattis. Dresser ensuite sur ce plat les morceaux réservés ; les assaisonner avec quelques pincées de sel et une pincée de chacune des herbes aromatiques choisies, la moutarde et le vin blanc. Mettre ensuite le plat sur un réchaud et remuer pour que chaque morceau absorbe l'assaisonnement et qu'aucun n'attache. Faire cuire, diminuer le feu et continuer de remuer pendant quelques instants.

VARIANTES : bécasseau, caille, lagopède.

SERVICE

Servir le salmis
très chaud.

TRUFFES
Le mot « Souvarov » fait référence au prince Souvarov qui, habitué des restaurants de luxe, aimait particulièrement tous les gibiers qui se cuisinaient avec du foie gras et des truffes.

Gibier à poil et à plume

TÉTRAS DU CANADA EN COCOTTE, AUX PIEDS DE MOUTON ET À L'ACHE

4 personnes

Assez facile
Préparation : 20 à 40 min
Cuisson : 30 à 60 min

1	Tétras de 1,8 kg (4 lb)
180 ml (¾ tasse)	Eau
8	Gousses d'ail
200 g (7 oz)	Ache sauvage ou céleri
1	Barde
125 g (4 oz)	Lard entrelardé frais
80 g (⅓ tasse)	Graisse de canard
300 g (10 oz)	Pieds de mouton
150 ml (⅔ tasse)	Vin blanc
180 ml (¾ tasse)	Fond brun de gibier à plume, non lié
	Sel et poivre

Faire bouillir 180 ml (¾ tasse) d'eau et blanchir les gousses d'ail. Couper la ache en bâtonnets et cuire à l'eau salée. Rafraîchir et conserver.

Vider le tétras du Canada et remettre le foie et le gésier dans la cavité. Le brider et le barder (voir pages 385-386). Saler et poivrer. Couper le lard entrelardé en petits dés et faire revenir dans une cocotte à fond épais ; déposer le tétras dans la cocotte puis le mettre au four à 175 °C (350 °F) et cuire pendant 30 à 45 minutes ; arroser souvent.

Pendant la cuisson, chauffer le gras de canard, sauter les pieds de mouton, saler et poivrer. À la fin de la cuisson du tétras, enlever le surplus de gras, ajouter le vin blanc, le fond brun de gibier à plume et tous les éléments de la garniture (ail, pieds de mouton, ache). Mijoter pendant quelques minutes. Découper le tétras en prenant soin de récupérer le foie et le gésier, que l'on coupera en petits dés.

VARIANTES : canard, pigeon, pintade, poulet.

ACHE
L'ache est un céleri sauvage cultivé dans les jardins à partir du XVIᵉ siècle. Il est à l'origine de plusieurs variétés de légumes, dont le céleri en branche et le céleri-rave.

SERVICE

Déposer un morceau de tétras au fond de l'assiette, parsemer de champignons, de dés de foie, de gésier, d'ail et de ache et napper de jus.

PIED DE MOUTON
Champignon de haute qualité lorsque jeune, car en vieillissant, il développe de l'amertume. Il pousse le plus souvent en cercles dans les bois de feuillus ou de conifères. Sa chair est blanche et cassante.

TÉTRAS EN CROÛTE DE SEL

4 personnes

Difficile

Préparation : 30 minutes
Cuisson : 1 h 30 à 2 h

NOTE

Cette recette est un grand classique de la cuisson à l'étouffée, c'est-à-dire que toutes les saveurs sont gardées à l'intérieur de la croûte de sel.
Il peut être fort agréable de la préparer pour une soirée entre amis, car vous pouvez casser la croûte devant vos invités et servir les tétras devant eux, à condition de bien contrôler la découpe d'une volaille.

VARIANTES : gros poulet, faisan, pintade, petit dindonneau.

SERVICE

Servir dans des assiettes très chaudes. Répartir les légumes, verser la sauce puis déposer les morceaux de tétras.

Croûte de sel

750 g (4 ¾ tasses)	Farine tout usage
400 g (14 oz)	Gros sel de mer gris
3	Blancs d'œufs
	Eau tiède

Tétras

1	Tétras de 1 à 1,2 kg ou 2 petits tétras
	Sel et poivre du moulin
3	Échalotes
1	Carotte en fines rondelles
2	Gousses d'ail
1	Branche de thym
2	Feuilles de laurier
8	Pâtissons jaunes
8	Pâtissons verts
500 ml (2 tasses)	Fond blanc de gibier à plume
8	Mini-betteraves
8	Pommes de terre rattes
300 ml (1 ¼ tasse)	Fond brun de gibier à plume, lié ou équivalent
160 ml (⅔ tasse)	Porto
80 ml (⅓ tasse)	Cognac
80 g (⅓ tasse)	Beurre à la température de la pièce

Croûte de sel : Mélanger la farine et le sel. Faire un puits au centre puis incorporer les blanc d'œufs, légèrement fouettés, et ajouter de l'eau jusqu'à former une pâte épaisse. Laisser reposer pendant 30 minutes.

Tétras : Saler et poivrer l'intérieur du tétras. Farcir avec les échalotes, la carotte, l'ail, le thym et les feuilles de laurier. Brider le tétras. Étaler 12 mm (½ po) de pâte sur du papier sulfurisé ou du papier d'aluminium. Déposer le tétras puis ajouter de la pâte sur le dessus de façon à l'envelopper. Cuire au four à 175 °C (350 °F) pendant 20 minutes ; pour saisir la croûte, puis abaisser la température à 160 °C (325 °F) pendant 80 minutes.

Pendant ce temps, préparer la sauce et les légumes. Cuire d'abord les pâtissons dans le fond blanc, puis les betteraves et enfin les pommes de terre, qui prendront une belle coloration rose.

Chauffer le fond brun et ajouter le porto et le cognac. Monter cette sauce avec le beurre. Rectifier l'assaisonnement et garder au chaud.

AIGUILLETTES DE TÉTRAS DES SAVANES
AU PARFUM DE BLEUETS

Recette de Pierre Higgins, chef diplômé de l'ITHQ

4 personnes

Assez facile
Préparation : 35 min
Cuisson : 5 à 8 min

4	Tétras des savanes
3 ½ c. à soupe	Beurre
60 ml (¼ tasse)	Vinaigre de bleuet
80 ml (¼ tasse)	Liqueur de bleuet
80 ml (⅓ tasse)	Fond de canard ou de tétras, lié
3 c. à soupe	Crème à 35 %
50 g (2 oz)	Bleuets frais
	Sel et poivre

Lever les poitrines des tétras et les tailler en filets minces coupés dans le sens de la fibre. Saler et poivrer. Chauffer la moitié du beurre dans une poêle et dorer les aiguillettes. Réserver au chaud.

Pour la sauce, déglacer la poêle avec le vinaigre de bleuet et réduire presque à sec. Ajouter la liqueur de bleuet, le fond de canard et la crème à 35 % ; laisser réduire de moitié.

Monter avec une noix de beurre et servir avec quelques bleuets frais légèrement réchauffés dans la sauce.

VARIANTES : coq de bruyère, gélinotte, pintade.

SERVICE

Servir avec des pommes de terre sautées au beurre et une macédoine de légumes.

LAGOPÈDES ALPINS, SAUCE AU VIN DE ROBINIER

À la mémoire de mon maître au Québec, le chef Abel Benquet

4 personnes

Assez facile
Préparation : 20 à 40 min
Cuisson : au piqué

4	Lagopèdes alpins
80 ml (⅓ tasse)	Huile végétale
400 ml (1 ⅔ tasse)	Vin de robinier
4	Échalotes, hachées
24	Têtes de champignons blancs et fermes
1	Carotte, coupée en brunoise
32	Petites pommes de terre grelots
150 ml (⅔ tasse)	Fond brun de gibier, lié
	Sel et poivre

Vider les lagopèdes, les saler et les poivrer. Remettre les foies à l'intérieur et brider (voir page 385). Chauffer l'huile dans un rondeau à fond épais ; saisir les lagopèdes de chaque côté, puis les mettre au four à 230 °C (450 °F) pendant 10 minutes. Enlever les lagopèdes, extraire tous les gras, puis déglacer avec le vin de robinier et réduire de moitié. Ajouter les échalotes hachées, les champignons, la carotte et les pommes de terre grelots, ainsi que le fond brun de gibier, lié.

Mijoter tout doucement jusqu'à ce que tous les éléments soient cuits à point. Rectifier l'assaisonnement. Désosser les lagopèdes et les déposer sur le ragoût afin de les réchauffer.

VARIANTES : pigeon, pintade, poulet.

VIN DE ROBINIER
Dans un litre de vin rouge, macérer 15 à 20 g (env. ⅓ de tasse) de fleurs de robinier. Le robinier (*Robinia pseudacacia L.*) ou acacia blanc pousse naturellement dans les Appalaches, au Québec.

SERVICE

Servir dans des assiettes chaudes.

LAGOPÈDES DES ROCHERS AUX BLEUETS ET AUX NOISETTES

À mon fils, Joël, pour son amour du Grand Nord

4 personnes

Assez facile

Préparation : 20 à 40 min

Cuisson : 15 à 25 min

4	Lagopèdes des rochers
120 g (4 oz)	Noisettes
150 ml (⅔ tasse)	Vin blanc sec
6	Feuilles de tilleul d'Amérique, fraîches ou séchées
150 g (1 tasse)	Bleuets
125 ml (½ tasse)	Fond brun de gibier, lié
80 ml (⅓ tasse)	Huile végétale
125 g (½ tasse)	Beurre doux
180 ml (¾ tasse)	Eau
	Sel et poivre

Hacher très finement les noisettes. Faire réduire le vin blanc de moitié avec les feuilles de tilleul d'Amérique, puis ajouter les noisettes et les bleuets. Ajouter le fond brun lié, cuire de 4 à 5 minutes et réserver.

Saler et poivrer les lagopèdes à l'intérieur et à l'extérieur puis les brider (voir page 385). Dans une marmite à fond épais, chauffer l'huile végétale et le beurre, saisir les lagopèdes puis les cuire au four à 200 °C (400 °F) pendant 12 à 15 minutes suivant leur grosseur.

Prélever la poitrine de chaque lagopède et les premiers os de l'arrière-cuisse. Couper les os en petits morceaux, les remettre dans le rondeau avec 180 ml (¾ tasse) d'eau. Réduire de moitié, passer au chinois et ajouter ensuite le fond de bleuets et de noisettes préparé précédemment.

Mijoter quelques minutes.

VARIANTES : pigeon, pintade, poulet.

SERVICE

Verser la sauce et sa garniture au fond de chaque assiette puis ajouter les poitrines et les cuisses.

LAGOPÈDES DES SAULES EN COCOTTE, CROSSES DE FOUGÈRES ET AIL DES BOIS

4 personnes

Assez facile
Préparation : 10 à 20 min
Cuisson : 15 à 25 min

4	Lagopèdes
250 g (1 ½ tasse)	Crosses de fougères fraîches
60 ml (¼ tasse)	Huile végétale
60 g (¼ tasse)	Beurre
125 ml (½ tasse)	Whisky de malt
24	Petits oignons de semence
12	Gousses d'ail des bois
200 g (7 oz)	Champignons sauvages (cèpes, chanterelles, pieds de mouton)
	Sel et poivre

Vider et brider (voir page 385) les oiseaux. Cuire les crosses de fougères à l'eau salée, puis les rafraîchir à l'eau froide et égoutter. Chauffer l'huile et le beurre dans une cocotte épaisse, saler et poivrer les lagopèdes et les faire revenir, puis les cuire au four à 175 °C (350 °F) pendant 6 à 7 minutes.

Enlever l'excédent de gras et flamber avec le whisky. Retirer les oiseaux de la cocotte et cuire à feu doux les oignons et l'ail des bois. À mi-cuisson des oignons, ajouter les champignons sauvages et cuire quelques minutes ; cinq minutes avant de servir, ajouter les crosses de fougères et remettre les lagopèdes dans la cocotte. Couvrir et réchauffer.

VARIANTES : alouette, grive, ortolan, palombe, pluvier.

CROSSES DE FOUGÈRE (TÊTE DE VIOLON)
La fougère-à-l'autruche est comestible et ne doit pas être confondue avec l'onoclée sensible et la fougère d'aigle, qui sont toxiques. Les crosses de la fougère-à-l'autruche sont délicieuses. Leur goût se situe entre l'artichaut et l'asperge et elles font le délice des amateurs au printemps.

SERVICE

Servir dans une assiette creuse, entouré de légumes très chauds.

LAGOPÈDES DES SAULES RÔTIS
À LA SALSEPAREILLE

4 personnes

Assez facile
Préparation : 20 à 40 min
Cuisson : à la goutte
de sang

4	Lagopèdes des saules
60 ml (¼ tasse)	Huile végétale
180 g (¾ tasse)	Beurre
2 c. à soupe	Gin
150 ml (⅔ tasse)	Vin blanc sec
1	Oignon rouge ou espagnol en brunoise
150 g (5 oz)	Salsepareille
2	Gousses d'ail
150 ml (⅔ tasse)	Fond brun de gibier, non lié
1 kg (2 ¼ lb)	Patates douces
125 ml (½ tasse)	Crème à 35 %
	Sel et poivre

Saler et poivrer les lagopèdes des saules à l'intérieur, puis les brider (voir page 385). Chauffer l'huile et le beurre 4 ½ c. à soupe dans un rondeau à fond épais. Saisir les lagopèdes puis les cuire au four à 175 °C (350 °F) pendant 10 minutes. Ensuite, enlever une partie du gras de cuisson puis ajouter le gin et le vin blanc. Faire évaporer l'alcool, puis ajouter l'oignon haché, la salsepareille, ainsi que les gousses d'ail. Cuire encore de 6 à 8 minutes jusqu'à la goutte de sang. Enlever les lagopèdes du rondeau ainsi que les deux gousses d'ail. Préparer la sauce : Ajouter le fond de gibier, réduire de 20 % et finir avec 4 ½ c. à soupe de beurre. Remettre les lagopèdes dans le rondeau. Couvrir et garder au chaud.

Pendant ces opérations, cuire les patates douces à l'eau salée. Les passer à la moulinette, incorporer le reste du beurre ainsi que la crème à 35 % chaude. Rectifier l'assaisonnement.

VARIANTES : pigeon, pintade, poulet.

SALSEPAREILLE
Plante vivace forestière que l'on trouve en abondance dans les érablières. Les petits fruits de couleur bleu-noir sont comestibles et leur goût rappelle les baies de genièvre. On récolte les fruits qui se mangent crus à la façon des Amérindiens qui en consomment depuis toujours. *Source* : Jean-Claude Vigor, *Cuisine amérindienne.*

SERVICE

Déposer les lagopèdes dans l'assiette, napper avec le fond de cuisson à la salsepareille et accompagner de purée de patates douces.

Recettes de bécasse, de tétras, de lagopède, de pintade, de gélinotte et de coq de Bruyère

POÊLÉE DE FOIE BLOND DE PINTADE, COMPOTE DE POMMES ET SABLÉS AU CARAMEL

Recette de Martin Boucher, chef, diplômé de l'ITHQ

4 personnes

Difficile

Préparation : plus
de 30 min

Cuisson : 7 à 8 min

320 g (12 oz)	Foie blond de pintade
2 ½ c. à soupe	Beurre
3 c. à soupe	Porto
80 ml (⅓ tasse)	Fond brun de volaille réduit en glace
	Sel et poivre

Compote de pommes

2	Pommes blanches parfumées
½	Oignon
1 pincée	Quatre épices
2 ½ c. à soupe	Beurre
	Sel et poivre

Sablés au caramel

185 g (¾ tasse)	Sucre
80 g (⅓ tasse)	Beurre
80 ml (⅓ tasse)	Crème
3	Jaunes d'œufs
220 g (1 ¼ tasse)	Farine

Assaisonner les foies, les saisir dans une poêle avec un peu de beurre et les cuire rosés. Les retirer et les réserver. Pour la sauce, déglacer la poêle au porto et ajouter le fond de volaille, réduire légèrement et rectifier l'assaisonnement.

Compote de pommes : Faire une brunoise de pommes et d'oignon. Ajouter les quatre épices. Saler et poivrer. Chauffer le beurre dans une poêle, suer et faire revenir la brunoise. Réserver.

Sablés au caramel : Préchauffer le four à 200 °C (400 °F). Mélanger les ingrédients des sablés. Faire une abaisse mince et la découper en 12 rectangles ; mettre les rectangles de pâte sur une tôle et faire cuire au four à 180 °C (350 °F) pendant 10 minutes.

VARIANTES : canard, dindon, faisan, poulet.

SERVICE

Assembler en alternant le foie, la compote et les sablés. Ajouter la sauce et servir avec quelques feuilles de laitue.

Gibier à poil et à plume

SUPRÊMES DE PINTADE
AUX PARFUMS D'ORIENT

Recette de Danielle Neault, chef, diplômée de l'ITHQ

4 personnes

Assez facile
Préparation : 30 min
Cuisson : au thermomètre

4	Suprêmes de pintade
1 c. à soupe	Beurre
1	Échalote hachée
2 c. à soupe	Sucre
2 c. à soupe	Vinaigre de vin blanc
500 ml (2 tasses)	Fond brun de volaille
2 c. à soupe	Sauce Hoisin (épiceries asiatiques)
½ c. à café (½ c. à thé)	Sauce piquante (épiceries asiatiques)
2 c. à soupe	Beurre d'arachide
	Sel et poivre

Chauffer le beurre et fondre l'échalote hachée. Ajouter le sucre et caraméliser.

Déglacer avec le vinaigre de vin. Ajouter le fond de volaille, la sauce Hoisin, la sauce piquante, le beurre d'arachide et réduire de moitié.

Saler et poivrer. Passer la sauce au chinois. Réserver au chaud.

Dans une poêle, saisir les suprêmes et cuire au four de 10 à 12 minutes pour atteindre 80 °C (176 °F) au centre de la poitrine.

VARIANTES : canard, tétras, poulet.

SERVICE

Verser la sauce au fond des assiettes puis disposer les suprêmes. Accompagner de petits champignons sautés ou de haricots extrafins.

Recettes de bécasse, de tétras, de lagopède, de pintade, de gélinotte et de coq de Bruyère

AILES DE PINTADE AU JUS SUR UN NID MARAÎCHER, RÔTI À L'ŒUF DE CAILLE

Recette de Hans Senckel, chef, diplômé de l'ITHQ

4 personnes

Difficile

Préparation : 35 min

Cuisson : 6 à 10 min

ROMARIN

Arbuste qui vit jusqu'à 30 ans et qui peut atteindre une hauteur de 1,5 m. Il fleurit toute l'année et donne des fleurs bleuâtres qui offrent un parfum agréable légèrement camphré ainsi qu'un goût épicé, herbacé et amer. On les emploie de diverses façons : fraîches, séchées, entières, moulues et pulvérisées. Pendant la cuisson, le romarin dégage des saveurs tout à fait particulières qui s'accordent parfaitement avec l'agneau ainsi qu'avec certains poissons, potages, saucisses et fromages. Il entre aussi dans la confection du gâteau de châtaignes italien.

VARIANTES :

coq de Bruyère, gélinotte, tétras, poulet.

2	Suprêmes de pintade, sur coffre
1	Gros oignon espagnol
2	Grosses carottes
80 ml (⅓ tasse)	Fond brun de gibier, non lié
125 ml (½ tasse)	Vin rouge
60 ml (¼ tasse)	Cognac
1	Branche de romarin et autres herbes décoratives
4 ½ c. à soupe	Beurre
1	Courgette verte
2	Patates douces
2	Pommes de terre
2	Œufs de caille
	Huile
	Sel et poivre

Prélever les suprêmes de pintade, parer et réserver au froid. Concasser les os puis les colorer à feu vif. Ajouter un demi-oignon et une carotte coupés en mirepoix. Déglacer avec le fond de gibier, auquel on a ajouté le vin rouge et le cognac, mettre le romarin, cuire et finir avec une noix de beurre. Rectifier l'assaisonnement et réserver.

Tailler la courgette et l'autre carotte en fines tagliatelles (julienne), les blanchir et les disposer au fond et sur les parois d'un moule à savarin.

Suer les parures de légumes avec le reste de l'oignon et les deux patates douces, recouvrir d'eau et cuire pendant 15 min. Réduire en purée, rectifier l'assaisonnement et farcir le moule à savarin.

Cuire les pommes de terre en robe des champs puis les éplucher et les hacher.

Former, dans la poêle huilée, une galette de pomme de terre hachée, cuire complètement d'un côté, retourner la galette et cuire à moitié.

Découper le centre de la galette à l'aide d'un emporte-pièce. Ajouter les œufs de caille dans le trou et terminer la cuisson.

Assaisonner les suprêmes de pintade, les faire colorer à l'huile et finir au four à 180 °C (350 °F) pendant 6 à 7 minutes pour qu'ils soient tendres.

Dresser harmonieusement en créant une digue avec la farce aux légumes.

Cette photo ne correspond pas à la recette.

PARMENTIER DE CUISSES DE PINTADE
AUX POIREAUX, PURÉE DE CÉLERI-RAVE

4 personnes

Assez facile

Préparation : 40 minutes

Cuisson : 20 à 25 min

4	Cuisses de pintade
1,5 litre (6 tasses)	Court-bouillon
250 ml (1 tasse)	Noilly Prat blanc
160 ml (⅔ tasse)	Glace brune de pintade, de volaille ou équivalent
750 g (5 tasses)	Céleri-rave, en dés
500 g (½ lb)	Pommes de terre, en dés
	Sel et poivre blanc du moulin
160 ml (⅔ tasse)	Lait ou de crème à 35 %
2	Blancs de poireau émincés
80 g (½ tasse)	Beurre non salé à la température de la pièce
120 ml (½ tasse)	Glace brune de volaille
	Sel et poivre

Cuire les cuisses de pintade dans le court-bouillon et ajouter le Noilly Prat.
Lorsqu'elles sont à point, les laisser tiédir dans le fond de cuisson.
Les égoutter puis enlever la peau, désosser et effilocher. Remettre la peau
et les os dans le court-bouillon et laisser mijoter de nouveau pendant
15 minutes. Verser le bouillon dans une passoire, le remettre dans la casserole
et réduire de 90 %. Ajouter la glace brune et la chair de pintade effilochée.
Rectifier l'assaisonnement et réserver au chaud.

Préparer les légumes pendant la cuisson de la viande. Saler et poivrer
le lait ou la crème, ajouter les dés de céleri-rave et de pommes de terre et
amener à ébullition en remuant fréquemment.

Émincer très finement les blancs de poireaux, chauffer le beurre non salé
et fondre tout doucement les poireaux. Saler et poivrer. Réserver au chaud.

Lorsque les pommes de terre et le céleri-rave seront cuits, les égoutter et
les réduire en purée. Incorporer le beurre en pommade. Saler et poivrer et
rajouter un peu de lait ou de crème au besoin.

VARIANTES : faisan, poulet, dinde, tétras.

SERVICE

Servir dans une assiette
chaude. Déposer
un emporte-pièce et y
mettre une couche de
pintade, une couche
de poireau chaud et
une couche de purée
de légumes, puis enlever
l'emporte-pièce.

POITRINES DE GÉLINOTTES HUPPÉES
AUX ENDIVES À L'ÉRABLE

4 personnes

Assez facile

Préparation : 20 à 40 min

Cuisson : au thermomètre

4	Gélinottes huppées
1 litre (4 tasses)	Eau
4	Endives de 70 à 90 g (2 à 3 oz)
150 g (⅔ tasse)	Beurre doux
80 ml (1 tasse)	Huile végétale
80 ml (1 tasse)	Sirop d'érable
	Sel et poivre

Désosser les poitrines et les cuisses des gélinottes huppées. Concasser les os et les y faire pincer au four, jusqu'à une belle coloration. Ajouter l'eau et cuire pendant 30 minutes. Passer ce jus et le réserver. Éplucher les endives en enlevant la partie amère, les ranger dans un sautoir, mouiller avec le jus de cuisson et ajouter des noix de beurre (2 c. à soupe). Saler et poivrer, couvrir et cuire. Les endives doivent être bien cuites. Refroidir dans leur jus. (Les endives peuvent être cuites la veille de l'utilisation.) Lorsqu'elles sont froides, bien les presser pour enlever le jus de cuisson. Chauffer 80 g (⅓ tasse) de beurre et l'huile végétale dans un sautoir, saler et poivrer les poitrines et les cuisses désossées, les saisir vivement et finir la cuisson doucement au four à 180 °C (350 °F), pour atteindre 75 °C (170 °F) à cœur.

Chauffer 50 g (4 ½ c. à soupe) de beurre dans une poêle à revêtement antiadhésif et cuire doucement les endives pour leur donner une belle coloration. Ajouter le sirop d'érable et cuire jusqu'à caramélisation.

VARIANTES : canard, pigeon, pintade, poulet.

SERVICE

Servir, par personne, une endive et une poitrine ou une cuisse simplement rôtie.

GÉLINOTTES HUPPÉES RÔTIES, TROMPETTES-DE-LA-MORT, CARVI COMMUN

4 personnes

Facile

Préparation : 20 à 40 min

Cuisson : 8 à 20 min

CARVI OU

CUMIN DES PRÉS

Le carvi tenait une grande place dans la gastronomie au Moyen-Âge. Le fruit du carvi est beaucoup utilisé en charcuterie et avec certains fruits.

4	Gélinottes huppées de taille moyenne
250 g (½ lb)	Trompettes-de-la-mort
80 ml (⅓ tasse)	Huile d'olive
4	Échalotes hachées finement
	Sel et poivre
80 ml (⅓ tasse)	Huile d'arachide
80 ml (⅓ tasse)	Noilly Prat blanc (vermouth)
80 ml (⅓ tasse)	Porto
1 c. à café (1. c. à thé)	Poudre de carvi
3	Graines de carvi hachées
	Jus de cuisson
150 g (⅔ tasse)	Beurre
4	Tranches de pain de campagne
	Sel et poivre

Bien nettoyer les trompettes-de-la-mort. Chauffer l'huile d'olive dans un sautoir et sauter vivement les champignons avec les échalotes. Saler, poivrer et réserver. Vider les gélinottes huppées, saler et poivrer à l'intérieur et à l'extérieur. Remettre le foie et le gésier nettoyés à l'intérieur et brider (voir page 385).

Dans un sautoir à fond épais, chauffer l'huile d'arachide, saisir les gélinottes et continuer à les cuire au four à 175 °C (350 °F) pendant 8 à 15 minutes, selon la grosseur. Pour faire la sauce, enlever l'excédent de gras et incorporer le Noilly Prat, le porto et le carvi. Saler et poivrer. Mijoter quelques minutes et passer le jus au chinois. Retirer les ficelles. Remettre les gélinottes dans le sautoir et les entourer des champignons ; ajouter le jus de cuisson et parsemer de beurre. Mijoter pendant quelques minutes.

VARIANTES : pigeon, pintade, poulet.

SERVICE

Retirer les gésiers et les foies cuits des gélinottes. Les hacher rapidement, puis les tartiner sur les tranches de pain préalablement rôties. Désosser les gélinottes, les déposer sur les croûtons de pain, puis napper de sauce et servir avec les trompettes-de-la-mort.

TROMPETTES-DE-LA-MORT OU CORNE D'ABONDANCE
Champignons d'automne à forte odeur fruitée de mirabelle ; c'est un champignon de haute qualité.

Recettes

de perdrix, de pigeon, de colin de Virginie, de faisan, de caille et de dindon

PERDRIX GRISES BRAISÉES AU CHOU

4 personnes

Difficile

Préparation : 20 à 40 min

Cuisson : au thermomètre

2	Perdrix assez grosses
1	Chou vert
2	Oignons espagnols ou rouges
80 g (⅓ tasse)	Gras de canard
2	Gousses d'ail hachées
2	Carottes émincées
150 g (5 oz)	Lard de poitrine blanchi
1	Saucisse de Toulouse
½	Feuille de laurier
300 ml (1 ¼ tasse)	Fumet de gibier à plume
	Sel et poivre

Vider et brider les perdrix (voir page 385).

Couper le chou en deux, l'effeuiller et le blanchir dans beaucoup d'eau pendant quelques minutes pour l'attendrir. Émincer les oignons. Chauffer le gras de canard dans une grosse cocotte, faire colorer les perdrix de tous les côtés, les retirer, puis faire étuver les oignons, l'ail et les carottes émincées. Enlever tous les éléments de la cocotte pour faire le montage.

Tapisser la cocotte de feuilles de chou blanchies puis déposer les perdrix. Étendre successivement une couche de chou, d'oignons et de carottes, le lard blanchi, la saucisse de Toulouse en rondelles de 12 mm (½ po) d'épaisseur, le laurier, le fumet de gibier et terminer avec le chou.

La cuisson doit se faire très lentement pendant au moins 2 heures à 175 °C (350 °F), jusqu'à atteindre 85 °C (185 °F) au centre, à l'arrière cuisse.

VARIANTES : lagopède pintade, pigeon, poulet, gélinotte huppée.

LAURIER
Le laurier au parfum balsamique est épicé. Son goût amer et chaud a acquis une renommée bien méritée. Indispensable dans la composition du bouquet garni et de nombreux mélanges d'épices, il aromatise en début de cuisson les étuvée, les potages relevés, les cornichons, les légumes, les champignons, les salaisons et les vinaigres.

SERVICE

Servir en cocotte.

Recettes de perdrix, de pigeon, de colin de Virginie, de faisan, de caille et de dindon

PERDRIX CUITES DANS LA GLAISE

À la mémoire de Roger Jeannin, grand cuisinier du Québec et spécialiste du gibier

4 personnes

Difficile

Préparation : 2 heures

Cuisson : 4 à 8 heures

sous terre ou

3 à 4 heures dans un four

conventionnel

NOTE

En hommage à la tradition culinaire amérindienne. Le regretté Bernard Assiniwi, dans son livre *Recettes typiques des Indiens* (Leméac, 1972), utilisait cette méthode pour faire cuire une tête d'orignal.

4	Perdrix ou gélinottes
	Sel et poivre
100 g (⅔ tasse)	Céleri sauvage ou commercial
180 g (1 ¼ tasse)	Baies sauvages
	Terre glaise

Cette recette ne peut être réalisée qu'en des circonstances tout à fait particulières. Il faut tout d'abord faire un feu de bois qui produira énormément de braise. Pendant que le feu crépite, sélectionner des pierres qui serviront de coffrage et les mettre dans la braise pour qu'elles deviennent très chaudes. Parallèlement, creuser un trou suffisamment grand pour que les pierres, les braises et les perdrix puissent y loger aisément. Préparer les perdrix soit avec les plumes, soit sans les plumes.

Avec les plumes : Vider les perdrix, saler et poivrer l'intérieur. Ajouter le céleri ainsi que les baies sauvages et les envelopper d'une bonne épaisseur de terre glaise (vous pouvez vous en procurer dans un magasin où l'on vend du matériel d'artiste).

Sans les plumes : Plumer les perdrix, les recouvrir de papier d'aluminium puis les envelopper dans la glaise en laissant un petit trou comme cheminée.

Déposer de la braise au fond du trou, puis coffrer avec les pierres brûlantes. Y mettre les perdrix et les recouvrir de braise. Mettre une petite baguette dans la cheminée (tuteur de fleur) et couvrir de terre. Laisser cuire 4 à 8 heures. Sortir les perdrix. La glaise sera cuite et solide. Casser le moule et servir immédiatement.

Cette cuisson est à l'étouffée, comme la cuisson en croûte de sel (voir page 114), ou avec une casserole lutée.

Pour le plaisir, on peut même préparer cette recette dans un four conventionnel. Il faut alors mettre les perdrix au four à 150 °C (300 °F) pendant 3 ou 4 heures, selon leur grosseur.

VARIANTES : outarde, tétras, oie des neiges, poulet, agneau, canard.

SERVICE

Servir chaque perdrix coupée en morceaux et accompagner, si l'on peut, d'une sauce de gibier corsée.

PERDREAUX EN COCOTTE
À LA FLEUR DE SUREAU

4	Perdreaux de belle taille
12	Oignons cipolline
300 ml (1 ¼ tasse)	Fond brun de gibier à plume, non lié ou équivalent
4	Morilles fraîches ou réhydratées
350 g (12 oz)	Crosnes
80 ml (⅓ tasse)	Huile de noisette
80 ml (⅓ tasse)	Marc de bourgogne ou alcool favori
250 ml (1 tasse)	Vin blanc (chablis ou autre)
750 ml (3 tasses)	Glace brune de volaille, non liée ou équivalent
80 g (⅓ tasse)	Beurre non salé
	Sel et poivre du moulin
(1 c. à soupe)	Fleurs de sureau en poudre
	Sel et poivre du moulin

4 personnes

Assez facile
Préparation : 20 minutes
Cuisson : au thermomètre

NOTE

Le sureau est
un «arbre santé».
On peut en utiliser toutes
les parties, y compris
l'écorce. Les fleurs séchées
exhalent une odeur fort
agréable et sont
savoureuses. On les trouve
dans les magasins
d'aliments naturels. On
peut également se
les procurer chez Jacinthe
Desmarais et Sylvain
Mercier, propriétaires
du Verger du sureau,
à Saint-Bernard-de-Lacolle.

Braiser les oignons cipolline dans le fond brun de gibier à plume. Ajouter les morilles fraîches ou réhydratées à mi-cuisson. Mijoter jusqu'à complète cuisson des oignons. Réserver au chaud. Cuire les crosnes à l'eau salée jusqu'à ce qu'ils soient croquants. Égoutter et réserver.

Saler et poivrer les perdreaux à l'intérieur ainsi qu'à l'extérieur puis les brider (voir page 385). Choisir une cocotte à fond épais assez grande pour qu'ils ne soient pas comprimés. Chauffer l'huile de noisette et saisir les perdreaux en commençant par les poitrines, puis le dos. Cuire au four à 175 °C (350 °F), jusqu'à ce que la température atteigne 65 °C (150 °F) à l'arrière des cuisses.

Enlever les ficelles, puis extraire le gras de cuisson de la cocotte. Flamber avec le marc de bourgogne et ajouter le vin blanc. Réduire de 90 % puis ajouter la glace brune de volaille. Répartir les oignons cipolline, les morilles et les crosnes autour des perdreaux. Ajouter le beurre, saler et poivrer puis laisser au four une quinzaine de minutes à 65 °C (150 °F).

VARIANTES : perdrix, gelinotte huppée, petit tétras, poulet de Cornouailles, petite pintade.

SERVICE

Parsemer de fleurs
de sureau séchées puis
servir en cocotte
immédiatement.
La cocotte étant très
chaude, on pourra
commencer par servir
les cuisses avec
les légumes et la sauce,
et ensuite, les poitrines.

PIGEONNEAUX À LA BROCHE, FIGUES BRAISÉES
ET PIGNONS DE PIN, JUS DE TRUFFE AU FOIE GRAS

4 personnes

Assez facile

Préparation : 20 à 40 min

Cuisson : à la goutte
de sang

TRUFFE NOIRE
Pour certains, ce tuber-
cule souterrain est le
roi des champignons.
Il possède des odeurs
et des saveurs dignes
des repas de fête. Il est
très recherché mais
également très cher.
Brillant Savarin le
nommait « le diamant
de la cuisine ».

4	Pigeonneaux
8	Figues fraîches
160 ml (⅔ tasse)	Vin blanc
160 ml (⅔ tasse)	Porto
3	Échalotes, hachées finement
80 g (⅔ tasse)	Pignons de pin grillés
80 ml (⅓ tasse)	Jus de truffe
80 g (⅔ tasse)	Foie gras de canard frais, en dés
	Sel et poivre

La veille du repas, macérer les figues avec le vin blanc, le porto, les échalotes et les pignons de pin grillés. Conserver à couvert sur le comptoir une douzaine d'heures.

Le lendemain, disposer les figues en rangée et bien serrées dans une cocotte. Ajouter tous les éléments de la macération, saler et poivrer, couvrir et cuire doucement au four à 175 °C (350 °F). Pour savoir si les figues sont cuites, piquer une aiguille au centre ; si l'aiguille ressort tiède, les figues sont cuites. Goûter le jus, rectifier l'assaisonnement et réserver.

Saler et poivrer les pigeons à l'intérieur et à l'extérieur. Les brider (voir page 385) et les embrocher. Les cuire à une chaleur intense pour commencer, puis à feu plus doux en arrosant souvent. La cuisson à la goutte de sang convient, comme pour la recette du pigeonneau en cocotte. Noter que les poitrines seront cuites avant les cuisses.

Pendant la cuisson, mélanger le jus de truffe et le foie gras, saler et poivrer, puis incorporer au jus de cuisson des figues.

Lorsque les pigeons seront cuits, désosser les poitrines, les déposer au fond de l'assiette, napper de jus et garnir de figues chaudes. Pendant cette dégustation, continuer la cuisson des cuisses et les servir en deuxième service.

VARIANTES : perdrix, caille, alouette, grive, petit poulet.

PIGEONNEAUX
À LA FLEUR D'AIL

4 personnes
Assez facile
Préparation : 20 à 40 min
Cuisson : au thermomètre

4	Pigeonneaux
4	Échalotes entières
4	Gousses d'ail
60 ml (¼ tasse)	Huile végétale
200 g (7 oz)	Cèpes des pins en dés
150 g (2 ½ tasses)	Brunoise de légumes (céleri, carottes, échalotes)
125 ml (½ tasse)	Noilly Prat blanc (vermouth)
60 g (½ tasse)	Fleurs d'ail
80 g (⅓ tasse)	Beurre doux
	Sel et poivre

Saler et poivrer les pigeonneaux à l'intérieur. Couper les échalotes dans le sens de la longueur. Les mettre à l'intérieur des pigeonneaux avec les gousses d'ail. Brider les pigeonneaux, les saler et les poivrer à l'extérieur.

Dans un sautoir, chauffer l'huile, disposer les pigeonneaux en couronne et mettre au four à 250 °C (475 °F) pendant 5 à 6 minutes pour les saisir, puis baisser la température à 150 °C (325 °F). Bien laver les cèpes, puis les couper en petits dés comme la brunoise.

Arroser fréquemment les pigeonneaux. Au trois quarts de la cuisson, quand la température à cœur atteindra 48 °C (118 °F), enlever l'huile végétale. Mettre la brunoise et les cèpes autour des pigeonneaux, puis ajouter le Noilly Prat. Remettre au four et continuer la cuisson jusqu'à atteindre 58 °C (136 °F) au milieu de la poitrine. Retirer les pigeonneaux du sautoir et réserver. Incorporer la fleur d'ail puis le beurre à l'ensemble.

VARIANTES : perdrix, caille, lagopède, pintade, poulet.

SERVICE

Enlever les ficelles, servir les pigeonneaux entiers avec le jus de cuisson et la garniture.

Recettes de perdrix, de pigeon, de colin de Virginie, de faisan, de caille et de dindon

PIGEONNEAUX EN COCOTTE, GARNITURE PAYSANNE, FOND D'ARTICHAUT ET PETITS POIS

4 personnes

Difficile
Préparation : 20 à 40 min
Cuisson : à la goutte
de sang

4	Pigeonneaux
4	Artichauts
300 g (10 oz)	Pois extra fins frais ou congelés
200 g (7 oz)	Champignons de couche
150 g (5 oz)	Lard entrelardé fumé
120 g (¾ tasse)	Petits oignons grelots
80 ml (⅓ tasse)	Huile végétale
125 ml (½ tasse)	Vin blanc sec
180 ml (¾ tasse)	Fond brun de gibier à plume, non lié
120 g (½ tasse)	Beurre doux
	Sel et poivre

Tourner les artichauts et les cuire dans un blanc de cuisson. Si cette opération ne vous est pas familière, cuire les artichauts dans beaucoup d'eau salée. Les rafraîchir à l'eau froide, enlever toutes les feuilles et ne garder que le cœur. Réserver.

Cuire à moitié les pois à l'eau salée, s'ils sont frais (ou les laisser décongeler). Égoutter et réserver. Couper les champignons en dés, bien les laver et les faire sauter jusqu'à évaporation complète de tout le liquide. Réserver. Couper le lard entrelardé fumé en lardons, blanchir et réserver. Mettre les oignons grelots dans une petite casserole, recouvrir d'eau salée et cuire à moitié. Égoutter et réserver.

Saler et poivrer les pigeonneaux à l'intérieur et à l'extérieur puis les brider (voir page 385). Chauffer l'huile dans un sautoir, saisir les pigeonneaux puis les mettre au four à 225 °C (450 °F). À mi-cuisson (environ 8 minutes), enlever l'excédent de gras, verser le vin blanc sec, puis disposer les lardons, les champignons et les petits oignons autour des pigeons. Continuer la cuisson au four en arrosant souvent. Cuire à la goutte de sang.

Enlever les pigeons, les déficeler et réserver au chaud.

Ajouter les petits pois, les fonds d'artichauts et le fond de gibier à la garniture de cuisson. Mijoter quelques minutes et finir avec le beurre.

Désosser les pigeons. Si les cuisses ne sont pas assez cuites, les remettre au four.

VARIANTE : perdrix, caille, pintade, poulet.

SERVICE

Servir d'abord les poitrines. Remplir les fonds d'artichauts avec la garniture de petits pois, de champignons, de lardons et de petits oignons.

COLINS DE VIRGINIE RÔTIS, COMPOTE AU SORBIER DES OISELEURS ET AUX PIMBINAS

4	Colins de Virginie
32	Pommes de terre parisiennes
80 ml (⅓ tasse)	Huile de cuisson
125 ml (½ tasse)	Vin blanc sec
125 ml (½ tasse)	Fond brun de gibier, lié
4 ½ c. à soupe	Beurre doux
	Sel et poivre

Compote

100 g (⅔ tasse)	Sorbier des oiseleurs
100 g (⅔ tasse)	Pimbinas
150 g (env. ¾ tasse)	Échalotes hachées finement
185 g (¾ tasse)	Sucre
100 g (1 tasse)	Noisettes grillées hachées finement
80 ml (⅓ tasse)	Eau
1	Jus de citron

Blanchir les pommes de terre, égoutter et réserver.

Brider (voir page 385) les colins de Virginie ; saler et poivrer. Chauffer l'huile dans un rondeau ou une casserole et rôtir les colins. Cuire au four 6 à 8 minutes à 200 °C (400 °F), puis ajouter les pommes de terre qui finiront de cuire en même temps que les colins 68 °C (155 °F) à l'arrière cuisse. Retirer les colins et les pommes de terre du rondeau ou de la casserole. Pour préparer la sauce, enlever le gras de cuisson, déglacer avec le vin blanc et ajouter le fond brun de gibier. Monter au beurre.

Compote : Mettre le sorbier des oiseleurs, les pimbinas, les échalotes hachées, le sucre et les noisettes grillées hachées dans une casserole. Ajouter 100 ml (3 ½ oz) d'eau et cuire environ 15 à 30 minutes. À la fin, ajouter le jus de citron. Réserver.

VARIANTES : pigeon, pintade, poulet.

Brider (voir page 385)

---

4 personnes

Assez facile
Préparation : 10 à 20 min
Cuisson : au thermomètre

PIMBINA OU VIORNE TRILOBÉE
Ce petit arbuste de 25 à 35 cm (10 à 13 po) de hauteur se trouve souvent au bord des rivières et dans les érablières. Ses petits fruits rouges se récoltent après les premières gelées. Une tradition amérindienne consiste à verser du sirop de pimbina sur un lit de neige propre et à le déguster comme de la tire d'érable.

SERVICE

Découper les colins et les servir très chauds avec les pommes de terre ; servir la compote au sorbier des oiseleurs et aux pimbinas à part en saucière.

COLINS DE VIRGINIE
AUX PLEUROTES EN COCOTTE

4 personnes

Assez facile

Préparation : 10 à 20 min

Cuisson : au thermomètre

NOTE

On n'a au Québec que des colins d'élevage. Dans cette recette, on les fait mariner afin qu'ils acquièrent une saveur particulière.

4	Colins de Virginie

Marinade

2	Oignons espagnols
2	Carottes
2	Branches de céleri
1	Bouquet garni
3	Gousses d'ail
3	Baies de genièvre
1	Clou de girofle
750 ml (3 tasses)	Vin blanc sec
3 c. à soupe	Vinaigre de vin blanc
60 ml (¼ tasse)	Huile d'olive
300 ml (1 ¼ tasse)	Fond de gibier à plume, lié
400 g (14 oz)	Pleurotes
150 g (⅔ tasse)	Beurre
150 ml (⅔ tasse)	Huile d'arachide
	Ciboulette ciselée
	Sel et poivre

VARIANTES : pigeon, pintade, poulet.

Marinade : Couper les oignons, les carottes et le céleri en petits dés. Déposer les colins dans un grand récipient. Ajouter les éléments aromatiques : oignons, carottes, céleri, bouquet garni, ail, genièvre, girofle, vin blanc, vinaigre, huile d'olive, sel et poivre. Couvrir et laisser reposer sur le comptoir pendant au moins 12 heures, puis sortir les colins de la marinade et réserver.

Pour la sauce, réduire la marinade de 90 %, la passer au chinois et ajouter le fond brun de gibier à plume. Mijoter 30 minutes. Réserver.

Bien nettoyer les pleurotes ; chauffer le beurre dans une poêle à fond épais et les sauter vivement. Saler, poivrer et réserver.

Chauffer l'huile d'arachide dans un rondeau à fond épais, saler et poivrer les colins. Bien faire colorer les oiseaux sur le feu ; puis les mettre au four durant 15 à 25 minutes à 175 °C (350 °F) jusqu'à atteindre 70 °C (160 °F) à l'arrière de la cuisse. Enlever l'excédent de gras de cuisson et ajouter la sauce. Mijoter quelques minutes.

SERVICE

Servir tels quels ou désossés sur un lit de pleurotes. Parsemer de ciboulette ciselée.

Gibier à poil et à plume

FAISANS À LA FAÇON DE MONSIEUR GARCIN

En hommage à M. Garcin, grand restaurateur de Montréal

4 personnes

Difficile

Préparation : plus
de 40 min

Cuisson : au thermomètre

NOTE

Cette recette convient
particulièrement à
des faisans qui ont
un certain âge, donc aux
muscles plus durs. Si désiré,
on peut laisser tous
les éléments aromatiques
dans la sauce, sauf
la gousse d'ail et
le bouquet garni.

VARIANTES : pintade,
poulet.

2	Faisans mâles
24	Échalotes entières sèches
200 g (7 oz)	Lard entrelardé fumé
300 g (10 oz)	Champignons de couche
1	Bouquet garni
4	Gousses d'ail
1 litre (4 tasses)	Lie de vin ou vin rouge
160 ml (⅔ tasse)	Huile de pépins de raisin
60 ml (¼ tasse)	Vinaigre de vin rouge
200 g (1 tasse)	Beurre
80 ml (⅓ tasse)	Huile d'arachide
250 ml (1 tasse)	Fond brun de gibier, lié
	Noix de pin grillées
	Sel et poivre

La veille ou même 2 jours avant, immerger les faisans dans un récipient. Émincer les échalotes sèches et couper le lard fumé en lanières de 12 mm (½ po). Couper les champignons en dés. Disposer les éléments aromatiques (champignons, échalotes, bouquet garni, lard fumé, ail) autour des faisans. Ajouter la lie de vin ou le vin rouge, l'huile de pépins de raisin et le vinaigre de vin. Couvrir d'une pellicule plastique et laisser reposer sur le comptoir pendant 12 heures ou de 2 à 3 jours au réfrigérateur. L'action de l'alcool contenu dans le vin et le vinaigre a pour effet d'attendrir la chair des faisans.

Retirer les faisans et les éponger. Égoutter la marinade et réserver séparément le liquide et les éléments aromatiques.

Mettre 80 g (⅓ tasse) de beurre dans une casserole, faire fondre les éléments aromatiques, puis mouiller avec la marinade. Cuire pendant 30 minutes, passer au chinois, puis réduire des trois quarts et réserver.

Mettre les faisans dans une cocotte. Ne pas trop les tasser. Chauffer le beurre et l'huile, saler et poivrer. Saisir les faisans et les cuire au four à 200 °C (400 °F), jusqu'à ce que la température atteigne 75 °C (170 °F) à l'arrière de la cuisse. Arroser souvent à l'aide d'une cuillère.

À la fin de la cuisson, enlever les faisans et laisser reposer. Extraire l'excédent de gras et ajouter le fond. Saler et poivrer, passer au chinois étamine, ajouter les noix de pin grillées et réserver.

Gibier à poil et à plume

PETITES FAISANES RÔTIES, SAUCE MADÈRE

4 personnes
Difficile
Temps requis : 20 à 40 min
Cuisson : 8 à 15 min

2	Faisanes
100 g (3 oz)	Amandes effilées
½	Tranche de pain blanc
4 ½ c. à soupe	Airelles (canneberges) déshydratées hachées, non sucrées
2	Œufs
	Lait
	Farine
150 g (⅔ tasse)	Beurre doux

Sauce

180 ml (¾ tasse)	Madère
3 c. à soupe	Cognac
2	Échalotes hachées très finement
180 ml (¾ tasse)	Fond brun de gibier à plume, lié
	Sel et poivre

Pour cette recette, nous n'utiliserons que les poitrines des faisanes ; les cuisses pourront être apprêtées comme les cuisses de canard (voir index des recettes p. 389). Désosser les faisanes et réserver les poitrines au réfrigérateur.

Faire griller les amandes et réserver.

Enlever la croûte du pain tranché. À l'aide d'un robot culinaire, hacher finement le pain, les amandes grillées et les airelles déshydratées et mélanger ; on obtiendra ainsi une chapelure. Réserver. Battre les œufs avec un peu de lait. Mettre dans trois récipients la farine, les œufs et la chapelure.

Chauffer 80 g (⅓ tasse) de beurre dans une poêle à fond épais. Passer les poitrines de faisanes d'abord dans la farine, puis dans les œufs et enfin dans la chapelure. Cuire doucement pour qu'elles prennent une belle couleur dorée et que la peau soit croustillante. Baisser la température et terminer la cuisson à feu doux.

Prépare la sauce : Réduire de 90 % le madère et le cognac avec les échalotes ; ajouter le fond brun de gibier à plume, lier et terminer avec le reste du beurre. Rectifier l'assaisonnement.

VARIANTES : pintade, poulet.

SERVICE

Verser la sauce au fond des assiettes, y déposer les poitrines entières et servir avec du riz sauvage.

BARTAVELLES À L'HYDROMEL
DE LA CUVÉE DU DIABLE

Aux gagnants du prix Renaud-Cyr 2008 : Anicet Desrochers-Dupuis et Anne Virginie Schmidt, API-Culture Hautes Laurentides inc.

4 personnes

Assez facile

Préparation : 10 à 20 min

Cuisson : 12 à 18 min

POURQUOI MARINER OU MACÉRER CERTAINS OISEAUX ?
Il est évident que les jeunes bartavelles, aux chairs tendres, n'ont pas besoin de cette opération ; toutefois, laisser mariner ou macérer les bartavelles âgées, afin d'attendrir les chairs. Par contre, peu goûteuses, les bartavelles d'élevage prendront le goût des éléments composant la marinade ou la macération utilisée.

VARIANTES : pigeon, pintade, poulet

4	Bartavelles
175 g (6 oz)	Miel de fleurs d'acacias
⅛ c. à café (⅛ c. à thé)	Huile essentielle de fleurs d'acacias
180 ml (¾ tasse)	Vinaigre de vin blanc
1	Bouteille (750 ml ou 3 tasses) d'hydromel La cuvée du diable
4	Échalotes, émincées
1	Branche de céleri
2	Carottes
1	Bouquet garni
¼	Feuille de laurier
80 ml (⅓ tasse)	Huile de tournesol
	Fécule de maïs ou roux blanc
80 g (⅓ tasse)	Beurre
	Sel et poivre

Mettre le miel, l'huile essentielle et le vinaigre de vin blanc dans une casserole et cuire jusqu'à caramélisation. À la couleur voulue, ajouter promptement l'hydromel du diable et laisser refroidir. Émincer très finement les échalotes, le céleri et les carottes. Déposer les bartavelles dans un récipient assez grand pour que les oiseaux ne soient pas immergés, puis ajouter l'hydromel froid et entourer des aromates (céleri, carottes, échalotes, bouquet garni, laurier). Couvrir et laisser macérer pendant 1 ou 2 jours au réfrigérateur en les retournant 2 fois par jour.

Égoutter les oiseaux et les éponger. Réserver la marinade. Chauffer l'huile dans un rondeau et les saisir. Saler et poivrer et cuire au four à 200 °C (400 °F) de 6 à 8 minutes ; les bartavelles seront à peine cuites. Désosser les poitrines et l'arrière des cuisses. Couvrir les chairs d'un linge humide et réserver. Pour la sauce, réduire les os en morceaux et les ajouter à la marinade. Cuire l'ensemble de 30 à 35 minutes et passer au chinois en pressant très fort sur les éléments pour extraire le maximum de saveurs. Réduire le fond de moitié, rectifier l'assaisonnement, lier avec la fécule de maïs ou le roux blanc et monter la sauce au beurre.

Déposer les bartavelles désossées dans la sauce et mijoter doucement à 85 °C (185 °F), afin qu'il n'y ait pas d'ébullition, ce qui durcirait la chair des oiseaux.

SERVICE

Servir très chaud avec une purée de pommes de terre ou des cœurs de quenouille.

BARTAVELLES CUISINÉES À LA FAÇON
DE RENÉE ET JACQUES BAX

4 personnes

Difficile

Préparation : 10 à 20 min

Cuisson : au thermomètre

4	Bartavelles (petites)
2	Tranches de pain blanc
125 ml (½ tasse)	Crème à 35 %
2	Poitrines ou cuisses de grosses perdrix
100 g (3 ½ oz)	Chair de veau
250 g (½ lb)	Foie gras de canard frais
80 ml (⅓ tasse)	Armagnac
1	Blanc d'oeuf
180 g (¾ tasse)	Beurre doux
80 ml (¾ tasse)	Huile végétale
2	Échalotes sèches hachées
180 ml ¾ tasse)	Porto
160 ml (⅔ tasse)	Fond brun de gibier, lié
20 g (⅓ tasse)	Julienne de truffe noire
	Sel et poivre

NOTE

Renée et Jacques Bax ont été les premiers au Québec à vendre de la caille, du foie gras et de la pintade.

Commencer par préparer la farce. Faire tremper les tranches de pain dans la crème. Passer au hachoir (pas au robot) les poitrines de perdrix, le pain trempé, la crème ainsi que la chair de veau. Assaisonner et réserver au réfrigérateur. Dénerver le foie gras et le couper en petits dés. Macérer de 10 à 15 minutes dans l'armagnac puis mélanger avec le reste de la farce et le blanc d'œuf. Conserver au réfrigérateur.

Saler et poivrer les bartavelles à l'extérieur et à l'intérieur et les farcir. Fermer les ouvertures, puis brider les oiseaux (voir page 385). Chauffer 80 g (⅓ tasse) de beurre ainsi que l'huile dans un sautoir. Saisir et colorer les bartavelles, puis les cuire au four à 200 °C (400 °F) jusqu'à atteindre 78 °C (170 °F) à l'arrière de la cuisse. Incorporer les échalotes hachées et arroser pendant une minute avec une cuillère. Extraire le gras de cuisson puis ajouter le porto et réduire de moitié.

Retirer les bartavelles du four et les garder au chaud. Pour préparer la sauce, ajouter le fond de gibier, rectifier l'assaisonnement et passer au chinois. Monter avec le reste du beurre et incorporer la julienne de truffe noire. Réserver.

VARIANTES : pigeon, pintade, poulet.

SERVICE

Couper les bartavelles en deux en prenant soin de récupérer délicatement la farce. Les désosser. Poser aussitôt les morceaux sur la farce et napper de sauce. On peut accompagner de crosnes ou de salsifis et de pommes de terre mousseline.

CAILLES AUX NOIX DE GRENOBLE
ET AU PORTO

4 personnes

Assez facile

Préparation : 10 à 20 min

Cuisson : 6 à 12 min

4	Cailles géantes ou 8 petites cailles
160 ml (⅔ tasse)	Porto ou madère
1	Anis étoilé concassé
80 g (⅔ tasse)	Noix de Grenoble hachées
60 ml (¼ tasse)	Huile d'arachide
150 g (⅔ tasse)	Beurre doux
60 ml (¼ tasse)	Cognac
80 ml (⅓ tasse)	Glace brune de gibier à plume
8	Cerneaux de noix de Grenoble
	Sel et poivre

Saler et poivrer les cailles à l'intérieur et à l'extérieur, les brider (voir page 385) et réserver.

Mélanger le porto ou le madère avec l'anis étoilé, les noix de Grenoble hachées et macérer quelques heures.

Dans un sautoir, chauffer l'huile d'arachide et la moitié du beurre. Colorer les cailles de chaque côté, puis enlever l'excédent de gras et cuire au four à 175 °C (350 °F), pendant 2 ou 3 minutes. Sortir du four et flamber avec le cognac. Ajouter le liquide de macération, puis cuire de nouveau pendant 4 à 8 minutes en arrosant quelques fois. Enlever les cailles et réduire le jus de cuisson d'un tiers. Pour la sauce, ajouter la glace brune de gibier à plume, monter au beurre et ajouter les cerneaux de noix de Grenoble. Rectifier l'assaisonnement.

VARIANTES : pintade, poulet, perdrix.

SERVICE

Enlever les ficelles et servir les cailles nappées de sauce, avec du riz sauvage ou une purée de céleri-rave.

CAILLES AUX RAISINS
ET AU MARC DE BOURGOGNE

Recette de Marc Jobin, chef, diplômé de l'ITHQ

4 personnes

Difficile

Préparation : 10 à 20 min

Cuisson : au thermomètre

NOTE

On peut acheter la farce fine de volaille chez le boucher ou la préparer comme suit : un tiers de chair de volaille, un tiers d'échine de porc, un tiers de chair de veau, crème, blanc d'œuf, sel et poivre, le tout passé au hachoir, avec une grille fine. On peut également utiliser la recette de farce, page 158.

NOTE

Demandez à votre boucher de désosser les cailles.

8	Cailles désossées par le dos
40 g (¼ tasse)	Raisins de Corinthe secs
180 ml (¾ tasse)	Marc de Bourgogne
250 g (9 oz)	Farce fine de volaille
180 g (6 oz)	Raisins rouges sucrés
60 ml (¼ tasse)	Huile d'arachide
150 g (⅔ tasse)	Beurre
80 ml (⅓ tasse)	Vin blanc
2	Échalotes, hachées finement
250 ml (1 tasse)	Fond brun de gibier à plume
	Sel et poivre

Dans un petit récipient, macérer les raisins de Corinthe avec 80 ml (⅓ tasse) de marc de Bourgogne puis les ajouter à la farce fine de volaille. Rectifier l'assaisonnement, farcir les cailles désossées et les reconstituer. Entourer chaque caille d'une feuille d'aluminium d'un centimètre de largeur qui tiendra bien les oiseaux. Enlever la peau des raisins rouges, les couper en deux et enlever les pépins. Réserver.

Chauffer l'huile d'arachide et 80 g (⅓ tasse) le beurre dans un sautoir où les cailles seront serrées. Saler, poivrer et mettre au four à 175 °C (350 °F), afin de les saisir et de colorer rapidement la peau du dessus. Après 4 à 5 minutes de cuisson, enlever les feuilles d'aluminium, extraire les trois-quarts du gras de cuisson, puis continuer la cuisson pendant 8 à 14 minutes, jusqu'à ce que le centre de la caille atteigne 60 °C (140 °F).

Préparer la sauce. Enlever l'excédent de gras, flamber avec le reste du marc de Bourgogne, ajouter le vin blanc, les raisins épluchés, les échalotes hachées finement, mijoter 2 minutes, puis incorporer le fond de gibier. Rectifier l'assaisonnement. Monter avec le reste du beurre.

VARIANTES : pigeon, pintade, poulet

SERVICE

Servir chaque caille désossée nappée de sauce.

CAILLES À LA BROCHE,
SAUCE À LA GELÉE DE CÈDRE

4 personnes

Assez facile
Préparation:
moins de 10 min
Cuisson: 8 à 12 min

8	Cailles
80 g (¾ tasse)	Noisettes grillées hachées finement
2	Bardes coupées en 8 morceaux
60 ml (¼ tasse)	Huile de noisette
60 ml (¼ tasse)	Eau de vie de mirabelle
80 ml (⅓ tasse)	Gelée de cèdre commerciale
	Sel et poivre

Cette recette convient principalement à la cuisson à la broche.

Vider les cailles et, à l'exception du gésier, réserver tous les abattis. Saler et poivrer les oiseaux à l'intérieur et y déposer les noisettes grillées hachées. Brider les oiseaux et les barder (voir pages 385-386). Embrocher les cailles et les cuire à la broche de 8 à 12 minutes à très forte chaleur. Il faudra prendre bien soin de laisser une plaque sous la broche pour recueillir le gras de cuisson et arroser avec ce gras.

Ensuite, enlever les bardes et badigeonner les cailles avec l'huile de noisette. Terminer la cuisson et flamber avec l'eau de vie de mirabelle.

VARIANTES: alouette, grive, ortolan, palombe, pluvier.

SERVICE

Servir immédiatement avec la gelée de cèdre en accompagnement.

CAILLES FARCIES CHEMISÉES
DE FEUILLES DE VIGNE ET BACON

4 personnes

Assez difficile

Préparation : 40 minutes

Cuisson : au thermomètre

NOTE

Les cailles, de
la famille des gallinacés,
se caractérisent par leur
chant trisyllabique
(pir-pir… roïut), qui se fait
entendre à l'aube et
au crépuscule.
Cet oiseau, que l'on ne
retrouve pas à l'état
sauvage au Québec, fait
l'objet d'un élevage
systématique, et on en
trouve dans la plupart
des épiceries.

Farce

225 g (8 oz)	Poitrine de poulet
4	Tranches de pain
160 ml (⅔ tasse)	Crème à 35 %
100 g (4 oz)	Veau haché (épaule)
	Sel et poivre du moulin
85 g (½ tasse)	Canneberges ou bleuets déshydratés
15 g (¼ tasse)	Ciboulette ciselée
1	Blanc d'œuf
1 c. à soupe	Fécule de pomme de terre

Cailles

4	Grosses cailles jumbo
	Sel et poivre du moulin
½ c. à café (½ c. à thé)	Huile essentielle de bleuet
4	Tranches de bacon
60 ml (¼ tasse)	Huile d'amande
4	Feuilles de vigne
250 ml (1 tasse)	Vin rouge tannique
180 ml (¾ tasse)	Fond brun de gibier à plume

Beurre marchand de vin

250 ml (1 tasse)	Vin rouge tannique
2 ½ c. à soupe	Échalotes, hachées très finement
180 g (¾ tasse)	Beurre à la température de la pièce
225 g (8 oz)	Feuilles de roquette
20	Chips de betteraves jaunes

Farce : À l'aide d'un hachoir muni d'une grille moyenne, hacher la poitrine de poulet. Tremper le pain dans la crème à 35 % puis le passer au hachoir. Ensuite, incorporer parfaitement le veau haché et le pain au poulet. Saler, poivrer. Ajouter les canneberges ou les bleuets déshydratés, la ciboulette, le blanc d'œuf et la fécule de pomme de terre. Réserver.

Suite à la page 160

CAILLES FARCIES CHEMISÉES
DE FEUILLES DE VIGNE ET BACON

NOTE

Il est possible de trouver des cailles désossées et farcies dans le commerce. Sinon, demandez à votre boucher de les désosser.

NOTE

Dessaler signifie que l'on élimine en partie ou totalement le sel contenu dans certains aliments conservés dans la saumure. Le dessalage s'effectue par immersion dans l'eau froide, courante ou non.

Cailles : Bien étaler les cailles (voir note). Saler et poivrer, puis les badigeonner légèrement d'huile essentielle de bleuet avec le bout du doigt. Les farcir puis, leur redonner leur forme puis les entourer d'une tranche de bacon. Réserver au réfrigérateur.

Une heure avant de servir, chauffer le four à 200 °C (400 °F). Chauffer l'huile d'amande sur le rond, dans une cocotte à fond épais. Recouvrir délicatement chaque caille d'une belle feuille de vigne que l'on aura dessalée au préalable. Déposer les cailles dans la cocotte, puis les mettre au four, en prenant bien soin de les arroser régulièrement pendant 7 à 8 minutes. Abaisser la température à 150 °C (325 °F) et continuer la cuisson jusqu'à ce que la température à cœur atteigne 75 °C (170 °F) à l'arrière de la cuisse. Sortir les cailles de la cocotte et les garder au chaud à l'entrée du four. Enlever l'excédent de gras de la cocotte. Verser le vin rouge et réduire de 90 %. Ajouter le fond brun de gibier. Monter avec 60 g (¼ tasse) de beurre marchand de vin. Remettre les cailles dans la cocotte. Réserver au chaud.

Beurre marchand de vin : Verser le vin rouge tannique dans une casserole, ajouter les échalotes puis réduire de 90 %. Laisser refroidir complètement. Ajouter le beurre à la température de la pièce. Garder l'excédent et l'utiliser pour une autre recette.

VARIANTES : colin de Virginie, petit poulet de Cornouailles, petite perdrix.

Suite de la page 158

SERVICE

Disposer les cailles dans les assiettes. Accompagner de feuilles de roquettes et de chips de betteraves jaunes. Servir la sauce à part.

DINDONNEAU FARCI AU MAÏS, FUMET AUX HERBES

1	Dindonneau de 1,6 à 2,2 kg (3 ½ à 5 lb)
250 g (9 oz)	Grains de maïs cuits
2 ½ c. à soupe	Ciboulette ciselée
20 g (⅓ tasse)	Estragon haché
80 ml (⅓ tasse)	Bourbon (ou whisky)
500 g (1 lb)	Farce fine de volaille
1	Barde
125 ml (½ tasse)	Huile d'arachide
200 g (1 tasse)	Mirepoix petite (oignons, carottes, céleri)
2	Gousses d'ail
180 ml (¾ tasse)	Fond brun de volaille ou de gibier, lié
2 c. à soupe	Marjolaine hachée
20 g (⅓ tasse)	Persil haché
2 c. à soupe	Coriandre hachée
	Sel et poivre

Ajouter le maïs, la ciboulette, l'estragon et le bourbon à la farce fine de volaille (voir page 158). Bien mélanger, saler et poivrer au goût. Réserver.

Saler et poivrer le dindonneau à l'intérieur et à l'extérieur. Le farcir. Bien coudre les ouvertures et brider (voir page 385), puis barder afin que le gras en fondant nourrisse les chairs du dindonneau.

Chauffer l'huile dans un rondeau, puis y déposer le dindonneau. Le mettre immédiatement au four à 190 °C (375 °F). L'arroser souvent avec le gras de cuisson. Environ quarante minutes plus tard, piquer le centre de la cuisse avec le thermomètre et, si la température atteint 50 °C (122 °F), entourer le dindonneau de la mirepoix de légumes, ajouter l'ail et enlever la barde. Continuer la cuisson jusqu'à atteindre 80 °C (175 °F) à l'arrière cuisse. Enlever alors le dindonneau et le réserver au chaud. Enlever l'excédent de gras de cuisson, puis ajouter le fond brun. Cuire une quinzaine de minutes et passer ce mélange au chinois. Ajouter les herbes (marjolaine, persil, coriandre). Rectifier l'assaisonnement et conserver au chaud.

VARIANTES : pintade, poulet.

6 à 10 personnes

Assez facile
Préparation : plus
de 40 minutes
Cuisson : au thermomètre

ESTRAGON
Ses feuilles fraîches et tendres servent à parfumer de nombreux plats et sauces. Par contre, la saveur herbacée légèrement anisée est particulière et ne plaît pas à tous. Indispensable à la sauce béarnaise, l'estragon permet de confectionner un excellent vinaigre.

SERVICE

Couper le dindonneau en portions égales (voir page 384), extraire la farce, la séparer en portions égales, puis déposer par-dessus les morceaux de dindonneau ; napper avec la sauce. Servir avec une purée de maïs ou des lentilles.

DINDONNEAU AUX HERBES
DES BOIS EN HOCHEPOT

1	Dindonneau de 1 à 1,3 kg (2 à 3 lb)
Grosse pincée	Herbes sauvages du printemps (carottes sauvages, chicorée sauvage, bardane, tussilage, orpin pourpre, petites feuilles d'oseille, suivant la disponibilité)
6	Mini-panais
2	Oignons espagnols
1	Tête d'ail
1	Branche de serpolet
1	Feuille de laurier
1	Clou de girofle
1	Pomme de terre par personne

4 personnes

Difficile

Préparation : plus de 40 min

Cuisson : au thermomètre

NOTE

On peut remplacer les herbes et les légumes sauvages par des variétés cultivées.

Prendre une grosse marmite, car le dindonneau doit « baigner » dans beaucoup d'eau pour cuire. Commencer la cuisson à l'eau froide, car le réchauffement graduel fera coaguler le sang plus régulièrement à l'intérieur. Pendant cette opération, blanchir toutes les herbes.

Au premier bouillon de la cuisson de dindonneau, écumer puis ajouter une grosse pincée de chacune des herbes, les mini-panais, les oignons, l'ail, le serpolet, le laurier et le clou de girofle. Ne pas saler, car le tussilage remplace le sel. Cuire lentement à feu doux, à environ 92 °C à 95 °C (197 à 200 °F). Le temps de cuisson peut varier selon la grosseur et l'âge du dindonneau ; quand la température atteint 85 °C (185 °F) à l'arrière de la cuisse, le dindonneau est cuit.

Couper les pommes de terre en deux dans le sens de la longueur et les cuire dans le jus de cuisson. Pendant ce temps, récupérer tous les éléments aromatiques de la cuisson, les hacher et les déposer au fond d'assiettes creuses, puis mettre les pommes de terre et les morceaux dindonneau par-dessus. Arroser d'un peu de bouillon.

VARIANTES : pintade, poule, outarde, oie des neiges.

SERVICE

Servir avec à part du gros sel et des boutons de marguerites marinés.

PAVÉ DE DINDONNEAU SAUVAGE
AUX HERBES DU JARDIN, CÂPRES DE MARGUERITE

4 personnes

Assez difficile

Préparation : 30 minutes

Cuisson : 12 à 15 minutes

OSEILLE
Cette plante est très acide à cause de son exposition au soleil. L'oseille s'accorde fort bien avec plusieurs poissons dont elle met le goût en valeur. Elle fait partie de grands classiques de la cuisine (crème d'oseille, salades, bouillon de volaille, légumes, etc.). L'oseille doit être cuite, puis congelée ou stérilisée.

Mélange d'herbes

100 g (3 ½ oz)	Feuilles d'oseille
100 g (3 ½ oz)	Feuilles d'épinard
	Brindilles de thym frais
40 g (1 ½ oz)	Feuilles de marjolaine
1 c. à soupe	Feuilles de sauge
100 g (3 ½ oz)	Feuilles de betteraves
100 g (1 ⅓ tasse)	Brunoise de légumes (céleri, carottes, oignons, blancs de poireaux)
120 g (4 oz)	Champignons de couche
60 g (¼ tasse)	Beurre non salé
	Sel et poivre du moulin
125 ml (½ tasse)	Glace brune de gibier à plume ou équivalent

Polenta

2 litres (8 tasses)	Eau
	Sel
300 g (1 ¼ tasse)	Semoule de maïs
180 g (2 ¼ tasse)	Fontina râpé ou autre
120 g (1 ½ tasse)	Tomme râpée
150 g (¾ tasse)	Beurre non salé
	Poivre du moulin

Dindonneau sauvage

4	Escalopes de dindonneau sauvage de 200 g (7 oz) chacune
	Sel et poivre du moulin
60 ml (¼ tasse)	Huile de noix
60 g (¼ tasse)	Beurre non salé
125 ml (½ tasse)	Madère
80 ml (⅓ tasse)	Cognac
125 ml (½ tasse)	Fond brun de gibier à plume, non lié
24	Câpres de marguerite

Suite à la page 166

PAVÉ DE DINDONNEAU SAUVAGE
AUX HERBES DU JARDIN, CÂPRES DE MARGUERITE

THYM

Le thym est impératif dans la composition du bouquet garni. Il s'accorde très bien avec l'agneau et les marinades et il est un élément important de la cuisine méditerranéenne (ratatouille, ragoût, aubergine, courgette et quelques fromages).

Mélange d'herbes : Hacher l'oseille, les épinards, le thym, la marjolaine, la sauge et les feuilles de betterave. Préparer une brunoise de légumes. Hacher les champignons de couche.

Dans une casserole à fond épais chauffer le beurre non salé et étuver doucement l'ensemble des éléments précédents jusqu'à complète évaporation du liquide. Saler et poivrer. Lier l'ensemble avec la glace brune de gibier à plume. Réserver.

Polenta : Porter l'eau à ébullition. Saler et verser petit à petit la semoule de maïs sans arrêter de remuer. Ajouter le fromage râpé et cuire environ 50 minutes. Mélanger régulièrement avec une cuillère de bois. Faire fondre le beurre. Juste avant de servir, l'incorporer délicatement. Poivrer et garder au chaud.

Dindonneau sauvage : Bien étendre les escalopes de dindonneau. Si elles sont trop épaisses, les étaler entre deux feuilles de papier d'aluminium et taper uniformément dessus avec le plat d'un couteau à large lame afin de les aplatir. Saler et poivrer de chaque côté, puis enrober du mélange d'herbes. Réserver.

Dans un sautoir, chauffer l'huile de noix et le beurre. Saisir les pavés de dindonneau sauvage de chaque côté, puis cuire doucement en arrosant régulièrement. La cuisson prendra 4 à 5 minutes. Extraire le gras de cuisson et déglacer avec le madère et le cognac. Verser le fond brun de gibier à plume. Ajouter les câpres de marguerite. Garder au chaud.

VARIANTES : dinde, gros poulet, veau.

Suite de la page 164

SERVICE

Déposer au fond de chaque assiette la polenta, puis le pavé de dindonneau. Verser le jus et parsemer de câpres de marguerites. Quelques haricots verts compléteront le plat.

Gibier à poil et à plume

Recettes

de grive, d'alouette et de vanneau

GRIVES SAUTÉES AU VIN DE NOIX, CHANTERELLES DES BOIS

12	Grives
1	Barde
250 g (½ lb)	Chanterelles
180 g (¾ tasse)	Beurre
80 ml (⅓ tasse)	Huile végétale
60 ml (¼ tasse)	Vin de noix
160 ml (⅔ tasse)	Fond brun de gibier à plume, lié
4	Échalotes hachées finement
12	Cerneaux de noix
40 g (⅔ tasse)	Ciboulette ciselée
	Sel et poivre

Vin de noix

10	Noix vertes échaudées et concassées
1	Pointe de couteau cannelle
1	Pointe de couteau de macis
1	Pincée de clou de girofle
300 ml (1 ¼ tasse)	Alcool à 45°

DÉCANTER
Transvaser un liquide troublé après l'avoir laissé reposer le temps que les impuretés en suspens se déposent au fond.

Vider, brider et barder les grives (voir page 385-386). Saler, poivrer et réserver.

Bien nettoyer les chanterelles, chauffer 6 c. à soupe de beurre dans une poêle en fonte et les sauter vivement. Saler et poivrer. Réserver.

Chauffer l'huile végétale dans une cocotte, y ranger les grives et mettre au four à 175 °C (350 °F). À mi-cuisson, enlever les petites bandes de lard et les laisser au fond de la cocotte.

En fin de cuisson, enlever l'excédent de gras de cuisson, flamber avec le vin de noix et ajouter le fond brun, ainsi que les échalotes hachées très finement. Ajouter les cerneaux de noix et le reste du beurre pour lier la sauce.

Préparation du vin de noix : Recouvrir les noix et les épices d'alcool à 45°. Laisser macérer pendant au moins 4 jours et au plus 9 jours. Décanter puis passer dans un filtre à café. (Si le liquide reste trouble, le coller en y ajoutant 1 c. à café (1 c. à thé) de blanc d'œuf, bien agiter et laisser reposer pendant 24 heures. Décanter et filtrer de nouveau.)

SERVICE

Réchauffer les chanterelles, ajouter la ciboulette ciselée et rectifier l'assaisonnement. À l'aide d'un cercle à pâtisserie, faire un lit de chanterelles. Déposer les grives sur les champignons et napper de jus de vin de noix. Accompagner d'une purée de marrons, à laquelle on aura ajouté des noix de Grenoble hachées.

ALOUETTES AUX CERISES SAUVAGES

4 personnes

Facile
Préparation : moins
de 10 min
Cuisson : 5 à 10 min

8	Alouettes, suivant la grosseur
200 g (1 ¼ tasse)	Cerises sauvages
80 ml (⅓ tasse)	Kirsch
60 ml (¼ tasse)	Huile végétale
3	Échalotes hachées finement
180 ml (⅔ tasse)	Fond brun de gibier
250 g (9 oz)	Cœurs de quenouille (en conserve)
60 g (¼ tasse)	Beurre
	Sel et poivre

NOTE
On peut remplacer
les cerises sauvages par
des cerises de culture
ou en conserve.

CERISES SAUVAGES
Il existe de nombreuses
variétés de cerises. Les
guignes sucrées, rouges
et rouge noirâtre, et les
bigarreaux, à la chair
claire et cassante déri-
vent du merisier sau-
vage. D'autres cerises
sont issues d'hybrida-
tions entre le merisier
et le cerisier vrai ou
griottier, dont les fruits
acides et juteux (cerises
Montmorency) con-
viennent bien au gibier.
Au Québec, on trouve
les guignes sucrées et
les cerises Montmo-
rency.

La période des cerises sauvages étant très courte, on a tout intérêt à les
déshydrater afin de les conserver et de les utiliser durant l'année. Si elles sont
fraîches, enlever les noyaux et les macérer dans le kirsch pendant au moins
12 heures. Si elles sont déshydratées, les tremper dans l'eau pendant 1 ou
2 minutes pour qu'elles se gorgent d'eau, puis faire comme précédemment.

Vider les petits oiseaux et bien les attacher. Chauffer l'huile dans une
casserole à fond épais, saler et poivrer les alouettes et les saisir vivement.
Les cuire au four à 175 °C (350 °F) pendant 5 à 6 minutes suivant leur
grosseur. Les sortir du four et enlever l'excédent de gras de cuisson ; mettre
les cerises macérées dans la casserole. Flamber. Enlever les oiseaux et conserver
au chaud. Ajouter les échalotes hachées finement puis le fond brun de gibier,
cuire quelques minutes. Ajouter les quenouilles, mijoter encore quelques
minutes en incorporant le beurre. Rectifier l'assaisonnement. Déposer
les alouettes sur les cerises et les quenouilles.

Couvrir et garder chaud jusqu'au service.

VARIANTES : alouette, grive, ortolan, palombe, pluvier.

ALOUETTES EN COFFRETS
DE POMMES DE TERRE

4 personnes

Difficile
Préparation : 10 à 20 min
Cuisson : au thermomètre

8 ou 16	Alouettes désossées, suivant la grosseur
250 g (½ lb)	Foie gras de canard
3 c. à soupe	Canneberges lyophilisés
2	Échalotes hachées très finement
125 ml (½ tasse)	Cidre tranquille aux canneberges
8	Pommes de terre (grosses)
120 g (½ tasse)	Beurre doux
180 ml (¾ tasse)	Fond brun de gibier à plume
	Sel et poivre

Couper le foie gras en tout petits dés. Dans un petit récipient, mélanger le foie gras, les canneberges, les échalotes et 60 ml (¼ tasse) de cidre. Ouvrir les alouettes, les farcir de ce mélange, les reformer et réserver au réfrigérateur.

Cuire à l'eau les pommes de terre avec la peau pendant 10 minutes. Les rafraîchir à l'eau froide. Enlever la peau, puis les creuser afin que deux à quatre alouettes puissent bien se caser dans chaque coffret ainsi formé. Saler et poivrer les pommes de terre et disposer les alouettes dans les coffrets. Ranger les pommes de terre dans un plat allant au four. Elles doivent être bien serrées. Disposer de toutes petites noisettes de beurre sur chaque alouette.

Mettre au four à 230 °C (450 °F) pendant 3 minutes ; puis continuer la cuisson à 175 °C (350 °F) jusqu'à atteindre 75 °C (170 °F) au thermomètre à viande à l'arrière de la cuisse.

Chauffer le fond brun et ajouter le cidre.

SERVICE

Napper les alouettes du fond brun de gibier à plume.

Gibier à poil et à plume

VANNEAUX EN COCOTTE, JUS DE CAROTTE À L'ORANGE

Au chef François Blais, du restaurant Panache à Québec, gagnant du Renaud-Cyr 2008

4 personnes

Difficile

Préparation : 20 à 40 min

Cuisson : 6 à 10 min

8 à 12	Vanneaux (2 à 3 par personne, suivant la grosseur)
2	Carottes
4	Oranges
	Sel et poivre
80 ml (⅓ tasse)	Huile végétale
2 c. à soupe	Armagnac
3	Échalotes hachées finement
80 g (⅓ tasse)	Beurre doux
12	Œufs de caille ou de vanneau, pochés
150 g (5 oz)	Nouilles chinoises cuites
	Sel et poivre

Extraire le jus de carotte à la centrifugeuse électrique puis presser les oranges. Réserver.

Saler et poivrer les vanneaux à l'intérieur et à l'extérieur. Bien les brider (voir page 385).

Verser l'huile dans un sautoir et y ranger les vanneaux bien serrés. Mettre au four à 200 °C (400 °F) à découvert. Après 6 minutes de cuisson, enlever le gras et flamber avec l'armagnac. Enlever les vanneaux, ajouter les échalotes hachées, les jus de carotte et d'orange. Réduire de moitié et monter le jus au beurre. Ajouter les œufs de caille ou de vanneau pochés et rectifier l'assaisonnement.

Chauffer les nouilles chinoises.

VARIANTES : alouette, perdrix, cailles, grive.

SERVICE

Au fond de chaque assiette, former un nid avec les nouilles chinoises et déposer les œufs de cailles ou de vanneaux, puis les vanneaux. Napper de sauce.

orignal

caribou

chevreuil

marcassin

sanglier

bison

bœuf musqué

ours noir

castor

lièvre

phoque

GIBIER À POIL

CONSEILS SUR L'UTILISATION
DE LA CHAIR ET DES ABATS DU GIBIER À POIL

par Laurier Therrien, spécialiste des venaisons,
et Marcel Bouchard, chef cuisinier

En général, on a tendance à négliger les abats du gibier. Il est vrai que des substances toxiques s'accumulent dans les abats de certains animaux et qu'on y trouve parfois des parasites, mais c'est l'exception. Voici des conseils et des précisions qui vous aideront à déguster les abats en toute sécurité.

Le chasseur peut juger de la santé du gibier qu'il poursuit, car les observations avant l'abattage fournissent des indices importants. Il faut se détourner d'un animal qui a un comportement bizarre, boite, se tient la tête basse, a la queue entre les jambes ou présente des ecchymoses. Après l'abattage, l'éviscération doit se faire le plus rapidement possible, dans le respect strict des règles de l'hygiène. Le port des gants est recommandé et, si l'animal doit être transporté en quartiers, il faut recouvrir les pièces de viande de coton. Certains de ces tissus sont recouverts d'un enduit protecteur qui empêche les mouches de se poser sur la viande. Il faut éviter de laver le gibier à l'eau, afin de ne pas contaminer la viande. Le sang séché à la surface constituera une bonne protection. S'il y a des souillures, essuyer avec des chiffons ou des papiers propres. Transporter l'animal avec la peau.

L'ORIGNAL

Tous les abats de l'orignal sont comestibles et très appréciés des connaisseurs, car ils sont gros et faciles à préparer.

Le cœur : Le cœur peut être servi en entrecôte de 12 mm d'épaisseur rose saignant, entier, farci et cuit au four à feu lent, coupé en cubes ou, encore, cuit dans du lait et du fond blanc de gibier.

Le foie : Il est important de savoir qu'il existe une nette différence de couleur entre le foie du mâle et celui de la femelle. Celui de la femelle est rouge et a une saveur plutôt douce et celui du mâle est rose et mou, et a une saveur plutôt âcre, surtout en période de rut. Pour apprêter le foie, il est recommandé, avant de le cuisiner, de retirer la membrane transparente qui le recouvre et de le laisser reposer dans du lait afin de le dégorger et de lui enlever un peu d'amertume.

Les rognons : Les rognons, souvent dédaignés par les chasseurs, sont pourtant délicieux. Ils doivent être prélevés immédiatement après l'abattage et conservés au froid. Il faut les emballer séparément si on désire les congeler pour utilisation ultérieure.

La langue : Contrairement aux rognons, la langue est un morceau de choix, très prisé par tous les chasseurs d'expérience. De saveur très délicate, elle demande une préparation attentive. On la prélève en incisant le dessous du maxillaire inférieur afin de la retirer sur toute sa longueur.

Le ris : Comme chez le veau, des glandes appelées « thymus » ou « ris » se trouvent sur l'orignal immature. Au même titre que les rognons, il faut les retirer tout de suite après l'abattage et les congeler. Les ris sont de haute qualité et se cuisinent comme ceux du veau.

LE CARIBOU

Lors de l'abattage pour des fins de commercialisation, Agriculture Canada rejette tous les foies et les rognons, car ils sont en grande majorité contaminés par le « cadmium » et différents parasites. Je recommande donc fortement de ne pas consommer ces parties. En revanche, le cœur et la langue sont absolument impeccables et ils sont les premiers morceaux à être consommés par les Inuits et les Amérindiens. Dans bien des cas, ces derniers vont même consommer le cœur cru. J'en ai personnellement fait l'expérience et je le préfère un peu cuit. Les animelles constituent également un mets de choix.

LE CERF OU CHEVREUIL

Il est question ici du cerf de Virginie, ou chevreuil, bien qu'il soit possible d'obtenir via certains parcs de chasse d'autres variétés de cerfs. Tous les abats ont sensiblement les mêmes caractéristiques et s'apprêtent de la même façon, à quelques différences près :

Le cœur : Il faut enlever la partie grasse sur le haut du cœur ainsi que le peu de cartilage qu'il pourrait y avoir.

Le foie : Il est foncé et a une saveur prononcée. Il n'y a aucune différence de couleur et de texture entre le foie du mâle et celui de la femelle.

LE MARCASSIN ET LE SANGLIER

Cet animal à l'état sauvage est très prisé en Europe. La nourriture qu'il affectionne lui confère des saveurs particulières, de grande qualité. Au Québec, de nombreux éleveurs tentent de retrouver les saveurs des sangliers et marcassins sauvages.

LE BISON ET LE BŒUF MUSQUÉ

Le bison et le bœuf musqué ressemblent au bœuf sur le plan anatomique. Le bœuf musqué vit dans le Grand Nord et le bison du Québec, dans les élevages. Les abats peuvent être consommés sans problème. Le cœur, le foie et la langue peuvent être cuisinés de la même façon que pour le bœuf. Même la queue, les bajoues et les animelles feront des plats de choix.

LE CASTOR

Le castor possède probablement la chair la plus caractéristique qui soit en raison de son habitat et de sa nourriture qui consiste en feuilles, plus spécifiquement, en feuilles de tremble. Le goût de sève verte qui imprègne sa chair ne laisse personne indifférent. L'arôme du castor est accentué par le fait qu'il ne peut être saigné, car seul le piégeage est permis. Il est préférable de consommer de jeunes spécimens du printemps, car leur chair est plus fine et d'une texture plus agréable que celle des vieux castors.

L'OURS NOIR

La chair de l'ours a mauvaise réputation, à tort. Cette viande est délicieuse, surtout au printemps, au moment où cet animal sort d'hibernation. Sa chair est alors moins grasse qu'à l'automne, donc plus savoureuse. On peut manger la viande sans danger, mais on doit consommer les abats avec retenue. Il est à noter que toutes les préparations ou recettes de sanglier conviennent à l'ours.

LES DIFFÉRENTES ESPÈCES DE GIBIER À POIL

LIÈVRE D'AMÉRIQUE ET LIÈVRE ARCTIQUE

Les lièvres sont généralement chassés au collet. Leur chair est très savoureuse, mais souvent ferme. De ce fait, on les cuisine généralement en sauce. Les lièvres arctiques possèdent des qualités gustatives exceptionnelles. Les abats des lièvres sauvages et des lapins d'élevage sont comestibles.

LE PHOQUE

Cet animal, dont les Québécois méconnaissent les qualités nutritives, a permis à beaucoup de personnes des régions côtières de survivre. Cette viande est très foncée, presque noire. Madame Françoise Kayler, dans un article paru dans *La Presse,* l'a baptisée «l'or noir des Escoumins». Les abats sont très recherchés et presque toujours récupérés par les résidents de ces régions pour leur consommation personnelle. Il est donc très difficile d'en trouver, à moins de connaître un chasseur et de s'entendre avec lui pour s'approvisionner.

Vous trouverez sur le site Internet des Éditions de l'Homme une section consacrée à ce livre, intitulée «Le coin du chasseur», à l'adresse suivante: (www.edhomme.com/gibier). Vous pourrez y consulter un article de Madame Hélène Thiboutot, microbiologiste, intitulé: «Composition nutritionnelle de différents types de viande».

Autres animaux chassés ou trappés

On chasse le coyote, le loup, la marmotte commune, le raton laveur, le renard, l'écureuil roux, l'écureuil gris, la loutre de rivière, le lynx du Canada, le lynx roux, le porc-épic, le hérisson, la martre d'Amérique et le rat musqué. Des amis amérindiens et inuits m'ont fait goûter la chair de plusieurs de ces animaux et je dois avouer, qu'en général, j'ai été agréablement surpris.

Autres animaux consommés dans le monde

On consomme kangourou, le chamois, la gazelle à bourse, le mouflon, le chamois, l'isard, le zébu, l'autruche, le daim et bien d'autres.

ÉLAN D'AMÉRIQUE/ORIGNAL
Alces alces/Moose

NOM AU QUÉBEC : Orignal

FAMILLE : Cervidés

MÂLE : 300 à 600 kg

FEMELLE : 220 à 400 kg

LONGUEUR : Peut atteindre 2,50 m

HAUTEUR : Peut atteindre 1,8 mm au garrot

HABITAT : Forêts de feuillus et de conifères.

NOURRITURE : L'hiver, l'orignal se nourrit de branches et d'écorce d'érable, de bouleau, de saule, de tremble. L'été, il se nourrit surtout de plantes aquatiques telles que la prêle, la sagittaire et le nénuphar. Son alimentation a une incidence sur son goût.

PARTICULARITÉS : On serait tenté de croire que le terme « orignal » vient des autochtones, mais il vient plutôt du basque « orignac », qui signifie « cerf ».

Ce grand animal, dont la taille s'apparente à celle du cheval, de son vrai nom « élan d'Amérique », est un cervidé de grande importance dans nos forêts. L'excitation des chasseurs à l'ouverture de la chasse est éloquente. L'appel de la femelle constitue un grand moment pour les chasseurs.

D'une démarche lourde, doté d'une ouïe exceptionnelle, il a, par contre, hérité d'une vue faible. Contrairement au caribou, l'orignal est solitaire, sauf l'hiver et en période de rut. Il se déplace sur un territoire bien déterminé. C'est un animal impressionnant : le mâle, avec son panache majestueux, règne sur la plupart de nos forêts, jusqu'à la hauteur du 55e parallèle.

Comment expliquer que ce magnifique cervidé ne se trouve pas sur les tables de nos restaurants ? À mon avis, c'est tant mieux, car si les règles du jeu lui laissent une chance en période de chasse, le braconnage le laisse impuissant et sans défense. Le respecter, c'est lui laisser une place royale sur nos tables.

CARIBOU/RENNE
Rangifer tarandus/Woodland Caribou

Nom au Québec : Caribou

Famille : Cervidés

Mâle : 120 à 260 kg

Femelle : 90 à 165 kg

Longueur : peut atteindre 2,50 m

Hauteur : peut atteindre 1,45 m

Habitat : En été, le caribou vit dans la toundra arctique. En hiver, il vit dans les régions subarctiques, où il y a beaucoup de lichen (taïga).

Particularités : Au Québec, le terme « caribou » vient du mic-mac « xalibu », « la bête qui pioche ». De grande taille, il possède un museau velu et des bois aplatis. C'est un nomade qui vit en bandes de 10 à 15, sauf en période de migration où les caribous se réunissent par centaines. Sa nourriture diversifiée et son habitat – au nord du 55e parallèle – lui donnent des qualités gastronomiques exceptionnelles. Le troupeau du Québec est fort important (800 000 à 900 000 têtes sur le territoire, incluant le Labrador). Chaque printemps, la harde quitte l'habitat d'hiver dans les forêts d'épinettes, afin de se rendre dans son aire de mise bas, située à grande distance dans la plaine côtière, sur la toundra. On ignore toujours comment ces animaux connaissent les voies migratoires. Ils se retirent dans leurs tanières pour mettre bas aux mois d'avril et mai. Après la naissance des petits, la harde entière se rassemble sur quelques kilomètres carrés pour éloigner les moustiques. Ce rassemblement est une des dernières grandes merveilles naturelles du Québec, aussi impressionnante que jadis le rassemblement des bisons.

Cet animal a de grandes qualités culinaires, mais seuls les Inuits ont le droit de pratiquer la chasse commerciale. Ainsi, il dépend d'eux de nous les faire découvrir. Malheureusement, les citadins que nous sommes ne cuisinent que les parties nobles de cet animal. Seuls les chasseurs sportifs peuvent découvrir et faire découvrir à leurs proches le goût savoureux des abats, du cou et des jarrets.

CERF DE VIRGINIE/CHEVREUIL
Odocoileus virginianus/White-Tailed Deer

Nom au Québec : Chevreuil

Famille : Cervidés

Mâle : 80 à 170 kg

Femelle : 60 à 120 kg

Longueur : 1,60 à 2,15 m

Hauteur : 90 cm à 1,20 m

Le cerf de Virginie a des cousins au Canada : le cerf à queue noire, le cerf Mulet et le cerf de Sitka. Très recherché en gastronomie, toutes ses parties sont savoureuses. Par respect, il faut se faire un devoir de toutes les utiliser.

Habitat : Le cerf est un animal très répandu ; on le retrouve du sud de la baie d'Hudson jusqu'au nord de l'Amérique du Sud, ainsi qu'en Amérique centrale. Il fréquente les champs, les vergers et les forêts mixtes.

Nourriture : Le cerf se nourrit de feuilles et de plantes, d'arbres et d'arbustes ainsi que de fruits et de champignons.

Particularités : Cet élégant cervidé – probablement le plus connu et le plus répandu au Québec – est un solitaire, sauf en période de rut et en hiver, moment où il rejoint ses semblables dans des ravages afin de mieux se protéger contre les grands froids.

Cet animal gracieux et élancé, avec ses grands yeux, nous donne envie de le caresser. Il se distingue par sa queue de presque 30 cm de long qui, comme chez le chat et le chien, exprime ses humeurs, s'agitant de gauche à droite, ou se relevant en panache, laissant voir la houppe qui en garnit le dessous.

AUTRES FAMILLES :

WAPITI
Cervus elaphus/American Elk
Il existe cinq autres sous-espèces de wapiti, dont le fameux cerf de Boileau (*Cervus elaphus elaphus*/Cerf élaphe), qui fait actuellement le bonheur de bonnes tables au Québec et ailleurs, le *Cervus elaphus canadensis* (Erxleben 1777), *le Cervus elaphus manitobensis* (Millais, 1915), *le Cervus elaphus*/Nelson V (Bailey, 1935), le *Cervus elaphus roosevelti* (Merriam, 1897).

CERF SITKA
Cervus nippon/Sika Deer

CERF MULET
Odocoileus hemionus/Mule Deer

DAIM
Capréolus capreolus(dama-dama)/European Roe Deer

MARCASSIN – SANGLIER
Sus scrofa/Wild Boar

NOM : Sanglier (adulte)
Marcassin (jeune animal)

FAMILLE : Suidés

POIDS : De 40 à 300 kg

LONGUEUR : jusqu'à 1,80 m

HAUTEUR : 90 cm

HABITAT : Le sanglier aime les régions humides et maréca-geuses et vit en troupeaux. Au Québec, nous n'avons que des sangliers d'élevage.

NOURRITURE : À l'état sauvage, le sanglier se nourrit de glands de chêne, de châtaignes, de racines, de pommes de terre et par-fois de truffes.

PARTICULARITÉS : Il n'y a pas de sangliers dans les forêts québécoises. Ceux que nous retrouvons sur nos tables proviennent en général d'élevages. Depuis la nuit des temps, sa chair est très recherchée, mais plus l'animal vieillit, plus sa viande est dure et plus long-temps elle doit être marinée.

Le sanglier est un animal violent et destructeur, voire très dangereux, qui ressemble beaucoup au cochon. Il se tient en hardes.

La fourrure des sangliers adultes est noire alors que celle des jeunes est grise avec des raies jaunes. Jusqu'à l'âge de six mois, les sangliers se nomment « marcas-sins ». À deux ans, les femelles s'appellent « laies » et, en vieillissant, le sanglier prend le nom d'« ermite » ou de « solitaire ».

BISON

Bison, Bison/American Bison ou Buffalo

FAMILLE : Bovidés

MÂLE : 460 à 720 kg

FEMELLE : 360 à 460 kg

LONGUEUR : 3 à 4 m

HAUTEUR : 1,60 à 1,80 m

HABITAT : Il n'existe pas de bisons sauvages au Québec. On en trouve cependant encore quelques troupeaux dans l'Ouest canadien. L'espèce fréquente des habitats très divers, depuis les plaines arides jusqu'aux tremblaies aménagées, ainsi que les prairies, les vallées fluviales et même les forêts de résineux.

NOURRITURE : Le bison broute surtout de l'herbe, des plantes latifoliées et du carex. Il mange du seigle, de l'avoine, du pâturin, du foin, des joncs, du lichen et des airelles.

PARTICULARITÉS : Le bison est le plus grand de nos mammifères terrestres. Animal grégaire, il forme des hardes serrées de 4 à 20 bêtes. D'aucuns prétendent qu'il s'agit là de groupes familiaux. Ces bandes peuvent à leur tour se réunir en d'imposants troupeaux comptant des milliers de têtes.

Bien que curieux, l'animal est méfiant et s'effraie facilement. Les bisons se mettent à tourner en rond s'ils sont attaqués ou s'enfuient en désordre sous le coup d'une panique générale. Les femelles et les jeunes sont plus enjoués que les mâles, courant et se butant à qui mieux mieux.

Ces bovidés consacrent beaucoup de temps à leur toilette, qui consiste principalement à se rouler dans des trous bourbeux ou à prendre des bains de sable, à encorner les buissons et à se frotter contre les troncs d'arbres.

Le bœuf musqué a l'odorat très fin et la vue perçante. Il peut détecter certaines odeurs à 1,5 km de distance et apercevoir un objet en mouvement à 1 km. On estime que la population des bisons au Canada avant la venue des Européens se situait entre 40 et 60 millions de têtes. Les populations de l'Est furent exterminées dès 1800 et, en 1875, les troupeaux de l'Ouest se trouvaient réduits à quelques noyaux isolés. Heureusement, on a pris conscience à temps du danger d'extinction de cette espèce et l'équilibre est en voie de se rétablir.

BŒUF MUSQUÉ
Ovibos moschatus/Muskox, musk ox

FAMILLE : Bovidés

MÂLE : 260 à 350 kg

FEMELLE : 160 à 235 kg

LONGUEUR : 1,90 à 2,50 m

HAUTEUR : 90 cm à 1,50 m

HABITAT : Originaire du Canada septentrional, le bœuf musqué se tient dans les îles de l'Arctique, du nord-ouest du Groenland et de l'Alaska. Au Québec, il a été introduit dans les années 1970.

NOURRITURE : En hiver, il broute du thé du Labrador, des airelles, des camarines, du bouleau nain et du saule ; en été, il se nourrit de jonc, de pâturin du Canada, d'épilobe, de silène.

PARTICULARITÉS : Les bœufs musqués sont grégaires, formant d'ordinaire des troupeaux de 3 à 100 têtes (15 en moyenne). Les mâles préfèrent vivre seuls ou en petits groupes durant la majeure partie de l'année. L'animal semble doté d'une très bonne vue et d'une ouïe très fine. Il se meut lourdement, avec lenteur. Par contre, si un danger les menace, ils courent étonnamment vite, en rangs serrés ; ils se regroupent en formant un cercle, et les plus vieux chargent l'ennemi.

La population, assez restreinte à l'origine, a fait l'objet d'une exploitation intensive dans l'Arctique canadien au cours du XIXe siècle : on utilisait alors la chair et la peau des animaux. On faisait de leur robe des couvertures de voyage. De 1864 à 1916, on récolta plus de 15 000 peaux. En 1930, on estime qu'il ne restait que 500 têtes sur le continent.

On trouve rarement cette viande sur le marché. Malheureusement pour les amateurs, force est de constater que seuls les privilégiés, en général les Inuits, peuvent apprécier sa chair exceptionnelle. Par contre, on trouve maintenant de la viande de bœuf musqué de l'Ouest canadien chez certains bouchers.

OURS NOIR

Ursus americanus/Black Bear

FAMILLE : Ursidés

MÂLE : 100 à 275 kg

FEMELLE : 85 à 145 kg

LONGUEUR : 1,40 à 1,95 m

HAUTEUR : 70 à 95 cm

HABITAT : L'ours noir vit dans toutes les régions boisées du Canada et des États-Unis, ainsi que dans les régions montagneuses du Mexique.

NOURRITURE : En été, l'ours se nourrit de petits fruits – fraises, framboises, mûres, cerises, canneberges, noisettes, amélanchiers – ainsi que de miel. Après sa période d'hibernation, il se nourrit d'aiguilles d'épinettes, de larves et même d'animaux morts.

PARTICULARITÉS : L'ours noir est solitaire, sauf pendant le rut et l'élevage des petits. Il fréquente les forêts denses de feuillus et de conifères, les brûlis, les broussailles et parfois même la toundra. On le rencontre à proximité des ruisseaux et des lacs ou en bordure des marécages. L'ours est omnivore, se nourrissant de graines et de fruits et, à l'occasion, de viande.

Cet animal est un gros gibier de choix que les sportifs aiment pour sa chair savoureuse, surtout lorsqu'il est jeune. Notons cependant que la graisse d'ours est très indigeste.

Dans un ouvrage de L. M. Lombard, *Le cuisinier et le médecin,* on peut lire : « La graisse d'ours, dépouillée de l'odeur particulière dont elle est imprégnée est excellente, douce, et peut avantageusement remplacer le beurre dans les préparations culinaires. Il ne s'agit pour cela que de la faire fondre et d'y jeter, quand elle est très chaude, une certaine quantité de sel et d'eau par aspersion. Il se produit une forte détonation, suivie d'une épaisse fumée, qui emporte, en s'élevant, la mauvaise odeur de cette graisse.

« Quelques peuples mangent la chair de l'ours. En Amérique, on estime beaucoup ses jambons fumés et salés ; sa viande est importée dans toute l'Europe où elle n'est pas moins recherchée ; mais c'est un mets réservé aux tables des maisons riches. Les pieds de cet animal constituent un aliment très délicat. La chair de l'ours ne convient qu'aux estomacs très robustes. »

J'ai eu la chance de servir de l'ours de printemps à plusieurs grands chefs Européens. Je peux vous assurer qu'ils ont adoré cette viande d'une grande finesse.

CASTOR
Castor canadensis/American beaver

FAMILLE : Castoridés

POIDS : 15 à 35 kg

LONGUEUR : 0,98 cm à 1,13 m

HABITAT : Le castor vit sur les rives des cours d'eau, des lacs et des marais bordés d'arbres à feuilles caduques (tremble et peuplier) où il trouve de la nourriture en abondance.

NOURRITURE : Il se nourrit de l'écorce tendre de certains arbres, ainsi que de feuilles, de brindilles, de bourgeons et de plantes aquatiques.

PARTICULARITÉS : C'est un mammifère de la famille des rongeurs. Bâtisseur de barrages, on l'a surnommé l'«ingénieur de la nature». En effet, il est le seul, à part l'homme, à pouvoir modifier son habitat. Il est intéressant de noter que les castors qui se nourrissent de bouleau ont meilleur goût que ceux qui se nourrissent de tremble.

Les castors du Canada vivent en société au bord des rivières et des lacs. Leur queue est plate et couverte d'écailles et leurs pieds sont palmés. Ils déploient des efforts remarquables pour la construction de leurs cabanes à deux étages, dont l'intérieur, qui est sous l'eau, leur sert de magasin ; ils habitent l'étage supérieur durant l'hiver. Les castors coupent les pieux avec leurs dents et se servent de leur queue comme d'une truelle.

L. M. Lombard, dans son ouvrage *Le cuisinier et le médecin,* écrivait, en 1855 : «La chair du castor est dure, d'une odeur vireuse, d'un goût peu agréable. Les chasseurs mangent de préférence la partie postérieure qui serait un aliment tendre, doux, et qui ressemble pour son goût au thon et à l'anguille.

[...]«Le castor fournit le "castoreum", une matière grasse onctueuse, très odorante, sécrétée dans les poches de forme ovoïde placées près des organes reproducteurs des castors.»

Pour ma part, la chair de castor que j'ai goûtée était savoureuse et délicate.

LIÈVRE D'AMÉRIQUE
Lepus americanus/Snowshoe hare, varying hare

NOM AU QUÉBEC : Lièvre

FAMILLE : Léporidés

POIDS : de 1,3 à 2,3 kg

HABITAT : On trouve le lièvre d'Amérique partout au Canada, sauf dans le Grand Nord. Il aurait été introduit dans l'Est du Canada vers 1870.

NOURRITURE : Le lièvre se nourrit d'herbe et de plantes vertes pendant l'été. Quelquefois, il s'aventure à manger quelques champignons ou de jeunes tiges d'arbustes. L'hiver, il se contente de certaines écorces (érable, épinette, sapin, cèdre et saule), ce qui lui donne un goût particulier.

PARTICULARITÉS : Actif mais sédentaire, il occupe un territoire de 3 à 15 hectares où poussent de jeunes conifères, des taillis et des broussailles. Il se nourrit à la fin de la journée et, lorsque traqué, il reste immobile et se confond avec le paysage. Sa vitesse peut atteindre 40 km/h et il fait des bonds de 4 à 6 m de longueur. Blanc en hiver, il est brun grisâtre en été. Plus petit que les lièvres d'Europe et de l'Arctique, il diffère également par la couleur brune de sa queue en été (le lièvre d'Europe a la queue noire, le lièvre de l'Arctique, la queue blanche).

AUTRES LIÈVRES :

LIÈVRE VARIABLE
Lepus timidus

LIÈVRE BRUN
Lepus europaeus

LIÈVRE DE L'ARCTIQUE

Lepus americanus/Snowshoe hare, varying hare

NOM AU QUÉBEC : Lièvre

FAMILLE : Leporidés

POIDS : 2,7 à 6,8 kg

HABITAT : Le lièvre de l'Arctique n'habite que la toundra du Grand Nord du Québec.

NOURRITURE : Algues, carex, bouleau, saule arctique et camarine, sont sa nourriture d'été. En hiver, il se nourrit de brindilles, de racines de saules et de bouleau. Cette nourriture très particulière lui donne un goût exceptionnel.

PARTICULARITÉS : C'est le plus gros lièvre d'Amérique du Nord. Il se déplace surtout à la tombée de la nuit. À l'exception du bout de ses oreilles noires, il reste blanc, sauf pendant le court été arctique où son dos devient brun grisâtre. On le distingue du lièvre d'Amérique par sa taille beaucoup plus grande, ainsi que par son poids. Plutôt grégaire, il vit en groupes de 10 à 60 individus.

LAPIN DOMESTIQUE
Rabbit

FAMILLE : Léporidés

POIDS : De 3 à 5 kg

HABITAT : Élevage.

NOURRITURE : Les lapins d'élevage ne sont pas compliqués à nourrir : épluchures de légumes et herbes ramassées au bord des fossés font leur bonheur.

PARTICULARITÉS : Il existe d'innombrables races de lapin. Celui que l'on voit sur la photo est le Géant papillon. Tous les lapins descendent du lapin de garenne. Les romains raffolaient de sa chair. Aujourd'hui, au Québec, on consomme de plus en plus de ce petit animal à chair savoureuse.

AUTRES LAPINS :

Sauvage :
LAPIN DE GARENNE
Oryctolagus cuniculus

D'élevage :
GÉANT DES FLANDRES, BLANC DU BOUSCAT, RUSSE, REX POLONAIS, FAUVE DE BOURGOGNE, NÉO-ZÉLANDAIS

PHOQUE
Phoca vitulina/Harp Seal

FAMILLE : Phocidés

POIDS : 130 à 185 kg

LONGUEUR : jusqu'à 1,80 m ;
1,65 m (mâle) ; 1,60 m (femelle)

HABITAT : Le phoque vit dans l'Atlantique Nord, dans l'est de l'Arctique, au Labrador, autour de Terre-Neuve et dans le golfe du Saint-Laurent.

PARTICULARITÉS : Avec ses 5,5 millions de têtes, le troupeau de phoques est très important. Les phoques sont grégaires et migrateurs. Un phoque peut manger de 20 à 25 kg de poissons par jour. De nombreuses études culinaires sont actuellement en cours pour commercialiser la chair du phoque.

Le phoque est lié dans son cycle à la formation du pack (banquise). En hiver et au printemps, il fréquente le pack du golfe du Saint-Laurent et de l'Atlantique. À la fonte des glaces, il émigre vers les îles de l'Arctique. Le phoque peut vivre jusqu'à 35 ans, mais la moyenne est d'environ 23 ans.

La chair du phoque possède un équilibre alimentaire de très haut niveau. Par contre, comme sa circulation sanguine est très forte, il regorge de sang ce qui en rend la préparation plus difficile.

Recettes

d'orignal, de caribou et de chevreuil

CARRÉ DE CERF DE BOILEAU RÔTI
AUX LÉGUMES D'AUTOMNE

4 personnes

Facile

Préparation : 40 minutes

Cuisson : au thermomètre

NOTE

Le Cerf de Boileau est la marque privée de la venaison produite par Les Fermes Harpur, en Outaouais.

TEMPÉRATURE À CŒUR :

Saignant : 52 °C (125 °F), après repos 54 °C (130 °F)

À point : 54 °C (130 °F), après repos 58 °C (136 °F)

Cuit : 58 °C (136 °F), après repos 61 °C (140 °F).

1,2 kg (2 ½ lb)	Carré de cerf de Boileau avec os
	Sel et poivre du moulin
80 ml (⅓ tasse)	Huile d'arachide
80 g (⅓ tasse)	Beurre non salé
2	Oignons espagnols
2	Pommes Cortland
8	Petites carottes très fines
1	Feuille de laurier
2	Branches de thym
4	Gousses d'ail
160 ml (⅔ tasse)	Vin blanc
180 ml (¾ tasse)	Fond brun de cerf, lié

Sortir le carré de cerf du réfrigérateur, l'envelopper dans une pellicule plastique et attendre qu'il soit à la température de la pièce. Saler et poivrer.

Chauffer le four à 250 °C (500 °F). Dans la plaque de la lèchefrite, chauffer l'huile d'arachide et le beurre. Saisir la viande afin qu'elle prenne une belle couleur dorée. Puis abaisser la température du four à 175 °C (350 °F) et cuire pendant 15 minutes.

Entre-temps, couper les oignons en 6 dans le sens de la longueur, puis les blanchir, les rafraîchir et les éponger. Couper les pommes en 6. Ensuite, entourer le carré de cerf avec l'oignon, les pommes, les carottes, la feuille de laurier, les branches de thym et l'ail. Continuer la cuisson pendant 5 à 10 minutes. Extraire le gras de cuisson puis ajouter le vin blanc et le fond brun de cerf. Continuer la cuisson pour atteindre les températures voulues à cœur.

VARIANTES : carré d'orignal, de caribou, de wapiti.

SERVICE

Couper de belles côtes et servir immédiatement avec les légumes qui entourent le carré.

BOUCHÉES DE TARTARE DE CERF

340 g (12 oz)	Filet mignon de cerf
60 g (⅓ tasse)	Échalotes hachées finement
½	Paquet de persil
3 c. à soupe	Petites feuilles de marjolaine
	Sel et poivre du moulin
60 ml (¼ tasse)	Huile d'olive extra-vierge
1	Baguette de pain
2 c. à soupe	Moutarde de Dijon

4 personnes

Assez facile
Préparation : 15 minutes

PERSIL

Le persil est un ingrédient indispensable au fameux bouquet garni que l'on utilise pour aromatiser les fonds, les fumets et les essences. Par la subtilité et la délicatesse de son arôme, ce condiment permet de relever les sauces et les viandes les plus fades, de parfumer agréablement l'omelette aux fines herbes, les salades les plus neutres, les féculents les plus lourds et les potages les plus ordinaires.

Il y a certaines précautions à prendre lorsqu'on manipule la viande crue. En effet, la planche sur laquelle on la coupe doit être mise au congélateur au moins deux heures à l'avance et le couteau doit être soigneusement lavé et réfrigéré.

Hacher finement les échalotes et le persil. Réserver. Sur la planche réfrigérée, couper le filet de cerf en tout petits dés. Macérer la viande dans l'huile d'olive avec les échalotes, le persil haché, la marjolaine, le sel et le poivre du moulin. Mettre au réfrigérateur pendant une heure ou deux.

Couper la baguette de pain en tranches de 6 mm (¼ po) et griller légèrement. Laisser refroidir.

VARIANTES : bison, orignal, caribou, wapiti, bœuf musqué.

SERVICE

Juste avant de servir, badigeonner chaque tranche de pain de moutarde, puis ajouter un peu de tartare.

FILET DE CERF DE VIRGINIE AU PAIN D'ÉPICE, CONFIT D'OIGNONS GRELOTS, DE GOURGANES ET DE CHANTERELLES JAUNES

Recette de Danielle Gordjin, chef, diplômée de l'ITHQ

4 personnes

Difficile

Préparation : 40 min

Cuisson : 8 à 10 min

CHANTERELLES
Champignon à chair blanc jaunâtre et au goût légèrement fruité fort apprécié des gourmets. Il accompagne à merveille le gibier.

Confit

12	Petits oignons grelots
200 g (7 oz)	Gourganes
1 ½ c. à soupe	Beurre
1 ½ c. à soupe	Sucre
500 ml (2 tasses)	Bouillon de volaille ou de légumes
175 g (6 oz)	Chanterelles jaunes

Filet de cerf

4	Médaillons de filet de cerf de 150 g (5 oz) chacun
1 ½ c. à soupe	Beurre
2 c. à soupe	Huile
45 g (¼ tasse)	Oignons émincés
45 g (⅓ tasse)	Sucre
4 c. à soupe	Vinaigre de vin
80 g (⅔ tasse)	Madère ou sherry
180 ml (⅓ tasse)	Fond brun de veau ou de gibier, non lié
4	Tranches de pain d'épice du commerce ou maison de 12 mm (½ po) d'épaisseur
	Copeaux de beurre froid pour monter la sauce (facultatif)
300 g (11 oz)	Foie gras de canard
	Sel, poivre noir, farine

Confit : Blanchir les oignons et les gourganes à l'eau bouillante, puis peler les oignons et les gourganes.

Dans une casserole, mettre les oignons avec 1 ½ c. à soupe de beurre et de 2 c. à soupe de sucre. Laisser cuire à feu doux et à couvert jusqu'à tendreté, environ 20 minutes. Égoutter et réserver.

Faire braiser les gourganes dans le bouillon de volaille ou de légumes jusqu'à ce qu'elles soient moelleuses. Réserver le bouillon.

Dans une poêle, saisir au beurre les chanterelles pendant quelques

Suite à la page 204

FILET DE CERF DE VIRGINIE AU PAIN D'ÉPICE, CONFIT D'OIGNONS GRELOTS, DE GOURGANES ET DE CHANTERELLES JAUNES

minutes, puis ajouter les oignons grelots et sauter jusqu'à légère caramélisation.

Incorporer les gourganes et un peu de leur jus, cuire de 1 à 2 minutes pour bien mélanger les saveurs. Rectifier l'assaisonnement. Réserver.

Filet de cerf : Assaisonner les médaillons de cerf et les saisir dans un mélange de beurre et d'huile à feu moyen-élevé et cuire au goût. (Environ 4 minutes de chaque côté pour que la viande reste bien rosée, voire saignante.)

Pendant ce temps, préparer la sauce. Faire revenir au beurre l'oignon émincé jusqu'à légère coloration, puis ajouter le reste du sucre et attendre qu'un caramel ambre se forme. Déglacer avec le vinaigre, puis verser le madère. Laisser réduire un peu et ajouter le fond de gibier. Réduire de nouveau de moitié.

Lier la sauce avec 2 tranches de pain d'épice jusqu'à consistance voulue et passer au chinois ou au tamis. Monter la sauce au beurre, si désiré, et réserver.

Faire griller le reste du pain d'épice et le tenir au chaud.

Couper 4 tranches de foie gras, les assaisonner, les passer dans la farine et les faire cuire rapidement à feu vif dans une poêle à revêtement antiadhésif.

Suite de la page 202

SERVICE

Poser les tranches de foie gras sur les médaillons de cerf, eux-mêmes posés sur le pain d'épice grillé ; napper de sauce et entourer de la garniture de légumes confits.

GOURGANE (ORTEIL DE PRÊTRE)
Fève des marais servant à faire une soupe qui est une spécialité de Charlevoix. *Dictionnaire canadianismes,* Larousse.

Gibier à poil et à plume

GALETTES DE CERF ET RACINES DIVERSES

Recette de Myriam Pelletier, chef, diplômée de l'ITHQ, gagnante de la médaille d'Or aux Olympiques culinaires de Berlin en 1996

600 g (1 ¼ lb)	Cubes de cerf (jarret ou collier)
6 c. à soupe	Beurre
60 ml (¼ tasse)	Huile d'arachide
500 ml (2 tasses)	Fond brun de gibier
2	Carottes
2	Panais
2	Racines de persil
1	Oignon
3	Gousses d'ail
125 g (4 oz)	Céleri-rave
2 ½ c. à soupe	Zeste de citron
3 ½ c. à soupe	Persil plat
125 g (½ tasse)	Graines de lin
200 g (7 oz)	Flocons d'avoine
200 g (7 oz)	Flocons de kamut
200 g (1 ½ tasse)	Chapelure
	Farine
4	Œufs
	Sel et poivre du moulin

4 personnes

Difficile

Préparation : 2 heures
Cuisson : 1 à 2 heures

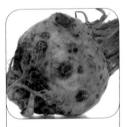

CÉLERI-RAVE
Les Grecs et les Romains utilisaient le céleri-rave pour purifier le sang. Cette variété de céleri en forme de boule peut avoir jusqu'à 10 cm (4 po) de diamètre et peser de 800 à 1500 g (1 ¾ lb à 3 ¼ lb). Sa plus grande lettre de noblesse culinaire est le céleri rémoulade.

Préparer cette recette un jour à l'avance.

Chauffer le beurre et l'huile dans une sauteuse et saisir les morceaux de cerf. Laisser les sucs de viande coller au fond ; quand ils seront caramélisés, les déglacer à l'eau, sinon ils risquent d'avoir une légère ou même forte amertume.

Mettre la viande dans une braisière ou une casserole munie un couvercle étanche. Ajouter le jus de cuisson, le fond brun de gibier et les légumes (carottes, panais, racines de persil, oignon, ail, céleri-rave).

Amener à frémissement sur le feu, couvrir (si votre couvercle n'est pas assez étanche, faites un joint avec du papier aluminium ou luter) et enfourner à 160 °C (325 °F) pendant environ 2 heures, selon la grosseur des morceaux. (Comme la viande de cerf est maigre, il faut la braiser à point et à feu doux pour ne pas l'assécher.)

Suite à la page 208

Recettes d'orignal, de caribou et de chevreuil

GALETTES DE CERF ET RACINES DIVERSES

NOTE

Acheter les cubes de viande déjà préparés ou choisir une partie gélatineuse (comme le jarret) ou protégée par des os (comme le collier). Demander au boucher de les couper en 2 sur la longueur, puis à 2 cm (¾ po) d'épaisseur. Couper les légumes légèrement plus gros que les cubes de viande pour éviter qu'ils se transforment en purée à la cuisson.

Après cuisson, enlever la viande et l'effilocher. Écraser grossièrement les légumes.

Remettre la viande et les légumes dans le liquide du braisage et les laisser gonfler. Ne pas utiliser nécessairement tout le liquide, juste ce qu'il faut pour obtenir une galette moelleuse et non liquide. Ajouter le zeste de citron et le persil haché. Assaisonner. Une fois ce mélange froid, façonner en galettes et mettre au congélateur pendant 30 minutes.

Pour la parure, mettre la moitié des graines de lin, des flocons d'avoine et de kamut dans un moulin à café et les réduire en poudre, puis ajouter la chapelure. Concasser grossièrement l'autre moitié au mélange.

Paner à l'anglaise : passer les galettes dans la farine, les œufs et dans la poudre. Réserver 30 minutes au congélateur, puis passer les galettes dans le concassé.

Poêler ces galettes au beurre et à l'huile dans une poêle à revêtement antiadhésif. Colorer d'un côté, retourner soigneusement et terminer au four à 200 °C (400 °F).

La panure se doit d'être croustillante.

VARIANTES : bison, bœuf musqué, caribou, orignal, bœuf.

Suite de la page 207

SERVICE

Servir aussitôt sur une salade, au goût. Par exemple, une salade vivante de graminées (luzerne, trèfle, radis…) et de légumes crus en julienne, arrosés d'huile de chanvre.

CŒUR BRAISÉ AU VIN ROUGE GARNI DE PANAIS ET DE PETITS OIGNONS

À Pierre Vaillon, grand chef du Québec

1	Cœur de caribou
80 ml (⅓ tasse)	Huile végétale
300 ml (1 ¼ tasse)	Vin rouge
400 ml (1 ⅔ tasse)	Fond brun de gibier, lié
1	Carotte
4	Gousses d'ail
2	Branches de céleri
1	Bouquet garni
300 g (10 oz)	Panais en lamelles
20 à 25	Petits oignons de semence
60 g (½ tasse)	Persil haché très fin
	Sel et poivre

4 personnes

Difficile
Préparation : plus
de 40 min
Cuisson : 1 h 30 à 2 h

Utiliser absolument une cocotte en fonte ou l'équivalent.

Chauffer l'huile végétale dans la cocotte et faire revenir uniformément le cœur afin de lui donner une belle coloration. Enlever l'excédent de gras de cuisson, ajouter le vin rouge, le réduire des deux tiers du volume afin de réduire l'acidité, et ajouter le fond de gibier. Faire chauffer jusqu'au point d'ébullition. Ajouter ensuite la carotte, l'ail, les deux branches de céleri attachées et le bouquet garni.

Saler et poivrer et laisser cuire à basse température (80 à 90 °C ou 175 à 200 °F) pendant 50 minutes, puis enlever les éléments aromatiques et les réserver. Ajouter le panais coupé en lamelles, les petits oignons et continuer la cuisson à basse température jusqu'à ce que la viande soit complètement cuite. (On doit pouvoir la piquer avec la pointe d'un couteau et la retirer facilement.)

Pendant la deuxième partie de la cuisson, couper le céleri et la carotte en petits dés et les ajouter à la fin de la cuisson.

VARIANTES : chevreuil, orignal, bison, bœuf musqué, wapiti, bœuf, veau.

SERVICE

Couper des quartiers de cœur dans le sens de la longueur, napper avec le fond de braisage et parsemer de persil haché. Servir avec des pommes de terre bouillies.

FILET ENTIER DE CARIBOU RÔTI À LA FAÇON DE LA FAMILLE HIMBEAULT, SAUCE POIVRADE AUX BLEUETS

4 personnes

Facile

Préparation : 20 à 40 min

Cuisson : au thermomètre

NOTE

Le filet de caribou étant beaucoup plus petit que celui de l'orignal et du chevreuil, il pourra être cuit et servi entier, selon la grosseur de l'animal. Pour ce qui est du filet de chevreuil et d'orignal, il sera cuit et servi en tranches. On doit compter environ 150 g de viande par personne.

La famille Himbeault est propriétaire de Himbeault gibier, Le boucher du chasseur, à Saint-Stanislas-de-Kostka. Ce sont des spécialistes de la découpe de gibier à plume et à poil.

600 g (1 ¼ lb)	Filet de caribou
1	Oignon
1	Branche de céleri
1	Carotte
60 ml (¼ tasse)	Huile d'arachide
60 ml (¼ tasse)	Cognac
1	Branche ou brindilles de thym séchées
1	Feuille de laurier
150 ml (⅔ tasse)	Vin rouge
250 ml (1 tasse)	Sauce poivrade (voir page 346)
120 g (⅔ tasse)	Vin rouge
120 g (⅔ tasse)	Bleuets
60 g (¼ tasse)	Beurre
	Sel et poivre

Bien dénerver le filet, garder les parures. Faire mariner le filet seulement si on souhaite donner à la viande le goût particulier de la marinade.

Couper l'oignon, le céleri et la carotte en petite brunoise. Dans une plaque à rôtir, chauffer l'huile et saisir le filet afin qu'il prenne une couleur dorée uniforme ; puis le cuire au four à 200 °C (400 °F) jusqu'à atteindre une température de 54 °C (130 °F) au centre du filet. Enlever l'excédent de gras et flamber avec le cognac. Réserver le filet au chaud sur une grille.

Déposer au fond de la plaque la brunoise, le thym, le laurier et le vin rouge. Cuire quelques minutes afin que l'alcool s'évapore, puis ajouter la sauce poivrade. Laisser mijoter pendant quelques minutes. Passer au chinois étamine en pressant bien les légumes pour extraire toutes les saveurs des éléments aromatiques. Remettre à chauffer et ajouter les bleuets. Mijoter quelques minutes.

VARIANTES : chevreuil, orignal, bison, bœuf musqué, marcassin, wapiti, bœuf, porc, veau.

SERVICE

Découper de belles tranches de filet et les déposer sur la sauce.

NOIX ENTIÈRE RÔTIE,
SAUCE AUX CHAMPIGNONS SAUVAGES

200 g (7 oz)	Viande non parée de caribou
	Marinade au choix (voir page 341)
2 c. à soupe	Huile végétale
½	Échalote
40 g (1 ½ oz)	Pied de mouton
40 g (1 ½ oz)	Chanterelles
40 g (1 ½ oz)	Trompettes-de-la-mort
80 g (⅓ tasse)	Beurre
80 ml (⅓ tasse)	Fond brun de gibier à poil
	Sel et poivre

Enlever les plus gros nerfs de la noix et mettre le tout à mariner pendant 2 jours pour un jeune animal et de 5 à 7 jours pour un animal adulte.

Ensuite, éponger la noix. Égoutter les éléments aromatiques de la marinade et réserver. Chauffer l'huile dans une plaque à rôtir et saisir la noix afin qu'elle prenne une belle coloration ; la déposer au four à 200 °C (400 °F). L'arroser souvent pendant la cuisson.

Hacher finement l'échalote, laver les champignons à grande eau pour extraire toutes les impuretés. Chauffer la moitié du beurre, fondre doucement les échalotes et ajouter les champignons. Saler et poivrer. Réserver.

Quand la noix atteindra 45 °C (113 °F) à cœur, ajouter les éléments aromatiques de la marinade. Continuer la cuisson en arrosant souvent, jusqu'à ce que le centre de la noix atteigne 54 °C (130 °F). À cette étape, enlever la noix et la laisser reposer (voir page 224). Pour la sauce, enlever l'excédent de gras de cuisson, puis mouiller avec le liquide de la marinade jusqu'à ce que les sucs de cuisson soient bien décollés ; verser ce liquide dans une casserole.

Ajouter le fond de gibier à poil. Laisser cuire 30 minutes, passer au chinois, puis au chinois étamine. Verser sur les champignons. Rectifier l'assaisonnement et finir la sauce au beurre.

IMPORTANT : Plus l'animal est gros et âgé, plus il faut le laisser mariner. Toutefois, on évitera de mariner le caribou, car cet animal, qui vit au-dessus du 55e parallèle, possède une tendreté qui rend inutile ou presque le marinage, dépendant de son âge.

Par personne

Difficile
Préparation : 60 min
Cuisson : au thermomètre

NOTE

Comme la taille de l'animal varie, la recette qui suit donne les ingrédients par personne. On devra les adapter soit à la pièce de viande si on l'utilise en entier ou en prélever la quantité nécessaire pour le nombre de convives.

NOTE

On peut utiliser la sous-noix et la noix pâtissière pour cette recette. Il faut cependant noter que ces parties seront moins tendres que la noix.

VARIANTES :

Chevreuil, orignal.

SERVICE

Verser la sauce aux champignons au fond de l'assiette. Couper de belles tranches de noix, les déposer sur la sauce et les entourer de légumes.

GIGUE DE CHEVREUIL GRAND VENEUR

À Madame Micheline Delbuguet, propriétaire du restaurant Chez la Mère Michel et pionnière de la restauration à Montréal

4 personnes

Difficile

Préparation :

plus de 40 min

Cuisson : au thermomètre

NOTE

On appelle le cuissot ou la cuisse de chevreuil « gigue », surtout si celle-ci provient d'un petit animal.

En général, on devrait débiter la cuisse. Cependant, si la gigue est petite, la laisser entière ou la découper comme ci-dessous.

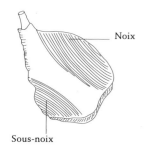

Noix

Sous-noix

SERVICE

Verser une ou deux cuillerées de sauce au fond de chaque assiette, trancher la gigue et déposer sur la sauce. Servir avec une purée de marron ou de céleri.

1	Cuissot ou gigue de chevreuil (suivant la taille et l'âge de l'animal, il faut compter environ 300 g avec os par personne)
180 g (1 tasse)	Oignons espagnols émincés
2	Carottes émincées
1	Branche de céleri
4	Gousses d'ail écrasées
1	Feuille de laurier
1	Branche ou brindilles de thym séchées
2	Clous de girofle
4	Baies de genièvre
	Queues de persil
750 ml (3 tasses)	Vin rouge tannique (d'Algérie, d'Italie ou de Bordeaux)
750 ml (3 tasses)	Excellent vinaigre de vin rouge
80 ml (⅓ tasse)	Huile d'arachide
375 ml (1 ½ tasse)	Sauce grand veneur (voir page 346)
	Sel et poivre

Émincer très finement les oignons, les carottes et le céleri. Dénerver la gigue au maximum. La déposer dans un plat où le liquide n'atteindra que quelques centimètres de la viande et l'entourer de carottes, d'oignons, de céleri, d'ail, de laurier, de thym, de clous de girofle, de baies de genièvre et de queues de persil. Saler et poivrer légèrement. Ajouter le vin rouge et le vinaigre, recouvrir d'une pellicule plastique et laisser au réfrigérateur de 2 à 3 jours, en retournant la gigue 2 fois par jour.

Sortir la gigue de la marinade et l'éponger pendant 30 minutes pour absorber l'excédent de liquide. Bien égoutter les éléments aromatiques de la marinade et réserver.

Chauffer l'huile d'arachide dans une plaque à rôtir et saisir le cuissot de chaque côté, puis le mettre au four à 200 °C (450 °F) pendant environ 45 min. À mi-cuisson, quand la viande atteindra 48 °C (118 °F) à cœur, disposer les éléments aromatiques autour du cuissot et cuire jusqu'à atteindre 54 °C (130 °F) à cœur. Retirer le cuissot et le laisser reposer au moins 30 minutes avant de servir (voir la coupe ci-dessous). Enlever l'excédent de gras de cuisson dans la plaque et ajouter le jus de la marinade ; réduire

Gibier à poil et à plume

GALETTES DE CERF ET RACINES DIVERSES

Recette de Myriam Pelletier, chef, diplômée de l'ITHQ, gagnante de la médaille d'Or aux Olympiques culinaires de Berlin en 1996

4 personnes

Difficile

Préparation : 2 heures

Cuisson : 1 à 2 heures

600 g (1 ¼ lb)	Cubes de cerf (jarret ou collier)
6 c. à soupe	Beurre
60 ml (¼ tasse)	Huile d'arachide
500 ml (2 tasses)	Fond brun de gibier
2	Carottes
2	Panais
2	Racines de persil
1	Oignon
3	Gousses d'ail
125 g (4 oz)	Céleri-rave
2 ½ c. à soupe	Zeste de citron
3 ½ c. à soupe	Persil plat
125 g (½ tasse)	Graines de lin
200 g (7 oz)	Flocons d'avoine
200 g (7 oz)	Flocons de kamut
200 g (1 ½ tasse)	Chapelure
	Farine
4	Œufs
	Sel et poivre du moulin

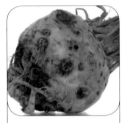

CÉLERI-RAVE
Les Grecs et les Romains utilisaient le céleri-rave pour purifier le sang. Cette variété de céleri en forme de boule peut avoir jusqu'à 10 cm (4 po) de diamètre et peser de 800 à 1500 g (1 ¾ lb à 3 ¼ lb). Sa plus grande lettre de noblesse culinaire est le céleri rémoulade.

Préparer cette recette un jour à l'avance.

Chauffer le beurre et l'huile dans une sauteuse et saisir les morceaux de cerf. Laisser les sucs de viande coller au fond ; quand ils seront caramélisés, les déglacer à l'eau, sinon ils risquent d'avoir une légère ou même forte amertume.

Mettre la viande dans une braisière ou une casserole munie un couvercle étanche. Ajouter le jus de cuisson, le fond brun de gibier et les légumes (carottes, panais, racines de persil, oignon, ail, céleri-rave).

Amener à frémissement sur le feu, couvrir (si votre couvercle n'est pas assez étanche, faites un joint avec du papier aluminium ou luter) et enfourner à 160 °C (325 °F) pendant environ 2 heures, selon la grosseur des morceaux. (Comme la viande de cerf est maigre, il faut la braiser à point et à feu doux pour ne pas l'assécher.)

Suite à la page 208

GALETTES DE CERF ET RACINES DIVERSES

NOTE
Acheter les cubes de viande déjà préparés ou choisir une partie gélatineuse (comme le jarret) ou protégée par des os (comme le collier). Demander au boucher de les couper en 2 sur la longueur, puis à 2 cm (¾ po) d'épaisseur. Couper les légumes légèrement plus gros que les cubes de viande pour éviter qu'ils se transforment en purée à la cuisson.

Après cuisson, enlever la viande et l'effilocher. Écraser grossièrement les légumes.

Remettre la viande et les légumes dans le liquide du braisage et les laisser gonfler. Ne pas utiliser nécessairement tout le liquide, juste ce qu'il faut pour obtenir une galette moelleuse et non liquide. Ajouter le zeste de citron et le persil haché. Assaisonner. Une fois ce mélange froid, façonner en galettes et mettre au congélateur pendant 30 minutes.

Pour la parure, mettre la moitié des graines de lin, des flocons d'avoine et de kamut dans un moulin à café et les réduire en poudre, puis ajouter la chapelure. Concasser grossièrement l'autre moitié au mélange.

Paner à l'anglaise : passer les galettes dans la farine, les œufs et dans la poudre. Réserver 30 minutes au congélateur, puis passer les galettes dans le concassé.

Poêler ces galettes au beurre et à l'huile dans une poêle à revêtement antiadhésif. Colorer d'un côté, retourner soigneusement et terminer au four à 200 °C (400 °F).

La panure se doit d'être croustillante.

VARIANTES : bison, bœuf musqué, caribou, orignal, bœuf.

Suite de la page 207

SERVICE
Servir aussitôt sur une salade, au goût. Par exemple, une salade vivante de graminées (luzerne, trèfle, radis…) et de légumes crus en julienne, arrosés d'huile de chanvre.

de moitié, puis ajouter la sauce grand veneur. Cuire pendant quelques minutes et passer au chinois en pressant très fort pour extraire toutes les saveurs. Rectifier l'assaisonnement. On peut ajouter un peu de gelée de groseille.

VARIANTE: marcassin.

FAUX-FILETS DE CARIBOU DE TUKTOYAKTUK,
SAUCE POIVRADE À L'ARGOUSIER

4 personnes
Assez facile
Préparation : 30 min
Cuisson : 5 à 10 min

4	Morceaux de faux-filet de 150 g (5 oz)
2 c. à soupe	Beurre
1 ½ c. à soupe	Huile de cuisson
	Sel et poivre

Sauce poivrade à l'argousier

60 ml (¼ tasse)	Huile
400 g (2 ¼ tasses)	Mirepoix de légumes
100 g (½ tasse)	Bulbes de persil en mirepoix
1	Brindille de thym
1	Feuille de laurier
80 ml (⅓ tasse)	Huile de cuisson
	Parures de gibier à poil
80 ml (⅓ tasse)	Vinaigre de vin
400 ml (1 ⅔ tasse)	Fond de gibier
3 c. à soupe	Gelée de d'argousier
2 c. à soupe	Baies d'argousier (fraîches ou congelées)
1 noix	Beurre
	Sel et poivre

Dans un sautoir chaud, mettre le beurre et l'huile. Saisir des deux côtés les morceaux de faux-filet. À cuisson désirée, saler et poivrer. Réserver au chaud.

Sauce poivrade à l'argousier : Dans le sautoir qui a servi à saisir les biftecks, ajouter l'huile, la mirepoix de bulbes de persil, le thym, le laurier et les parures de gibier. Bien colorer. Déglacer avec le vinaigre de vin. Laisser réduire presque à sec. Ajouter le fond de gibier et laisser réduire jusqu'à consistance veloutée. Passer à l'étamine.

Ajouter la gelée et les baies d'argousier. Chauffer à feu doux tout en ajoutant une noix de beurre. Rectifier l'assaisonnement.

VARIANTES : bison, bœuf musqué, chevreuil, orignal, wapiti, bœuf, veau.

ARGOUSIER
Les fruits de l'argousier proviennent d'un arbrisseau vivace et épineux scientifiquement appelé *hippophae*. Son parfum est fort agréable. Monsieur Pierre Gagnon et Madame en font la culture à Dunham.

SERVICE

Servir les faux-filets nappés de sauce avec une purée de céleri et de panais.

JARRET BRAISÉ AUX ARÔMES DE CÈDRE ET DE CHICOUTAI

Recette dédiée au chef Régis Hervé, Les saveurs oubliées, à Charlevoix, gagnant du Renaud Cyr 2008

4 personnes

Facile

Préparation : plus
de 40 min

Cuisson : suivant
la grosseur

NOTE

Il est évident que la grosseur des jarrets variera suivant le type et la grosseur de l'animal ; si le jarret est trop gros, on devra le couper en plusieurs morceaux.

PLAQUEBIÈRE

Plante vivace de quelques centimètres qui pousse dans l'hémisphère nord. En Laponie, on appelle son fruit « framboise des marais » et les peuples amérindiens le nomment « chicouté ». La Société des alcools du Québec en a fait un digestif par « macération », le Chicoutai, que vous pouvez utiliser à la place du jus de plaquebière.

300 à 400 g (10 à 14 oz)	Jarret de chevreuil avec os par personne
40	Pousses de cèdre
250 ml (1 tasse)	Chicoutai (liqueur de chicouté ou plaquebière)
80 ml (⅓ tasse)	Huile d'arachide
300 ml (¼ tasse)	Vin blanc
1,5 litre (6 tasses)	Fond brun de gibier à poil, non lié
1	Clou de girofle
4	Baies de genièvre
1	Tête d'ail non épluchée
1	Bouquet garni
6	Pommes de terre
2	Carottes coupées en dés
2	Branches de céleri coupées en dés
2	Oignons coupées en dés
	Sel et poivre

Quelques jours avant de préparer la recette, hacher au couteau les pousses de cèdre et les mettre à macérer avec le Chicoutai dans un récipient hermétique.

Dans une marmite épaisse munie d'un couvercle, chauffer l'huile d'arachide et donner une belle coloration au jarret. Enlever l'excédent de gras, ajouter le vin blanc, le fond brun non lié, entourer la viande des éléments aromatiques (clou de girofle, baies de genièvre, bouquet garni), saler et poivrer. Commencer la cuisson sur le feu, fermer le couvercle hermétiquement et mettre la marmite au four à 200 °C (400 °F) pendant 15 minutes, puis cuire en frémissant, c'est-à-dire à une chaleur d'environ 100 °C (200 °F).

Lorsque les jarrets seront cuits, les enlever, ainsi que tous les éléments aromatiques. Ajouter le mélange de pousses de cèdre et de Chicoutai. Rectifier l'assaisonnement et mijoter cinq minutes. Passer au chinois et remettre dans une casserole. Cuire les pommes de terre dans le fond de cuisson, puis ajouter les carottes, le céleri, et les oignons coupés en dés à mi-cuisson. Lorsque les légumes sont cuits, ajouter les jarrets et mijoter quelques minutes.

VARIANTES : marcassin, caribou, bison, bœuf musqué, marcassin, wapiti, bœuf, veau.

LONGE GRILLÉE, PURÉE «QUÉBEC»

Recette tirée du livre de recettes du maître Auguste Escoffier

4	Morceaux de longe de caribou de 160 à 180 g (5 à 6 oz) chacun
400 g (14 oz)	Haricots blancs
2 litres (8 tasses)	Fond de volaille
1	Carotte entière
1	Oignon entier
1	Bouquet garni
¼	Feuille de laurier
½	Branche de thym
	Crème à 35 %
	Sel et poivre

Faire tremper les haricots blancs dans de l'eau froide pendant 4 à 5 heures. Ensuite, les rincer à fond puis les remettre dans une casserole avec le fond de volaille. Ajouter la carotte, l'oignon, le bouquet garni, le laurier, le thym et cuire doucement (ne pas saler). La cuisson terminée, égoutter les haricots et enlever la garniture. Les passer à la moulinette pour en faire une purée et ajouter de la crème à 35 % chaude. Saler et poivrer. Réserver.

Saler et poivrer les morceaux de longe. Chauffer le gril et cuire vivement la viande telle quelle, à la cuisson désirée. Préparer de belles quenelles de purée «Québec» et, sur le côté de l'assiette, ajouter, si désiré, quelques chanterelles sautées.

VARIANTES : chevreuil, orignal, bison, bœuf musqué, marcassin, wapiti, bœuf, porc, veau.

4 personnes

Facile
Préparation :
moins de 10 min
Cuisson : 30 à 40 min

NOTE
Cette cuisson est la façon la plus simple d'apprécier le goût de la viande. La purée de haricots ne fera qu'en rehausser les saveurs.

THYM
Le thym supporte bien la dessiccation. À la fin de l'été, il faut le suspendre ficelé, queues en l'air, dans un lieu aéré, jusqu'à complète évaporation de l'humidité. Garder dans un bocal fermé à l'abri de la lumière.

TOURNEDOS SAUTÉS, SAUCE BÉARNAISE
AUX HERBES DES BOIS

4	Filets de caribou de 150 g (5 oz) chacun
60 ml (¼ tasse)	Huile végétale
6 c. à soupe	Beurre doux
240 ml (1 tasse)	Sauce béarnaise (voir page 345)
	Herbes sauvages déshydratées (chicorée, bardane, tussilage) ou herbes aromatiques du jardin
	Sel et poivre

Chauffer l'huile végétale et le beurre dans une poêle. Saler et poivrer les tournedos et les sauter à cuisson désirée. Laisser reposer sur une grille au chaud.

Ajouter à la sauce béarnaise une pincée de chacune des herbes aromatiques hachées finement.

VARIANTES : chevreuil, orignal, bison, bœuf musqué, marcassin, wapiti, bœuf, porc, veau.

4 à 6 personnes

Facile
Préparation :
moins de 10 min
Cuisson : 4 à 5 min

SERVICE

Servir les tournedos tout simplement dans l'assiette. Servir la sauce béarnaise à part, car étant très fragile, elle risquerait de tourner. Des cœurs de quenouille ou des pommes de terre rattes constituent un bon accompagnement.

TOURNEDOS

D'après le *Dictionnaire de l'Académie des gastronomes,* ce mot apparaît en 1864. Au siècle dernier, les places tournant le dos aux allées centrales du pavillon de la marée aux halles de Paris étaient affectées aux poissons de fraîcheur incertaine. Par extension, on appela « tournedos » les bouts de filets de bœuf qui restaient quelques jours à la resserre. Un jour, on fit inscrire par inadvertance, dit-on, ce mot sur une carte de restaurant et le public, ignorant son origine, l'adopta.

Une autre version de l'origine du mot « tournedos » est liée à l'apprêt commandé par Rossini (au foie gras et aux truffes), si surprenant aux yeux du maître d'hôtel de l'époque que celui-ci fit passer le plat « dans le dos » des convives. Cette pièce de boucherie est parmi celles qui connaissent la plus grande variété de garnitures et de sauces.

SELLE DE CHEVREUIL RÔTIE, JUS À L'AIL DES BOIS, CROSNES ET CHAMPIGNONS SAUVAGES

Difficile

Préparation : 20 à 40 min

Cuisson : au thermomètre

NOTE

Compter de 280 à 300 g (9 à 10 oz) de viande avec os par personne.

AIL DES BOIS
On l'appelle aussi « ail des ours » car ses feuilles ressemblent à des oreilles d'ours. Les feuilles cuites font un excellent légume ; quant aux bulbes légèrement sucrés, ils se marient à merveille avec le gibier.

1	Selle de chevreuil entière de 1,4 à 1,8 kg (3 à 4 lb) ou plus (suivant la grosseur de l'animal)
600 g (1 ¼ lb)	Crosnes
24	Gousses d'ail des bois
80 ml (⅓ tasse)	Huile végétale
1	Carotte en brunoise
4	Échalotes en brunoise
1	Branche de céleri en brunoise
¼	Branche de thym
⅛	Feuille de laurier
300 ml (1 ¼ tasse)	Vin rouge tannique
250 ml (1 tasse)	Fond brun de gibier à poil
150 g (⅔ tasse)	Beurre doux
400 g (14 oz)	Cèpes ou autres champignons sauvages (chanterelles, mousserons, pieds de mouton)
25 g (½ tasse)	Ciboulette ciselée
	Sel et poivre

Bien nettoyer les crosnes en les frottant avec beaucoup de sel fin afin de gratter les saletés. Ensuite, les laver et les cuire à l'eau salée. Il doivent rester croquants.

Blanchir l'ail des bois à l'eau salée. Réserver.

Saler et poivrer l'intérieur de la selle, puis la ficeler. Dans un sautoir, chauffer l'huile végétale, faire revenir la selle pour lui donner une belle coloration. Mettre le sautoir au four à 200 °C (400 °F) tout en arrosant souvent la selle.

Cuire jusqu'à ce que la viande atteigne 48 °C (118 °F) à cœur. À cette étape, enlever l'excédent de gras et entourer la selle des légumes ; ajouter le thym et le laurier. Arroser fréquemment jusqu'à atteindre 54 °C (130 °F) à cœur. À ce moment, couvrir la selle d'une feuille d'aluminium et la réserver au chaud sur le dessus du poêle.

Préparer la sauce : Enlever le gras de cuisson du sautoir et déglacer avec le vin rouge. Réduire le fond de cuisson de 70 % et incorporer le fond brun de gibier à poil. Réduire du quart, puis ajouter les crosnes et l'ail des bois, bien égouttés. Laisser mijoter quelques minutes, puis terminer avec la moitié du beurre. Rectifier l'assaisonnement.

SERVICE

Découper la viande et servir aussitôt avec la sauce et les légumes.

Couper les cèpes en lamelles, bien les laver et les éponger. Chauffer le reste du beurre et faire sauter les cèpes vivement, puis terminer la cuisson à feu doux. Saler et poivrer, saupoudrer de ciboulette. Réserver.

VARIANTES : marcassin, ours, wapiti, agneau, veau.

LONGE ENTIÈRE RÔTIE, SAUCE AUX BLEUETS, GRATIN DE POMMES DE TERRE ET DE POIRES

4 personnes

Difficile

Préparation :

plus de 40 min

Cuisson : au thermomètre

1	Morceau de longe de caribou d'environ 1 kg (2 ¼ lb)
1	Carotte
1	Oignon
1	Branche de céleri
80 ml (⅓ tasse)	Huile d'arachide
1	Branche de thym
¼	Feuille de laurier
400 ml (1 ⅔ tasse)	Vin blanc
300 ml (1 ¼ tasse)	Fond brun de gibier
2	Échalotes, hachées
200 g (⅓ tasse)	Bleuets frais ou congelés
120 g (½ tasse)	Beurre
	Sel et poivre

Gratin de pommes de terre et de poires

4	Pommes de terre
4	Poires à cuire (style Bosc)
1	Gousse d'ail hachée finement
300 ml (1 ¼ tasse)	Crème à 35 %
1	Pointe de muscade râpée
150 g (⅔ tasse)	Beurre
	Sel et poivre

POIRE BOSC
Cette variété de poire blanche, juteuse et granuleuse, possède la caractéristique de bien se comporter à la cuisson, ce qui permet de la cuisiner comme un légume.

Sortir la viande du réfrigérateur une heure avant de la faire cuire pour qu'elle prenne la température ambiante.

Couper la carotte, l'oignon et le céleri en mirepoix.

Chauffer l'huile dans une plaque à rôtir adéquate ; saler et poivrer la viande, puis la saisir dans l'huile chaude. Mettre au four à 200 °C (400 °F) pendant 15 minutes. Enlever l'excédent de gras de cuisson, ajouter la mirepoix de légumes, le thym, le laurier, puis remettre au four une dizaine de minutes, selon l'épaisseur de la viande à 150 °C (300 °F).

À l'aide d'un thermomètre, vérifier la cuisson : 58 °C (136 °F) pour une viande à point, 54 °C (130 °F) pour une viande saignante. Retirer la viande, la couvrir et la laisser reposer sur une grille pour permettre la circulation d'air tout autour.

Suite à la page 224

LONGE ENTIÈRE RÔTIE, SAUCE AUX BLEUETS, GRATIN DE POMMES DE TERRE ET DE POIRES

NOTE
Pourquoi et comment «reposer» une viande? Même si l'animal est mort depuis plusieurs jours, voire depuis une ou deux semaines, il aura tendance à durcir une fois cuit, d'où l'importance d'un temps de repos après la cuisson. À cette fin, déposer la viande sur une grille afin que l'air circule bien tout autour. Recouvrir avec une feuille d'aluminium afin de conserver la chaleur.

Ajouter la mirepoix et la moitié du vin blanc et laisser réduire. Ajouter le fond de gibier brun et cuire une dizaine de minutes. Passer au chinois étamine. Réserver.

Mettre le reste du vin blanc dans une casserole avec les échalotes hachées finement et les bleuets. Laisser évaporer doucement pendant 7 à 8 minutes, puis ajouter le fond réservé. Cuire pendant 5 minutes. Passer au chinois étamine, rectifier l'assaisonnement et monter la sauce au beurre.

Gratin de pommes de terre et de poires : Éplucher les pommes de terre et les poires; enlever les pépins. Les couper en tranches de 3 mm (⅛ po) d'épaisseur. Ne pas les laver mais plutôt les éponger et les conserver au sec une dizaine de minutes.

Mettre dans une casserole suffisamment grande les pommes de terre, les poires, l'ail haché, la crème, le sel, le poivre, la muscade ainsi que le beurre. Porter à ébullition lentement et cuire en remuant continuellement jusqu'à ce que la fécule des pommes de terre épaississe la crème.

À ce stade, déposer dans un plat et cuire au four doucement à 140 °C (275 °F) au bain-marie. Vérifier la cuisson en piquant doucement le gratin au couteau; si celui-ci ressort facilement, la cuisson est terminée.

VARIANTES : chevreuil, orignal, bison, bœuf musqué, marcassin, wapiti, bœuf, porc, veau.

Suite de la page 222

SERVICE
Servir une tranche de viande sur la sauce, accompagnée du gratin de pommes de terre et de poires ou d'une purée de pommes de terre et de céleri.

Gibier à poil et à plume

TARTELETTES DE VENAISON,
ÉMULSION D'HERBES DES BOIS

6 à 10 personnes

Assez difficile
Préparation : 40 minutes
Cuisson : 20 à 30 minutes

600 g (1 ¼ lb)	Épaule ou cou de caribou avec le gras
4	Tranches de pain sans la croûte, en dés
180 ml (⅔ tasse)	Crème à 35 %
80 g (⅓ tasse)	Beurre non salé
80 g (½ tasse)	Échalotes hachées finement
250 ml (1 tasse)	Vin rouge
160 ml (⅔ tasse)	Fond brun de gibier, lié, ou équivalent commercial
3	Œufs entiers
60 g (¼ tasse)	Fécule de pomme de terre
1 c. à café (1 c. à thé)	Gingembre haché finement
1 c. à café (1 c. à thé)	Sucre
2 ½ c. à café (2 ½ c. à thé)	Sel fin
	Poivre du moulin
2 c. à café (2 c. à thé)	Dattes hachées
2 c. à café (2 c. à thé)	Raisins de Corinthe hachés
700 g (1 ½ lb)	Pâte brisée

HERBES DES BOIS :
serpolet, ortie, moutarde, fleur de bardane, etc.

HERBES DU JARDIN :
estragon, cerfeuil, persil, oseille, sauge.

Émulsion d'herbes des bois

160 ml (⅔ tasse)	Fond blanc de gibier
2	Jaunes d'œufs
80 g (3 oz)	Herbes des bois et du jardin

VARIANTES : orignal, cerf, chevreuil, bœuf.

Dénerver la viande et la couper en petits dés. Macérer les tranches de pain dans la crème. Passer deux fois la viande et le pain au hachoir.

Dans une poêle à fond épais chauffer le beurre et fondre les échalotes. Ajouter le mélange de viande, le vin et le fond brun de gibier. Porter à ébullition et cuire 10 minutes. Égoutter et conserver le jus de cuisson. Laisser refroidir puis enlever le gras figé. Incorporer à la viande les œufs, la fécule de pomme de terre, le gingembre, le sucre, le sel, le poivre, les dattes et les raisins.

Foncer 6 à 8 fonds de tartelettes avec la pâte. Remplir du mélange puis cuire au four à 120 °C (350 °F) de 20 à 30 minutes.

Émulsion d'herbes des bois : Hacher finement les herbes. Réserver. Chauffer le fond blanc de gibier et le jus de cuisson. Mixer parfaitement les jaunes d'œufs et les incorporer au mélange puis ajouter les herbes choisies.

SERVICE

Napper les tartelettes avec l'émulsion d'herbe des bois.

MÉDAILLONS DE FILET D'ORIGNAL, SAUCE AU CIDRE

Recette d'Isabelle Talbot, chef, diplômée de l'ITHQ

4 personnes

Assez facile

Préparation : 30 min

Cuisson : 4 à 5 min

8	Médaillons de filet d'orignal de 60 g (2 oz) chacun
500 ml (2 tasses)	Eau bouillante
25 g (⅓ tasse)	Chacun : carotte, céleri, poivron rouge et courgette en brunoise
15 g (¼ tasse)	Aubergine en brunoise
15 g (¼ tasse)	Oignon haché
1 c. à soupe	Huile végétale
15 g (¼ tasse)	Tomate épluchée, broyée
15 g (¼ tasse)	Champignons hachés
¼ c. à café (¼ c. à thé)	Ail dégermé, haché
½ c. à café (½ c. à thé)	Base de bouillon de poulet en poudre
¼ c. à café (¼ c. à thé)	Poivre du moulin
1	Feuille de laurier
¼ c. à café (¼ c. à thé)	Thym haché
1	Échalote, hachée
120 g (½ tasse)	Beurre
300 ml (1 ¼ tasse)	Cidre du Québec
250 ml (1 tasse)	Fond brun de gibier ou de veau (demi-glace)
1 c. à café (1 c. à thé)	Miel
¼ c. à café (¼ c. à thé)	Crème à 35 %
3 c. à soupe	Sel
¼ c. à café (¼ c. à thé)	Poivre

AUGERGINE

Ce légume-fruit de la famille des solanacées est originaire de l'Inde. L'aubergine est de couleur violet foncé et a l'aspect d'une grosse poire. Elle se consomme chaude ou froide et entre dans la préparation de nombreux plats (ratatouille, moussaka, beignets).

SERVICE

Servir les médaillons nappés de sauce. Accompagner de haricots verts sautés.

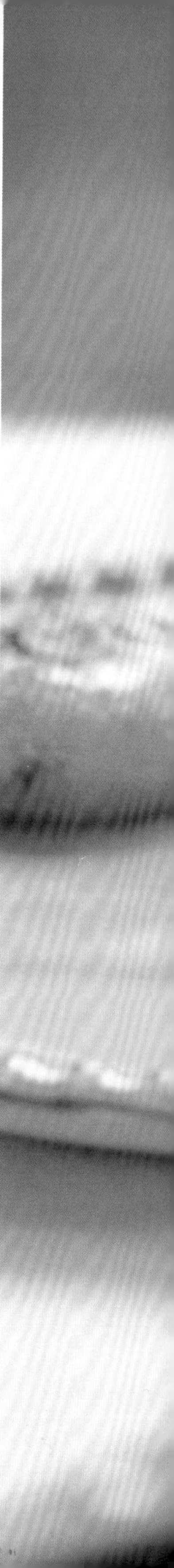

Insérer la lame d'un couteau d'office au centre des médaillons, de façon à former une poche dans la viande, en découpant l'intérieur mais en ne formant qu'un petit trou à l'extérieur ; prendre soin de laisser les parois des médaillons intacts.

Faire blanchir la carotte, le céleri, le poivron, la courgette, l'aubergine et l'oignon dans l'eau bouillante pendant quelques minutes ; les égoutter.

Faire chauffer l'huile dans une poêle à revêtement antiadhésif et y faire suer les légumes blanchis, c'est-à-dire les faire cuire à feux doux et à couvert.

Ajouter la tomate, les champignons, l'ail, la base pour bouillon de poulet, le poivre, la feuille de laurier et le thym.

Mettre cet appareil dans une poche à pâtisserie et farcir les médaillons, puis les réserver.

Préparer la sauce : faire suer l'échalote dans 60 g (¼ tasse) de beurre. Déglacer la poêle avec le cidre, de façon à dissoudre les sucs. Mouiller avec le fond de gibier, ajouter le miel, le sel et le poivre. Laisser réduire de moitié et ajouter la crème. Passer la sauce au tamis, monter avec le reste du beurre et réserver au chaud.

Faire griller les médaillons sur le grill ou les poêler.

VARIANTES : bison, bœuf musqué, caribou, chevreuil, marcassin, wapiti, bœuf, porc, veau.

FILET DE LONGE SAUTÉ, JUS DE LÉGUMES DE NOS BOIS, PURÉE DE MARRONS

4 personnes

Difficile

Préparation : 10 à 20 min

Cuisson : au thermomètre

Marrons : 60 min

1 ou 2	Filets de longe de caribou de 175 g (6 oz) par personne
60 ml (¼ tasse)	Huile végétale
2	Carottes sauvages
1	Panais sauvage
2	Racines de quenouille
60 ml (¼ tasse)	Armagnac
160 ml (⅔ tasse)	Vin blanc
150 g (⅔ tasse)	Beurre doux

Purée de marrons

800 g (1 ¾ lb)	Marrons
2 litres (8 tasses)	Eau
1 litre (4 tasses)	Lait
80 ml (⅓ tasse)	Crème à 35 %
	Sel et poivre

Bien assaisonner le filet de sel et de poivre. Chauffer l'huile végétale dans un sautoir et le saisir. Continuer la cuisson au four à 175 °C (350 °F) jusqu'à atteindre une température de 54 °C (130 °F) à cœur, suivant l'épaisseur. Laisser reposer la viande sur une grille pendant quinze minutes au chaud. Cuire à l'eau les carottes, le panais et les racines de quenouille. Égoutter et réserver le jus de cuisson.

Extraire le gras de cuisson, déglacer avec l'armagnac et le vin blanc, réduire à sec, puis verser le jus des légumes des bois et monter au beurre.

Purée de marrons : À l'aide d'un couteau pointu, faire une incision dans la première peau des marrons et l'enlever. Chauffer deux litres d'eau. À l'aide d'une écumoire, déposer 3 ou 4 marrons à la fois dans l'eau bouillante pendant environ 30 secondes, puis les sortir et les mettre dans l'eau froide. Répéter l'opération avec le reste des marrons.

Chauffer le lait avec le sel et le poivre. Y cuire doucement les marrons en remuant souvent pour empêcher qu'ils collent au fond de la casserole. Une fois cuits, les égoutter et les passer à la moulinette à chaud. Incorporer petit à petit le lait de cuisson afin d'obtenir une purée lisse. Assaisonner, couvrir et conserver au chaud. Au moment de servir, incorporer la crème chaude. Vous pouvez préparer cette purée plusieurs jours à l'avance.

JUS DE LÉGUMES DE NOS BOIS

Cueillir ces racines printanières vers mai ou juin et bien les laver ; puis, à l'aide d'un extracteur à jus, extraire le jus des carottes sauvages, du panais sauvage et des racines de quenouille. Bien mélanger et conserver au congélateur pour l'utiliser à la période de la chasse. On peut remplacer la carotte et le panais sauvages par des légumes cultivés et la racine de quenouille par du topinambour.

VARIANTES : chevreuil, orignal, bison, bœuf musqué, marcassin, wapiti, bœuf, porc, veau.

SERVICE

Servir les tranches de longe sur la sauce. Accompagner de purée de marrons.

CÔTES DE CARIBOU SAUTÉES ET FLAMBÉES AU CIDRE, SAUCE À L'ESSENCE DE CÈPES

BOLET (CÈPE)
Membre de la grande famille des champignons charnus. Le dessous du chapeau est constitué de tubes, et non de lamelles. Au Québec, on en connaît une trentaine de variétés comestibles.

4	Côtes de caribou avec os de 140 à 180 g (env. 5 oz)
600 g (1 ¼ lb)	Cèpes
1 litre (4 tasses)	Fond blanc de gibier
80 ml (⅓ tasse)	Huile végétale
80 g (⅓ tasse)	Beurre
2	Échalotes hachées très finement
80 ml (⅓ tasse)	Cidre tranquille aux canneberges (SAQ)
180 ml (¾ tasse)	Fond brun de caribou, lié
30 g (½ tasse)	Ciboulette ciselée
	Sel et poivre

Préparer l'essence de cèpe : séparer les têtes et les queues des cèpes, laver les queues, puis les émincer. Chauffer le fond blanc de gibier et y ajouter les queues de cèpes émincées. Cuire de 15 à 20 minutes. Passer au chinois et réduire de 90 %.

Dans un grand sautoir, chauffer l'huile végétale et la moitié du beurre, saler et poivrer les côtes de caribou ; les cuire en les gardant à point, c'est-à-dire 58 °C (136 °F), puis extraire le gras de cuisson. Parsemer les échalotes, puis flamber avec le cidre. Enlever les côtes de caribou, puis ajouter l'essence des cèpes et le fond brun. Laisser mijoter 4 minutes.

Pendant ce temps, chauffer le reste du beurre et faire sauter les têtes de cèpes émincées, saler et poivrer. Au dernier moment, incorporer la ciboulette ciselée.

VARIANTES : bison, bœuf musqué, marcassin, wapiti, bœuf, porc, veau.

SERVICE

Disposer les cèpes sautés en cercle, poser la côte de caribou dessus, puis napper de sauce.

CARRÉ D'ORIGNAL FARCI DE FOIE GRAS DE CANARD, PETITS RAISINS ET CÔTES DE BETTES

1	Carré d'orignal paré de 1,5 à 1,8 kg (3 ¼ à 4 lb) avec os
1 kg (2 ¼ lb)	Côtes de bettes
1 litre (4 tasses)	Eau
150 g (1 tasse)	Farine et sel
	Jus de citron
80 g (½ tasse)	Raisins secs Tompson ou de Corinthe
150 ml (env. ⅔ tasse)	Vin blanc
80 ml (⅓ tasse)	Huile végétale
150 g (2 ½ tasses)	Brunoise (céleri, carottes, oignons)
180 ml (¾ tasse)	Fond brun de gibier à poil
4	Tranches de foie gras de canard de 80 g (3 oz)
80 g (⅓ tasse)	Beurre
	Sel et poivre

4 personnes

Difficile

Préparation : 20 à 40 min

Cuisson : au thermomètre

NOTE

Cuites à l'eau salée, les côtes de bettes deviendront translucides ; donc afin de leur donner un certain corps, les cuire dans un blanc (eau froide et farine salée que l'on fait bouillir).

Préparation des côtes de bettes. Enlever les fils des côtes de bettes ; les découper en morceaux de cinq centimètres puis les cuire doucement dans l'eau et la farine (voir Blanc de cuisson, p. 364), auquel on aura ajouté le jus d'un citron. Bien remuer jusqu'à ébullition.

Macérer les raisins secs avec le vin blanc pendant une heure ou deux. Saler et poivrer le carré d'orignal. Chauffer l'huile végétale dans un sautoir, saisir le carré d'orignal, puis le cuire au four à 175 °C (350 °F), jusqu'à ce que la chaleur atteigne 48 °C (118 °F) au centre de la pièce. À ce moment, ajouter les raisins et le vin blanc de la macération. Faire évaporer l'alcool puis ajouter la brunoise de légumes et le fond de gibier. Cuire de nouveau jusqu'à atteindre 54 °C (130 °F) à cœur.

Retirer le carré d'orignal du sautoir, y déposer les côtes de bettes et les laisser mijoter doucement.

Pendant cette opération, couper au trois quarts les côtes d'orignal, y insérer les tranches de foie gras assaisonnées, puis compresser avec une ficelle le dessus des côtes. Remettre le carré dans le sautoir, ajouter de très petits morceaux de beurre et couvrir. Laisser au chaud 10 minutes. La chaleur de la viande sera suffisante pour cuire le foie gras.

VARIANTES : bison, bœuf musqué, caribou, chevreuil, marcassin, wapiti, bœuf, porc, veau.

SERVICE

Servir ce plat très chaud avec les côtes de bettes, la brunoise et les raisins.

CARRÉ DE CARIBOU AU FOUR, JUS DE CUISSON PARFUMÉ AU THÉ DU LABRADOR, BAIES DE PLAQUEBIÈRE

4 personnes

Difficile
Préparation : 20 à 40 min
Cuisson : au thermomètre

VARIANTES : bison, bœuf musqué, chevreuil, orignal, marcassin, wapiti, bœuf, porc, veau.

THÉ DU LABRADOR
Ce petit arbuste de la famille des éricacées a élu domicile dans les tourbières. On récolte les jeunes pousses pour les infuser. Ces infusions, addition-nées de sucre et de jus de citron, refroidies et servies sur glace, sont délectables.

1,3 à 1,5 kg (2 ¾ à 3 ¼ lb)	Carré de caribou avec os
1 litre (4 tasses)	Marinade (voir page 341)
250 ml (1 tasse)	Chicoutai
180 ml (¾ tasse)	Vin blanc sec
1 c. à café (1 c. à thé)	Thé du Labrador
4	Échalotes hachées finement
1	Branche de céleri en très fine brunoise
2 c. à soupe	Huile d'olive
80 ml (⅓ tasse)	Huile de cuisson
100 g (⅔ tasse)	Beurre doux
200 g (1 ⅓ tasse)	Baies de plaquebière
	Sel et poivre

Pendant 48 heures, faire mariner le carré de caribou avec la marinade, le Chicoutai, le vin blanc, le thé du Labrador, les échalotes, la branche de céleri, le sel, le poivre et l'huile d'olive. Couvrir. Le retourner deux fois par jour. Après cette période, égoutter le carré et l'envelopper dans un linge afin qu'il s'éponge pendant au moins 1 heure.

Dans une cocotte allant au four, chauffer l'huile de cuisson et saisir le carré de caribou. Le cuire au four à 175 °C (350 °F) jusqu'à atteindre 54 °C (130 °F) à cœur. Réserver au chaud sur une grille.

Pendant la cuisson, réduire le jus de marinade de 75 % ; le passer au chinois étamine, puis le lier avec le beurre. Rectifier l'assaisonnement.

SERVICE

Découper les côtes de caribou, napper de jus et parsemer de baies de plaquebière.

LA PLAQUEBIÈRE OU CHICOUTÉ :
Il s'agit d'une plante vivace d'à peine quelques centimètres de hauteur qui pousse dans les tourbières du nord-est du Canada et dans les régions en bordure du golfe du Saint-Laurent. Elle produit un petit fruit d'abord rouge, qui devient jaune, ambré et translu-cide à maturité. Comme il n'est pas sucré, on doit le manger frais, confit ou le servir en confiture.

CARRÉ DE CHEVREUIL AUX BAIES DE SUREAU, CERISES DE TERRE ET CŒURS DE QUENOUILLE SAUTÉS

À Marcel Kretz, grand chef cuisinier de Sainte-Adèle

4 personnes

Difficile

Préparation : 40 à 60 min

Cuisson : au thermomètre

1	Carré de chevreuil avec les os de côte de 1,4 à 1,8 kg (3 à 4 lb)
80 ml (⅓ tasse)	Sirop d'érable
60 ml (¼ tasse)	Vinaigre d'érable
160 ml (⅔ tasse)	Eau
150 g (1 tasse)	Cerises de terre
100 g (⅔ tasse)	Baies de sureau
80 ml (⅓ tasse)	Huile végétale
60 ml (¼ tasse)	Mirepoix (céleri, carotte, oignon)
180 ml (¾ tasse)	Fond brun de gibier à poil, non lié
80 g (⅓ tasse)	Beurre doux
250 g (½ lb)	Cœurs de quenouille
	Sel et poivre

CERISES DE TERRE
La cerise de terre, aussi appelée « amour en cage », fleurit dans les champs calcaires. Son calice renflé contient le fruit à maturité. Très prisé au Québec, ce fruit délicat s'accorde merveilleusement à toutes les recettes de gibier.

Faire une gastrique afin de réduire l'acidité des baies de sureau : mettre dans une casserole le sirop d'érable, le vinaigre d'érable et 80 ml (⅓ tasse) d'eau. Cuire jusqu'à caramélisation. Arrêter immédiatement la cuisson en versant prudemment 3 c. à soupe d'eau froide, puis ajouter les cerises de terre et les baies de sureau ; laisser macérer.

À moins qu'il s'agisse d'un vieil animal, ne pas mariner le carré de chevreuil. Saler et poivrer la viande, chauffer l'huile et la saisir sur la plaque, puis continuer la cuisson au four à 175 °C (350 °F), pour atteindre 48 °C (118 °F) à cœur. À cette étape, extraire l'excédent de gras, ajouter la mirepoix puis continuer la cuisson jusqu'à atteindre 58 °C (136 °F) en arrosant régulièrement. Retirer le carré, puis le garder au chaud. Ajouter le fond brun de gibier à poil. Cuire de 6 à 8 minutes, puis passer au chinois étamine.

Réduire ce fond de cuisson de moitié, égoutter les cerises de terre ainsi que les baies de sureau.

Ajouter graduellement la gastrique au fond, goûter régulièrement pour arriver à un équilibre de goût : à la fois acide et sucré.

Chauffer le beurre, puis faire sauter les cœurs de quenouille, saler et poivrer. Quelques minutes avant de servir, ajouter à la sauce les cerises de terre et les baies de sureau.

VARIANTES : bison, bœuf musqué, caribou, orignal, wapiti, bœuf, veau

SERVICE

Déposer la sauce et les baies au fond de l'assiette, couper de belles tranches de carré de chevreuil avec l'os et déposer sur les baies. Garnir avec les cœurs de quenouille.

CÔTELETTES DE CHEVREUIL SAUTÉES AUX BAIES DE CASSIS, SPAGHETTIS DE PAPAYE VERTE

4 personnes

Assez facile

Préparation : moins
de 10 min

Cuisson : au thermomètre

NOTE
Pour avoir des côtelettes
avec os de 100 g (3 ½ oz), il
faut avoir sous la main un
jeune chevreuil. S'il est plus
gros, optez pour une côte
avec os de 200 à 230 g
(7 à 8 oz).

8	Côtelettes de chevreuil avec os de 90 à 100 g (3 à 3 ½ oz) chacune
300 g (10 oz)	Spaghettis de papaye verte
60 ml (¼ tasse)	Huile végétale
150 g (1 tasse)	Baies de cassis (fraîches ou congelées)
60 ml (¼ tasse)	Marc de Bourgogne
60 ml (¼ tasse)	Crème de cassis
300 ml (1 ¼ tasse)	Fond brun de gibier à poil, lié
3 ½ c. à soupe	Gras de canard
3 ½ c. à soupe	Beurre
	Sel et poivre

Plonger les spaghettis dans une grande marmite d'eau bouillante salée. Les cuire al dente, les rafraîchir, les égoutter et réserver.

Chauffer l'huile végétale dans un sautoir. Saler et poivrer les côtelettes de chevreuil et les saisir de chaque côté, puis les retirer et réserver (la cuisson n'est pas terminée).

Pour préparer la sauce, enlever l'excédent de gras de cuisson, ajouter les baies de cassis et flamber avec le marc de Bourgogne. Ajouter la crème de cassis ainsi que le fond brun. Cuire tout doucement pour que les baies de cassis n'éclatent pas ou très peu.

Rectifier l'assaisonnement, puis remettre les côtelettes de chevreuil dans le sautoir avec la sauce. À l'aide d'une cuillère, napper les côtelettes, couvrir et garder au chaud à basse température (70 °C ou 158 °F). La chaleur de la sauce terminera la cuisson des côtes [58 °C (136 °F), à cœur].

Chauffer le gras de canard et le beurre dans une poêle. Faire sauter les spaghettis de papaye. Saler et poivrer.

VARIANTES : bœuf
musqué, caribou,
marcassin, orignal,
bœuf, veau.

SERVICE

Déposer les côtes
de chevreuil avec les os
en croisé, faire une
couronne autour avec
les spaghettis de papaye.
Napper les côtes avec
la sauce aux baies
de cassis.

SPAGHETTIS DE PAPAYE VERTE :
Par période, on trouve dans les magasins spécialisés asiatiques des spaghettis de papaye verte. D'un goût délicat et pas trop prononcé, ils peuvent accompagner plusieurs recettes de gibier.

CÔTELETTES DE DAIM AUX ÉPICES ORIENTALES

Recette de Stéphane Tremblay, chef de cuisine en Chine

4 personnes

Difficile

Préparation : 40 min

Cuisson : 4 à 8 min

4	Côtelettes de daim, 220 g (7 oz) chacune avec os
150 g (5 oz)	Chou tranché
100 g (3 ½ oz)	Pois mange-tout
100 g (3 ½ oz)	Bâtonnets de poivron rouge
200 g (7 oz)	Bok choi tranché
60 ml (¼ tasse)	Mélange d'épices orientales
4 c. à café (4 c. à thé)	Huile d'olive
180 ml (¾ tasse)	Vinaigre balsamique
80 ml (⅓ tasse)	Essence de légumes (voir page 343)
1 c. à café (1 c. à thé)	Persil haché
2 c. à café (2 c. à thé)	Ail haché
1 c. à café (1 c. à thé)	Sauce soya
2 c. à café (2 c. à thé)	Fécule de maïs
250 g (1 tasse)	Riz à la vapeur
	Sel et poivre

NOTE

Pour obtenir le mélange d'épices orientales, combiner 2 ½ c. à soupe d'un mélange cinq épices, 1 c. à café (1 c. à thé) de grains de coriandre concassés, 4 c. à café (4 c. à thé) de cari en poudre et 1 ½ c. à café (1 ½ c. à thé) de poivre noir concassé.

Blanchir le chou, les pois mange-tout, les poivrons rouges et le bok choi à l'eau bouillante salée. Refroidir et égoutter. Réserver.

Assaisonner les côtelettes avec le mélange d'épices orientales. Chauffer l'huile dans une poêle à fond épais et cuire les côtelettes rosées [54 °C (130 °F), à cœur]. Réserver au chaud.

Déglacer le jus de cuisson avec le vinaigre balsamique et réduire de moitié. Ajouter l'essence de légumes, le persil et l'ail. Porter à ébullition et réduire de moitié. Ajouter la sauce soya, les légumes réservés et le poivre. Lier avec de la fécule de maïs délayée dans l'essence de légumes. Rectifier l'assaisonnement.

VARIANTES : bison, bœuf musqué, caribou, chevreuil, marcassin, orignal, bœuf, veau.

SERVICE

Placer les côtelettes dans les assiettes et servir avec le riz et les légumes, puis arroser de sauce.

LAMELLES DE CŒUR SAUTÉES
AU CIDRE ROSÉ

4 personnes

Assez facile
Préparation : moins
de 10 min
Cuisson : 2 à 3 min

NOTE

Cette recette est plutôt
une entrée qu'un plat
principal ; c'est une façon
rapide de cuisiner le cœur,
qui peut être apprêté de
deux façons
diamétralement opposées :
soit bien cuit soit cuit à
point (saisi), comme dans
cette recette qui demande
de grandes précautions.
En effet, si on dépasse
le stade de cuisson à point,
le cœur deviendra dur et
caoutchouté.

600 g (1 ¼ lb)	Cœur d'orignal
60 ml (¼ tasse)	Huile végétale
60 g (¼ tasse)	Beurre
8	Échalotes hachées finement
80 ml (⅓ tasse)	Calijo de Michel Jodoin
250 ml (1 tasse)	Cidre rosé de Michel Jodoin
300 ml (1 ¼ tasse)	Fond brun de gibier, lié
	Vinaigre de cidre
4	Fonds de tartelette cuits (pâte brisée)
	Sel et poivre

Le choix de l'équipement de cuisson est fondamental : préparer à
l'avance une poêle à fond très épais et une plaque munie d'une grille.

Couper le cœur en lamelles de 1 cm x 5 cm (1 ½ po x 2 po).

Chauffer la poêle avec l'huile végétale et le beurre, saler et poivrer
les lamelles. Les saisir promptement en remuant vivement la poêle, puis les
enlever pendant qu'elles sont encore très saignantes ; les mettre sur la grille.

Sauce : Enlever tous les gras de cuisson et le beurre, ajouter les échalotes,
flamber avec le Calijo, puis ajouter le cidre rosé. Réduire de 75 %, ajouter le
fond de gibier, cuire pendant quelques minutes. Rectifier l'assaisonnement ;
ajouter 1 ou 2 gouttes de vinaigre de cidre, si nécessaire, pour équilibrer
le goût de la sauce.

Deux minutes avant de servir, déposer les lamelles dans la sauce
bouillante. Retirer du feu. Servir dans les fonds de tartelette.

On peut ajouter des champignons cuits à cette recette.

VARIANTES : chevreuil, caribou, bison, bœuf musqué, bœuf, veau.

CUBES DE COU BRAISÉS
AVEC NOS LÉGUMES D'AUTOMNE

700 g (1 ½ lb)	Cou d'orignal coupé en cubes de 4 cm (1 ½ po)
80 ml (⅓ tasse)	Huile végétale
300 ml (1 ¼ tasse)	Vin rouge ordinaire
1,5 litre (6 tasses)	Fond brun de gibier, non lié
3	Oignons piqués de clous de girofle (1 clou par oignon) ou 16 petits oignons
4	Gousses d'ail
125 ml (½ tasse)	Concentré de tomate
1	Bouquet garni
2	Pincées de poudre de cumin
2	Pincées de poudre de muscade
4	Baies de genièvre
4	Carottes
4	Branches de céleri ou 300 g (10 ½ oz) de topinambour
1	Navet (rutabaga)
	Sel et poivre

NOTE
Certaines personnes
aiment les oignons cuits
entiers. On peut aussi
servir le braisé avec
des pommes de terre
cuites dans le fond
de cuisson du cou.

Chauffer l'huile dans une poêle à fond épais et faire revenir avec précaution les morceaux de viande afin de leur donner une belle couleur dorée. Pour un meilleur résultat, laisser les os avec la chair du cou.

Les déposer dans une mijoteuse, ajouter le vin rouge et laisser l'alcool s'évaporer ; ajouter le fond de gibier, les oignons, les gousses d'ail, le concentré de tomate, le bouquet garni, un peu de sel, le cumin, la muscade et les baies de genièvre ; bien remuer. La cuisson durera de 2 à 3 heures selon la tendreté l'animal. Après 2 heures de cuisson, vérifier la cuisson toutes les 20 minutes.

Pendant la cuisson, éplucher et laver les carottes, le céleri et les navets. Les couper en bâtonnets de 4 cm x ¾ cm x ¾ cm (1 ½ po x 1 po x 1 po). Après 2 heures de cuisson, ajouter le reste des ingrédients dans la mijoteuse avec les morceaux de cou. Le tout devrait être cuit en même temps.

VARIANTES : bison, bœuf musqué, caribou, chevreuil, veau.

SERVICE

Rectifier
l'assaisonnement et
servir tel quel.

PLATS DE CÔTES À LA RÉGLISSE ET
AUX PETITES BETTERAVES JAUNES

1 kg (2 ¼ lb)	Plats de côtes d'orignal avec os
1	Anis étoilé
3	Bâtons de réglisse
8	Échalotes entières
6	Gousses d'ail
1	Bouquet garni
1	Bulbe de fenouil
1,5 litre (6 tasses)	Fond brun de gibier, lié
1 kg (2 ¼ lb)	Betteraves jaunes

Blanchir les plats de côtes, c'est-à-dire les mettre dans une casserole d'eau froide puis, à la première ébullition, les rafraîchir rapidement.

Dans un rondeau, déposer les plats de côtes, l'anis étoilé, les bâtons de réglisse, les échalotes entières, les gousses d'ail, le bouquet garni, le bulbe de fenouil coupé en deux et le fond de gibier. Cuire doucement au four à 100 °C (200 °F) jusqu'à ce que les os se détachent bien de la chair. À cette étape, à l'aide d'une araignée, égoutter les morceaux de viande ainsi que les échalotes entières, passer la sauce au chinois, puis cuire dans cette sauce les betteraves jaunes coupées en morceaux égaux.

VARIANTES: chevreuil, caribou, bison, bœuf musqué, wapiti, bœuf, veau.

4 personnes

Assez facile

Temps requis : plus de 40 min

Cuisson : 40 à 70 min

NOTE

On utilise les bouts des carrés avec les os. Une viande cuite sur os est toujours beaucoup plus savoureuse, car la chair se rétracte moins pendant la cuisson.

SERVICE

En fin de cuisson, ajouter les morceaux de plats de côtes. Rectifier l'assaisonnement et servir très chaud. On peut aussi servir les échalotes entières.

RÉGLISSE

Plante à rhizome très développé (bois de réglisse). Elle sert à la préparation d'une boisson très populaire. Son goût tout à fait particulier s'accorde fort bien avec la viande de caribou.

ROUELLE DE JARRET DE CHEVREUIL
BRAISÉE SELON MON AMI SERGE YELLE, CHASSEUR ÉMÉRITE

4 personnes

Assez facile

Préparation : 2 heures

Cuisson : 45 à 70 min

NOTE
Les plats en sauce gagnent à reposer pendant 24 heures avant d'être consommés.

ROUELLES
Comme pour l'osso buco, ce sont des rondelles de jarret de 2 à 3 cm (¾ à 1 ¼ po) coupées à la scie par votre boucher.

VARIANTES : bison, bœuf musqué, caribou, orignal, bœuf, veau.

1,2 à 1,5 kg (2 ½ à 3 ½ lb)	Rouelles de jarrets de chevreuil de 2 cm (¾ po) d'épaisseur
	Farine
160 g (⅔ tasse)	Beurre
2	Oignons
5	Carottes
12	Gousses d'ail dégermées
2	Branches de romarin
400 ml (1 ⅓ tasse)	Vin blanc
1 litre (4 tasses)	Fond brun de gibier, non lié
250 ml (1 tasse)	Glace de gibier (voir page 341)
12	Petites carottes avec fanes

Polenta

½	Bouquet de rapinis
500 ml (2 tasses)	Eau
125 g (½ tasse)	Polenta fine
50 g (⅔ tasse)	Parmesan râpé
	Beurre
	Sel et poivre

Assaisonner les rouelles et les passer dans la farine. Chauffer le beurre dans un rondeau et les rissoler. Enlever les rouelles et les réserver.

Ajouter les oignons, les carottes épluchées et émincées, l'ail et le romarin. Cuire jusqu'à coloration, puis ajouter les rouelles. Déglacer au vin blanc et réduire de moitié. Mouiller à hauteur avec le fond brun et la glace de viande. Porter à ébullition.

Cuire à couvert au four à 120 °C (250 °F) jusqu'à ce que la viande relâche, soit environ 45 minutes. Le bouillon doit à peine mijoter.

Pour préparer la sauce, retirer les jarrets et réduire le jus de cuisson de moitié. Passer le jus au chinois et le remettre dans le rondeau.

Éplucher les carottes et conserver les fanes. Saler le jus de cuisson au goût et cuire les carottes ; cuire ensuite les fanes. Remettre les jarrets et réserver au chaud.

SERVICE
Disposer la polenta dans un plat à service, y déposer les jarrets et les carottes. Monter au beurre le jus de cuisson des jarrets et verser sur la viande. Décorer avec les fanes de carottes.

Polenta : Cuire les rapinis à l'eau salée, les passer sous l'eau froide, les égoutter et les hacher.

Dans une grande casserole, saler l'eau et la porter à ébullition. Incorporer la polenta fine en pluie et laisser cuire environ 15 minutes. Incorporer le fromage et le beurre, rectifier l'assaisonnement et, à la toute fin, ajouter les rapinis.

La polenta doit rester souple et moelleuse : elle ne doit pas durcir.

ROGNONS AUX GRAINES
DE MOUTARDE DU CANADA

1 kg (2 ¼ lb)	Rognons[1] entiers d'orignal
80 ml (⅓ tasse)	Vin blanc
180 ml (¾ tasse)	Fond brun de gibier, lié
2 ½ c. à soupe	Graines de moutarde
80 ml (⅓ tasse)	Huile végétale
6 c. à soupe	Beurre
4	Échalotes hachées finement
	Cognac
100 g (⅓ tasse)	Moutarde de Dijon

4 personnes

Difficile

Préparation : moins
de 10 min

Cuisson : 2 à 3 min

NOTE

Les rognons (de caribou, d'orignal ou de chevreuil) sont très fragiles. Il importe donc, avant de les utiliser, de s'assurer qu'ils ont été prélevés et conservés correctement.

**GRAINES
DE MOUTARDE**
Aussi paradoxal que cela puisse paraître, une grande partie des graines de moutarde qui entrent dans la production de la moutarde de Dijon proviennent du Canada.

SERVICE

Servir dans une assiette creuse, avec du riz ou de la purée de pommes de terre.

Bien dégraisser les rognons, les couper en deux dans le sens de la longueur et enlever tous les canaux urinaires. Surtout, ne pas les faire tremper dans quelque liquide que ce soit ; bien au contraire, les éponger.

Dans une petite casserole, mettre le vin blanc, le fond de gibier et les graines de moutarde. Cuire à 95 °C (200 °F) jusqu'à complète cuisson des graines de moutarde.

Couper les rognons en petits lobes d'environ 20 à 30 g (env. 1 oz) chacun. Chauffer l'huile et le beurre dans une poêle à fond épais.

Saisir les rognons à feu vif. Les égoutter immédiatement sur une grille pour arrêter la cuisson. Dans la même poêle, ajouter les échalotes hachées et les étuver de 1 à 2 minutes ; flamber avec le cognac, ajouter la moutarde de Dijon et remuer au fouet pendant quelques instants pour enlever l'acidité de la moutarde.

Ensuite, petit à petit, ajouter la cuisson des graines de moutarde et goûter régulièrement jusqu'à ce que le goût de moutarde convienne parfaitement. Rectifier l'assaisonnement. Réserver.

Cinq minutes avant de servir, chauffer la sauce, ajouter les rognons et mijoter à 90 °C (195 °F) pendant quelques minutes. Attention de ne pas atteindre le point d'ébullition, les rognons pourraient durcir.

VARIANTES : caribou, chevreuil, bison, bœuf musqué, bœuf, porc, veau.

---

1. N'utiliser que les rognons d'animaux d'élevage ou se référer à la section Conseils sur l'utilisation des abats et de la chair du gibier à poil, page 180.

FOIE DE CHEVREUIL ET SA PERSILLADE

4 personnes

Assez facile

Préparation : moins
de 10 min

Cuisson : 1 à 2 min

NOTE

Couper les tranches de foie
d'une égale épaisseur car,
pour que le foie conserve
ses propriétés gustatives,
il ne doit être ni trop cuit ni
trop saignant, mais à point.
La tranche doit donc être
d'épaisseur égale.

8	Tranches de foie de chevreuil[1] d'épaisseur égale
190 g (¾ tasse)	Beurre doux
	Farine
2	Échalotes hachées très finement
60 ml (¼ tasse)	Vinaigre de vin rouge ou de framboise
150 ml (⅔ tasse)	Fond brun de gibier
2.c à soupe	Persil haché
	Sel et poivre

Dans une poêle épaisse et assez grande, chauffer 80 g (⅓ tasse) de beurre.
Fariner les tranches de foie et les secouer pour enlever l'excédent. Les saisir
en les passant rapidement dans le beurre chaud. Retirer les tranches de foie et
les déposer dans les assiettes.

Pour la sauce, enlever l'excédent de gras. Ajouter les échalotes hachées
finement et le vinaigre de vin rouge ou de framboise ; réduire à sec. Ajouter
le fond de gibier et monter avec le reste du beurre. Ajouter le persil haché
finement, rectifier l'assaisonnement et verser sur les tranches de foie.

VARIANTES : bison, caribou, bœuf musqué, orignal, wapiti, agneau, veau.

POURQUOI UTILISER DU BEURRE NON SALÉ EN CUISINE ?
Le beurre salé contient deux fois plus de petit-lait que le beurre doux. Ce liquide est incompa-
tible avec le gras du beurre, faisant souvent « brûler » plus rapidement le corps gras. Pour la
cuisson, il est préférable d'utiliser moitié beurre, moitié huile (huile d'arachide de préférence),
car le point de fusion est idéal pour saisir une viande. On éliminera ce gras en fin de cuisson
pour le remplacer par du beurre ramolli.

SERVICE

Servir avec une purée
de pommes de terre.

---

1. N'utiliser que les foies d'animaux d'élevage ou se référer à la section Conseils sur l'utilisation des abats
et de la chair du gibier à poil, page 180.

LANGUE POCHÉE, SAUCE GRIBICHE

4 personnes
Assez facile
Préparation : plus
de 40 min
Cuisson : au piqué

800 g (1 ¾ lb)	Langue de caribou
4 à 5 litres (16 à 20 tasses)	Eau
2	Oignons piqués d'un clou de girofle chacun
2	Poireaux
3	Carottes
1	Tête d'ail
4	Branches de céleri
1	Bouquet garni
4	Baies de genièvre
	Sel et poivre
	Sauce gribiche (voir page 348)

Dégorger la langue : la mettre dans un récipient et faire couler un filet d'eau froide pendant au moins une heure afin d'enlever les impuretés (sang, etc.).

Mettre l'eau dans une marmite, ajouter tous les éléments aromatiques et cuire 45 minutes pour que le bouillon prenne une bonne saveur. À ce moment, mettre la langue dans le bouillon et la laisser mijoter doucement jusqu'à ce qu'elle soit bien cuite. (On doit pouvoir la piquer avec la pointe d'un couteau et la retirer facilement.) À chaud, enlever la peau blanche qui la recouvre et réserver au chaud dans son bouillon de cuisson.

VARIANTES : chevreuil, orignal, bison, bœuf musqué, wapiti, bœuf, veau.

BAIES DE GENIÈVRE
Le genévrier produit des baies noirâtres que l'on utilise, entre autres, en cuisine. Elles sont très appréciées comme apprêts de gibier à poil et à plume.

SERVICE

Couper de belles tranches de langue, napper de sauce gribiche et accompagner de pommes de terre bouillies.

CÔTES D'ORIGNAL POÊLÉES, CHOU ROUGE, POIRES POCHÉES ET MARRONS GLACÉS

À Martin Picard, du restaurant Le pied de cochon

4 personnes

Difficile	
Préparation : 50 min	
Cuisson : 6 à 8 min	

4	Côtes d'orignal avec os de 160 à 200 g (5 ½ à 7 oz)
1 kg (2 ¼ lb)	Chou rouge
3 c. à soupe	Vinaigre
2	Citrons
2	Pommes Russet
2 c. à soupe	Raifort haché
125 g (½ tasse)	Sucre
2 ½ c. à soupe	Gras de canard
1	Oignon haché finement
40 g (1 ½ oz)	Canneberges
300 ml (1 ¼ tasse)	Eau
4 c. à café (4 c. à thé)	Farine
180 ml (¾ tasse)	Vin rouge
4	Poires Bosc
500 ml (2 tasses)	Fond blanc de gibier
180 g (¾ tasse)	Beurre
60 ml (¼ tasse)	Huile végétale
5	Baies de genièvre
125 ml (½ tasse)	Madère
500 ml (2 tasses)	Fond brun de gibier, non lié
10	Cèpes de Bordeaux ou autres
4	Marrons glacés
	Sel et poivre

VARIANTES : bison, bœuf musqué, caribou, chevreuil, wapiti, bœuf, veau.

SERVICE

Déposer une demi-poire farcie avec un marron au fond de l'assiette. Dresser la côte d'orignal dessus, napper de sauce et ajouter les cèpes sur la côte. Servir le chou rouge séparément sur une petite assiette.

Émincer finement le chou rouge, ajouter le vinaigre, le jus d'un citron, les pommes épluchées et coupées en petits dés, le raifort et laisser mariner pendant 1 heure.

Faire un caramel léger avec la moitié du sucre. Ajouter le gras de canard chaud puis l'oignon et laisser colorer. Ajouter le chou rouge, le reste du sucre ainsi que les canneberges. Ajouter l'eau et laisser cuire doucement pendant 1 heure en remuant souvent avec une cuillère. Saupoudrer de farine, mouiller avec le vin rouge et laisser cuire jusqu'à ce que le chou rouge soit à point.

Peler les poires, les couper en deux, les épépiner et les cuire dans le fond blanc de gibier.

Gibier à poil et à plume

Chauffer 80 g (⅓ tasse) de beurre et l'huile dans une poêle à fond épais et saisir vivement les côtes d'orignal afin qu'elles prennent une belle couleur dorée à l'extérieur, mais saignantes à l'intérieur. Enlever l'excès de gras de cuisson et ajouter les baies de genièvre finement écrasées. Déglacer avec le madère, mouiller avec le fond brun non lié et laisser réduire de moitié. Rectifier l'assaisonnement, passer au chinois étamine et monter avec 4 ½ c. à soupe de beurre. Réserver.

Nettoyer et laver soigneusement les cèpes, saler, poivrer et faire étuver rapidement avec 60 g (¼ tasse) de beurre et le jus de l'autre citron. Réserver. Mettre ½ marron dans la cavité de chaque poire et chauffer au four à micro-ondes.

TERRINE DE GIBIER À POIL

À mon ami Gilbert Roffi, célèbre charcutier montréalais

12 à 15 personnes

Difficile
Préparation : 1 à 2 h
Cuisson : au thermomètre

NOTE

Cette recette est artisanale. Elle n'aura pas la couleur rosée des charcuteries industrielles, car elle ne contient ni sel nitrite, ni dextrose, ni polyphosphate.

750 g (1 ¾ lb)	Viande d'épaule ou de dessous de cou d'orignal, dénervée
450 g (1 lb)	Viande d'épaule ou de dessous de cou de veau, dénervée
4	Tranches de pain sans la croûte
180 ml (¾ tasse)	Crème à 35 %
180 ml (¾ tasse)	Gras de gibier ou, à défaut, de gras de gorge de porc
	Sel fin et poivre blanc
2	Œufs entiers
	Fécule de pomme de terre
70 g (½ tasse)	Canneberges ou bleuets séchés sans sucre
100 g (⅔ tasse)	Pistaches ou pignons de pins écalés
60 g (¼ tasse)	Beurre non salé
200 g (7 oz)	Languettes de foie de gibier ou de foie de veau
	Sel et poivre blanc
100 ml (env. ½ tasse)	Brandy
1	Feuille de laurier
1	Branche de thym
250 ml (1 tasse)	Glace blanche de gibier ou gelée commerciale

Macérer les tranches de pain dans la crème à 35 %.

Passer au hachoir muni d'une grille moyenne, deux fois de suite, le gibier, le veau, le pain trempé dans la crème et le gras de gibier. Pesez l'ensemble et saler à raison de 2 ½ c. à café (2 ½ c. à thé) de sel au kilo et ½ c. à café (½ c. à thé) de poivre au kilo. Mélanger le tout en ajoutant les œufs et la fécule de pomme de terre à raison de 2 c. à café (2 c. à thé) au kilo. Si vous le désirez, ajoutez à la préparation des canneberges (airelles) ou des bleuets séchés non sucrés, des pistaches ou des pignons de pins. Laisser reposer 2 heures au réfrigérateur.

Chauffer le beurre dans une poêle épaisse, puis saisir vivement les languettes de foie de gibier ou de veau. Saler et poivrer. Extraire le gras de cuisson et flamber avec le brandy. Réserver.

Choisir un moule à charcuterie. Répartir la moitié de la viande puis ranger les languettes de foie dans le sens de la longueur. Ajouter le reste de la viande. Enfoncer sur le dessus la feuille de laurier et la branche de thym. Couvrir. Cuire au four dans un bain-marie à 215 °C (425 °F), jusqu'à ce que l'on puisse enfoncer un couteau dans la terrine. Le mélange doit être chaud au centre, c'est-à-dire atteindre entre 72 °C (165 °F) et 75 °C (170 °F) au thermomètre. Laisser refroidir à la température de la pièce puis mettre au réfrigérateur.

À la sortie du four, poser une planchette de la grandeur interne du moule à terrine, puis ajouter un poids par-dessus (2 grosses boîtes de conserve). Ainsi, le gras remontera à la surface. Si vous avez de glace blanche de gibier en réserve, ou encore de la gelée commerciale, versez-en sur le dessus et laissez-la s'infiltrer dans la terrine. Lorsque la préparation refroidira, le gras figera, empêchant l'oxydation.

VARIANTES : caribou, cerf, wapiti, ours, chevreuil.

NOTE

Au moment du dépeçage de votre gibier, enlever le maximum de nerfs du morceau de viande choisi. Si vous le faites dépecer par le boucher, demandez-lui de réserver le gras. Bien l'envelopper et le congeler. Ainsi, lorsque vous en aurez besoin, comme pour cette recette de terrine, vous en aurez sous la main.

de marcassin et de sanglier

CUISSOT DE MARCASSIN AUX PIMBINAS

4 personnes

Difficile
Préparation : plus
de 40 min
Cuisson : au thermomètre

NOTE

Dès qu'on dit marcassin, il
s'agit d'un jeune animal,
donc, qui n'a relativement
pas besoin de marinade,
si ce n'est pour donner un
goût particulier à la viande.
Si on utilise un sanglier,
donc un animal plus âgé, il
est préférable de mariner
le cuissot pendant
48 heures et récupérer les
légumes de la marinade.

1	Cuissot de marcassin
150 g (5 oz)	Lard gras
80 ml (⅓ tasse)	Huile végétale
1	Oignon
1	Carotte
1	Branche de céleri
1	Branche de thym
½	Feuille de laurier
3	Baies de genièvre
180 ml (¾ tasse)	Vin rouge
80 ml (⅓ tasse)	Marc de Bourgogne ou autre
250 ml (1 tasse)	Fond brun de gibier, lié
200 g (⅓ tasse)	Baies de pimbina
	Gelée de pimbina
	Sel et poivre

Choisir une plaque à rôtir ni trop grande, ni trop petite, afin de pouvoir disposer les légumes aromatiques autour du cuissot.

Couper de longues languettes de lard gras. Larder le cuissot (voir page 387), saler et poivrer. Chauffer l'huile végétale, saisir le cuissot, puis le mettre au four à 175 °C (350 °F) pendant 20 minutes. Baisser la température à 150 °C (300 °F). Arroser régulièrement avec le gras de cuisson.

À mi-cuisson, c'est-à-dire à une température à cœur d'environ 50 °C (125 °F), déposer les légumes coupés en mirepoix, le thym, le laurier et les baies de genièvre autour du cuissot et continuer la cuisson en arrosant régulièrement.

Lorsque la viande atteindra 60 °C (140 °F) à cœur, retirer le cuissot et le garder au chaud sur une grille. Ce temps de repos sera tout à fait bénéfique.

Préparer la sauce. Dans la plaque de cuisson, verser le vin rouge et le marc de Bourgogne et réduire de moitié, puis ajouter le fond de gibier. Cuire pendant 7 à 8 minutes et passer la sauce au chinois en pressant fortement pour extraire les saveurs. Quelques minutes avant de servir, ajouter les baies de pimbina à la sauce. Les baies vont éclater. Goûter. Si la sauce est trop acide, ajouter un peu de gelée de pimbina.

VARIANTES : chamois, mouflon, petit chevreuil, wapiti, agneau.

SERVICE

Découper le cuissot au
moment de servir et
accompagner d'une
purée de marrons.

CÔTELETTES DE MARCASSIN AUX GROSEILLES, CHOUCROUTE MARINÉE AU CUMIN ET À L'ÉRABLE

À David McMillan, du restaurant Joe Beef

8	Côtelettes de marcassin de 90 g (3 oz) avec os
3 litres (12 tasses)	Eau
600 g (env. 1 ¼ lb)	Choucroute commerciale non cuite
2	Pommes Russet ou Cortland
80 g (⅓ tasse)	Graisse de canard
2	Oignons hachés finement
180 ml (¾ tasse)	Vin blanc sec
80 g (⅓ tasse)	Sirop d'érable
10 g (2 c. à soupe)	Cumin en poudre
4	Baies de genièvre
3	Gousses d'ail en chemise
80 g (⅓ tasse)	Huile d'arachide
160 g (5 ½ oz)	Groseilles rouges ou à maquereau
60 ml (¼ tasse)	Eau de vie d'alisier ou de poire
160 ml (⅔ tasse)	Glace brune de gibier à poil
160 ml (⅔ tasse)	Crème à 35 %
80 g (⅓ tasse)	Beurre
	Sel et poivre

Faire chauffer l'eau et y mettre la choucroute. À la première ébullition, la rafraîchir immédiatement et l'égoutter. Éplucher les pommes et les couper en petits dés. Dans une casserole ou un rondeau à fond épais, chauffer la graisse de canard; fondre les oignons et les pommes. Ajouter la choucroute. Mouiller avec le vin blanc et le sirop d'érable. Ajouter le cumin, les baies de genièvre et les gousses d'ail. Saler et poivrer. Couvrir hermétiquement. Cuire au four à 175 °C (350 °F), jusqu'à ce que le chou soit tendre.

Dans une poêle assez grande et à fond épais, chauffer l'huile d'arachide. Saler et poivrer les côtelettes. Les cuire en les gardant saignantes et réserver. Enlever tout le gras de cuisson. Préparer la sauce : ajouter les groseilles, flamber avec l'eau-de-vie d'alisier ou de poire, puis ajouter la glace de gibier. Assaisonner au goût, puis terminer en ajoutant la crème et le beurre.

VARIANTES : caribou, chamois, chevreuil, mouflon, orignal, wapiti, veau.

4 personnes

Facile
Préparation : moins
de 10 min
Cuisson : 4 à 5 min

GROSEILLIER SAUVAGE
Le groseillier des jardins est issu du groseillier sauvage. Le groseillier à fruits rouges forme un buisson de 1,3 à 1,5 m de haut. En juillet et août, les fruits forment de jolies grappes de baies brillantes, roses, rouges, ou d'un blanc-jaune éclatant. Les fruits du groseillier sont très fragiles et doivent être récoltés au bon moment. Cueillis trop tôt, ils sont trop acides; trop tard, ils s'égrainent. Attention toutefois de ne pas confondre le groseillier sauvage avec le Bois gentil qui est toxique.

SERVICE

Former un petit dôme de choucroute, placer les côtelettes de chaque côté et napper de sauce.

RIS DE MARCASSIN AU PORTO ET AUX CHAMPIGNONS

700 à 800 g (1 ½ à 1 ¾ lb)	Ris[1] de marcassin
2 litres (8 tasses)	Eau
1	Oignon piqué d'un clou de girofle
1	Carotte
3	Gousses d'ail
3	Baies de genièvre
1	Bouquet garni
1	Branche de céleri
180 g (¾ tasse)	Beurre doux
5	Échalotes hachées
300 ml (1 ¼ tasse)	Porto rouge
180 ml (¾ tasse)	Fond brun de gibier, lié
400 g (14 oz)	Champignons blancs en dés
160 ml (⅔ tasse)	Crème à 35 %
80 ml (⅓ tasse)	Cognac
	Sel et poivre

4 personnes

Assez facile

Préparation : 20 à 40 min

Cuisson : 40 min

NOTE

Il est important, dès qu'un jeune animal est tué, de récupérer les ris le plus rapidement possible et de les dégorger, c'est-à-dire de les mettre sous l'eau courante pour enlever le sang et les impuretés. Si les ris sont petit, on peut les cuire directement après les avoir dégorgés.

Mettre l'eau dans une casserole avec l'oignon piqué, la carotte, l'ail, les baies de genièvre, le bouquet garni, la branche de céleri, le sel et le poivre. Cuire pendant 30 minutes pour que le court-bouillon prenne le goût des éléments aromatiques. Pocher les ris pendant dix minutes, arrêter la cuisson et les laisser dans le court-bouillon pendant 1 heure. Ensuite, mettre les ris sous presse (pour qu'ils deviennent moins poreux et ne fassent pas « buvard »). Les garder au froid une douzaine d'heures, puis enlever les membranes et les petits nerfs qui les enveloppent.

Chauffer la moitié du beurre dans un sautoir et étuver les échalotes hachées ; ajouter les ris et étuver quelques minutes. Verser le porto et réduire des trois-quarts, puis incorporer le fond de gibier. Mijoter pendant 15 minutes à feu doux (85 °C/185 °F).

Pendant ce temps, couper les champignons en dés et les laver. Chauffer 4 ½ c. à soupe beurre dans une poêle à fond épais, puis faire sauter les champignons jusqu'à complète évaporation du liquide. Saler et poivrer puis les ajouter aux ris.

VARIANTES : caribou, orignal, wapiti, veau, agneau, chevreuil, tous très jeunes.

SERVICE

Au moment de servir, incorporer la crème et le cognac au mélange. Rectifier l'assaisonnement et monter avec le reste du beurre. Servir soit sur vol-au-vent, un coussin de feuillage ou avec du riz pilaf.

---

1. N'utiliser que les ris d'animaux d'élevage ou se référer à la section Conseils sur l'utilisation des abats et de la chair du gibier à poil, p. 180.

SELLE DE MARCASSIN AU CHICOUTAI, THÉ DU LABRADOR ET SALSIFIS SAUTÉS

À Marie-Sophie Picard, chef de cuisine

4 personnes

Difficile

Préparation : 20 à 40 min

Cuisson : au thermomètre

NOTE

Le nombre de portions dépendra de la grosseur de la selle.

SELLE

La selle de marcassin, d'agneau, de jeune chevreuil, de lièvre (râble) et autres petits animaux se trouve entre la fin du gigot ou de la gigue et les premières côtes. On la cuit généralement avec l'os. (Voir photo de selle d'ours page 306).

1	Selle de marcassin (300 g avec os par personne)
1	Carotte
1	Branche de céleri
4	Échalotes
2	Gousses d'ail
300 ml (1 ¼ tasse)	Jus de plaquebière
150 ml (⅔ tasse)	Chicoutai
300 ml (1 ¼ tasse)	Vin blanc
80 ml (⅓ tasse)	Huile de pépins de raisin
1 c. à café (1 c. à thé)	Thé du Labrador sec
1 ½ c. à café (1 ½ c. à thé)	Sarriette séchée
8	Grains de poivre
	Sel de céleri
1 kg (2 ¼ lb)	Salsifis
3	Citrons
3 litres (12 tasses)	Eau
125 g (¾ tasse)	Farine
240 g (1 tasse)	Beurre
80 ml (⅓ tasse)	Jus de papaye
80 ml (⅓ tasse)	Huile d'arachide
200 g (1 ⅓ tasse)	Baies de plaquebière
	Sel de céleri et poivre blanc

Bien dénerver la selle de marcassin. Choisir un récipient où la selle ne sera pas submergée.

Émincer très finement la carotte, le céleri, les échalotes, les gousses d'ail et les disposer autour de la selle. Ajouter le jus de plaquebière, ou le Chicoutai, le vin blanc, l'huile de pépins de raisin, le thé du Labrador, la sarriette, les grains de poivre et saler avec le sel de céleri. Couvrir d'une pellicule plastique. Laisser mariner sur le comptoir pendant 48 heures ; retourner 2 à 3 fois pendant cette période.

Le jour de l'utilisation, en premier lieu, préparer les salsifis : les éplucher (mettre des gants sinon les mains resteront tachées de noir), les laver et les réserver dans de l'eau citronnée (jus de 1 citron). Les couper en bâtonnets de 5 cm (2 po) de longueur. Dans trois litres d'eau froide, ajouter la farine, le jus de deux citrons, du sel et du poivre. Porter à ébullition en remuant constamment. Ajouter les bâtonnets de salsifis et les cuire. Ils doivent rester légèrement croquants.

Sortir la selle de sa marinade, égoutter, éponger et réserver. Préparer un fond : égoutter les éléments de la marinade ; chauffer 60 g (¼ tasse) de beurre et faire suer ces éléments ; ajouter le jus de papaye et le liquide de la marinade. Cuire à frémissement pendant 25 minutes ou réduire de moitié, puis passer au chinois étamine. Réserver.

Ficeler fermement la selle de marcassin. Dans un sautoir adéquat, chauffer l'huile d'arachide, faire revenir la selle de marcassin, saler et poivrer. Mettre au four à 175 °C (350 °F) et cuire tout en arrosant fréquemment jusqu'à ce que la viande atteigne 68 °C (154 °F) à cœur. Réserver sur une grille, au chaud.

Vider toute la graisse de cuisson, déglacer avec le fond réservé, mijoter. Monter au beurre (80 g ou ⅓ tasse) et ajouter les baies de plaquebière.

Dans une poêle, chauffer le reste du beurre et faire sauter les salsifis bien égouttés. Assaisonner avec du sel de céleri et du poivre blanc moulu.

VARIANTES : petit caribou, petit chamois, petit chevreuil, petit mouflon, petit wapiti, agneau.

SALSIFIS
Ce légume est connu depuis plus de 2000 ans en Europe. On consomme surtout sa longue racine charnue à la saveur mucilagineuse et sucrée. On dit qu'il a également un léger goût d'asperge ou d'artichaut avec un arrière-goût de noix de coco.

SERVICE

Désosser la selle et servir un morceau de longe et un petit morceau de filet par personne.

FILET DE MARCASSIN RÔTI, POÊLÉE DE CHANTERELLES PERSILLÉES

À Nicolas Gauthier du Rieur Sanglier, ferme d'élevage à Yamachiche

**CHANTERELLES
(cantharellus)**
Champignon à chair blanc jaunâtre et au goût légèrement fruité fort apprécié des gourmets. Il accompagne à merveille le gibier.

1	Morceau de filet de sanglier de 600 g (env. 1 ¼ lb) paré
20 g (⅓ tasse)	Carottes
20 g (⅓ tasse)	Céleri
45 g (¼ tasse)	Échalotes
20 g (⅓ tasse)	Poireau blanc
80 ml (⅓ tasse)	Huile d'arachide
180 ml (¾ tasse)	Vin blanc sec
80 ml (⅓ tasse)	Fond blanc de gibier
800 g (1 ¾ lb)	Chanterelles fraîches
80 ml (⅓ tasse)	Beurre
50 g (1 ⅔ tasse)	Persil frais haché
	Sel et poivre

Couper la carotte, le céleri, les échalotes et le poireau en brunoise (dés minuscules).

Utiliser un plat à rôtir de dimension adéquate, de façon que les morceaux de viande soient les uns à côté des autres, mais sans être tassés.

Chauffer l'huile d'arachide, faire revenir le filet de tous les côtés afin qu'il prenne une belle couleur dorée. Mettre au four à 175 °C (350 °F) jusqu'à atteindre la température de 54 °C (130 °F) à cœur. Enlever l'excédent de gras, entourer le filet des légumes en brunoise et continuer la cuisson en arrosant, jusqu'à atteindre 57 °C (135 °F) à cœur. Enlever la viande et la réserver sur une grille au chaud.

Dans le fond du plat à rôtir, verser le vin blanc ; réduire de 90 % pour enlever l'acidité, puis ajouter le fond de gibier. Cuire de 1 à 2 minutes. Réserver.

Laver à fond les chanterelles dans plusieurs eaux afin d'enlever tout le sable ou l'herbe. Bien égoutter et sécher. Chauffer le beurre dans une poêle, faire sauter les chanterelles, saler et poivrer. Cuire complètement. Terminer avec le persil frais haché.

VARIANTES : caribou, chevreuil, orignal, wapiti, veau, bœuf.

NOISETTES DE MARCASSIN SAUTÉES, SAUCE DIANE

Assez facile
Préparation : moins
de 40 min
Cuisson : 4 à 5 min

8	Noisettes de longe de marcassin de 70 g (2 ½ oz)
400 g (14 oz)	Lentilles du Puy
1	Oignon piqué d'un clou de girofle
1	Carotte
2	Gousses d'ail en chemise
180 g (¾ tasse)	Beurre
80 ml (⅓ tasse)	Armagnac
250 ml (1 tasse)	Sauce Diane (voir page 347)
16	Tiges de ciboulette
	Sel et poivre

CIBOULETTE
Issues de petits bulbes poussant en touffe, des fleurs roses ou violacées dépassent légèrement du feuillage. La saveur de la ciboulette ressemble à celle de l'oignon, mais avec des nuances beaucoup plus délicates et moins lourdes.

Bien laver les lentilles, les déposer dans un rondeau et les couvrir d'eau froide. Ajouter l'oignon piqué du clou de girofle, la carotte et les gousses d'ail. Cuire à frémissement (95 °C ou 200 °F) environ 30 minutes. Lorsque les lentilles sont cuites, les laisser dans leur jus de cuisson. Saler et poivrer.

Saler et poivrer les noisettes de marcassin.

Dans une poêle à fond épais, chauffer 80 g (⅓ tasse) de beurre et faire sauter les noisettes de marcassin. À cuisson voulue, les flamber à l'armagnac. Enlever les noisettes et les garder au chaud. Verser la sauce Diane dans la poêle, chauffer et monter avec le reste du beurre.

Égoutter les lentilles, couper la carotte en brunoise, chauffer le reste du beurre et sauter les lentilles avec les carottes. Rectifier l'assaisonnement.

VARIANTES : caribou, chevreuil, orignal, wapiti.

SERVICE

Déposer les lentilles au centre de l'assiette, les entourer des noisettes de marcassin et napper de sauce Diane. Décorer de tiges de ciboulette.

SAUTÉ D'ÉPAULE DE MARCASSIN
AUX CERISES SAUVAGES DU QUÉBEC

À Martin Champagne, chef de cuisine québecois au Koweit

800 g (1 ¾ lb)	Épaule de marcassin en cubes de 60 g (2 oz)
80 ml (⅓ tasse)	Huile d'arachide
1	Carotte en mirepoix
1	Branche de céleri en mirepoix
200 g (7 oz)	Cerises sauvages du Québec ou cerises Montmorency (cerises aigres-douces), fraîches ou en conserve
1 litre (4 tasses)	Fond de gibier brun non lié
125 g (½ tasse)	Sucre
80 ml (⅓ tasse)	Vinaigre de cidre
1	Bouquet garni
4	Baies de genièvre
¼	Feuille de laurier
125 ml (½ tasse)	Concentré de tomate
300 ml (1 ¼ tasse)	Vin blanc
12	Pommes de terre rattes ou grelots
80 ml (⅓ tasse)	Kirsch
40 g (⅔ tasse)	Ciboulette ciselée
	Sel et poivre

Chauffer l'huile d'arachide dans une poêle épaisse et faire revenir les cubes de viande. Les transférer dans une casserole ou un rondeau à fond épais.

Couper la carotte et le céleri en mirepoix et les faire sauter dans la poêle. Ajouter à la viande. Réserver.

Cuire les cerises fraîches dans le fond de gibier ; puis ajouter 250 ml (1 tasse) de fond et ajouter le sucre et le vinaigre. (Ou, s'il y a lieu, égoutter les cerises en conserve et réserver le jus.)

Faire une gastrique, c'est-à-dire amener le jus de cuisson des cerises (ou le jus des cerises en conserve) à caramélisation et arrêter immédiatement la cuisson en versant de l'eau froide sur le caramel.

Verser sur la viande le reste du fond et la gastrique, le bouquet garni, les baies de genièvre, le laurier et le concentré de tomate et le vin blanc. Saler légèrement. Bien remuer, porter à ébullition, couvrir hermétiquement et cuire au four à 175 °C (350 °F) environ 1 h 30. À mi-cuisson, ajouter les pommes de terre. L'ensemble doit être cuit en même temps.

4 personnes

Assez facile
Préparation : moins de 10 min
Cuisson : 1 h 30 à 2 h

VARIANTES : caribou, chamois, chevreuil, mouflon, orignal, wapiti.

SERVICE

Quelques minutes avant de servir, ajouter le kirsch et les cerises. Rectifier l'assaisonnement. Parsemer de ciboulette ciselée. Servir dans une assiette creuse.

FROMAGE DE TÊTE DE SANGLIER

1	Tête de sanglier ou de porc
2 litres (8 tasses)	Court-bouillon
2	Carottes
1	Tête d'ail
2	Pieds de porc
	Sel et poivre
1 c. à café (1 c. à thé)	Poudre d'ail
1 c. à café (1 c. à thé)	Poudre d'oignon
½ c. à café (½ c. à thé)	Poudre de laurier
40 g (1 ⅓ tasse)	Persil haché finement

Brûler tous les poils qui pourraient rester sur la tête. La couper en deux, puis extraire la langue et la cervelle. Réserver la cervelle pour une autre recette. Passer la langue à l'eau. Plonger la tête et la langue dans l'eau froide. Porter à ébullition et rafraîchir. Cette opération a pour but d'extraire toutes les impuretés.

Préparer un court-bouillon (voir page 343). Y ajouter les carottes entières, l'ail et les pieds de porc. Cuire au four à 100 °C (200 °F), jusqu'à ce que l'on puisse enfoncer et sortir facilement un couteau de la chair. Enlever la viande. Désosser la tête et enlever la peau de la langue. Couper l'ensemble en dés de 12 mm (½ po). Réserver. Enlever les carottes, puis les couper en dés de 6 mm (¼ po). Réserver.

Verser le contenu de la casserole dans une passoire à mailles, puis réduire le fond de cuisson de 70 %. Vous ferez un test de « tenue du fond » en mettant au réfrigérateur 180 ml (¾ tasse) de ce fond. À froid, il devra être « naturellement très dur ». À cette étape, bien assaisonner le reste du fond de cuisson avec le sel et le poivre, la poudre d'ail, la poudre d'oignon et la poudre de laurier.

Mélanger les cubes de viande et les carottes, puis ajouter le fond de cuisson. Laisser refroidir environ 40 minutes tout en remuant régulièrement. Incorporer le persil haché. Rectifier l'assaisonnement et mouler en terrine en vous assurant que tous les morceaux baignent dans le fond. Garder au réfrigérateur au moins 24 heures.

VARIANTES : porc, museau de caribou, orignal.

8 à 10 personnes

Difficile
Préparation : 70 minutes
Cuisson : au piqué

NOTE

Cette recette était fort courante dans nos campagnes québécoises à l'époque où on tuait le cochon avant l'hiver. C'était une façon d'utiliser la tête. Le sanglier ayant la même morphologie que le porc, cette recette convient parfaitement à cet animal.

SERVICE

Couper des tranches de 2 cm (environ ¾ po) d'épaisseur, puis les couper en pointe. L'épaisseur permet de piquer facilement chaque bouchée avec la fourchette. Accompagner de mayonnaise et de cornichons surs.

CARRÉ ENTIER DE SANGLIER AU VERJUS, POMMES FARCIES À LA PURÉE DE PANAIS

À Ian Perreault, chef de cuisine

8 personnes

Difficile

Préparation : 20 à 40 min

Cuisson : au thermomètre

MUSCADE :
Fruit du muscadier, la noix de muscade est brune et ridée et de forme ovoïde. Elle possède un arôme unique et une saveur à la fois douce et forte tout à fait particulière. Elle aide à rehausser certains mets, mais son dosage doit être subtil.

1	Carré de sanglier. Compter 225 g (8 oz) par portion
1	Oignon
1	Carotte
1	Branche de céleri
12	Gousses d'ail en robe
12	Échalotes entières
1	Branche de thym
¼	Feuille de laurier
8	Baies de genièvre
1	Branche de romarin
180 ml (¾ tasse)	Verjus
180 ml (¾ tasse)	Vin blanc
2 ½ c. à soupe	Vinaigre de cidre
80 ml (⅓ tasse)	Huile d'olive
	Sel et poivre
120 g (½ tasse)	Beurre
400 ml (1 ⅔ tasse)	Sauce poivrade (voir page 346)
70	Raisins rouges frais, sans peau ni pépins
80 ml (⅓ tasse)	Huile de cuisson
2 litres (8 tasses)	Eau
8	Pommes Russet
1	Pomme de terre
1 kg (2 ¼ lb)	Panais
125 ml (½ tasse)	Crème à 35 %
½	Pincée de muscade râpée
30 g (½ tasse)	Ciboulette ciselée

Dénerver, parer le carré de sanglier et nettoyer les côtes. Mettre le carré de sanglier dans un récipient suffisamment grand pour le déposer bien à plat. Ajouter l'oignon, la carotte, la branche de céleri et les gousses d'ail finement émincées, les échalotes entières, le thym, le laurier, les baies de genièvre et la branche de romarin. Ajouter le verjus, le vin blanc, le vinaigre de cidre et

Suite à la page 270

CARRÉ ENTIER DE SANGLIER AU VERJUS, POMMES FARCIES À LA PURÉE DE PANAIS

l'huile d'olive. Saler et poivrer légèrement. Couvrir d'une pellicule plastique et laisser au réfrigérateur de 2 à 3 jours, en retournant le carré deux fois par jour.

Bien égoutter l'ensemble dans une passoire ; réserver la viande et les légumes séparément.

Préparer la sauce : chauffer 4 ½ c. à soupe de beurre dans une casserole et y faire fondre les éléments aromatiques. Ajouter le fond de marinade et réduire de moitié ; ajouter la sauce poivrade et cuire doucement. Lorsque les échalotes seront cuites, les enlever et les conserver au chaud. Goûter la sauce et, lorsqu'elle aura suffisamment pris le goût des éléments, la passer au chinois en pressant très fort pour extraire le maximum de saveurs. Remettre les échalotes cuites dans la sauce et ajouter les raisins. Monter avec le reste du beurre.

Choisir une plaque de cuisson convenant à la pièce de viande. Chauffer l'huile végétale et faire revenir le carré de sanglier, puis le mettre au four chauffé à 200 °C (400 °F). Arroser souvent.

Pendant la cuisson, chauffer l'eau. Peler les pommes, les évider, les ébouillanter puis les rafraîchir immédiatement. Les conserver dans un linge mouillé. Dans la même eau, cuire la pomme de terre avec les panais puis les passer à la moulinette, saler et poivrer, incorporer la crème à 35 % chaude, ajouter la pincée de muscade râpée et la ciboulette ciselée. Farcir les pommes avec cette purée.

Lorsque la viande aura atteint la température de 48 °C (118 °F) à cœur, déposer les pommes farcies tout autour. Continuer la cuisson jusqu'à ce que la température atteigne 68 à 70 °C (env. 160 °F), à cœur. Les pommes devraient alors être cuites.

VARIANTES : petit chevreuil, petit caribou, petit orignal, veau de lait.

Suite de la page 268

JARRETS DE SANGLIER EN POTÉE AUX GOURGANES

4	Jarrets de sanglier (2 arrières, 2 avants)
5 kg (11 lb)	Gros sel
2	Carottes
2	Oignons espagnols
4	Gousses d'ail
2	Branches de céleri
2	Clous de girofle
½	Feuille de laurier
1	Branche de thym
14	Grains de poivre
1 litre (4 tasses)	Fond brun de gibier, non lié
6 à 7 litres (24 à 28 tasses)	Eau
800 g (1 ¾ lb)	Pommes de terre
800 g (1 ¾ lb)	Gourganes

Préparation : Mettre les 4 jarrets de sanglier dans un récipient, les recouvrir de gros sel et les laisser reposer pendant 12 heures. Ensuite, faire couler de l'eau froide dessus pendant 1 à 2 heures. Si votre boucher possède un appareil pour mettre la viande sous vide, faites préparer deux sacs : l'un contenant les deux jarrets avant et l'autre les deux jarrets arrière. Dans chaque sac, mettre aussi 1 carotte entière, 1 oignon coupé en deux, 2 gousses d'ail, 1 branche de céleri, 1 clou de girofle, ¼ feuille de laurier, ½ branche de thym, 7 grains de poivre, 500 ml (2 tasses) de fond de gibier. Fermer les sacs au moyen de l'appareil sous vide.

Cuisson : Mettre 6 à 7 litres (24 à 28 tasses) d'eau dans une marmite. Amener la température à 72 °C (160 °F). Maintenir cette température pendant toute la cuisson. En aucun cas, elle ne doit varier. Plonger les sacs dans cette eau et les cuire lentement pendant 10 à 12 heures. Ouvrir les sacs, récupérer le jus de cuisson et garder les jarrets au chaud.

Une heure avant de servir, éplucher les pommes de terre et les couper en dés. Mettre les dés de pommes de terre et les gourganes dans une cocotte, ajouter le fond de cuisson des jarrets et mijoter comme une potée. On peut aussi couper les carottes et le céleri en gros dés et les ajouter à la potée.

4 à 6 personnes

Assez facile
Préparation : plus de 40 min
Cuisson : 10 à 12 heures

NOTE

Si vous avez la chance de tuer un sanglier, faites mettre tout de suite les jarrets ensemble sous vide afin de les utiliser ultérieurement. De la même façon, on peut cuire les jarrets enveloppés dans une pellicule plastique, mais on devra faire le fond séparément.

VARIANTES : caribou, chevreuil, orignal, wapiti, veau, agneau.

SERVICE

Servir les jarrets avec les pommes de terre et les gourganes.

JOUES DE SANGLIER BRAISÉES
AU CIDRE DE MICHEL JODOIN

4	Joues de sanglier
	Sel et poivre concassé
80 ml (⅓ tasse)	Huile d'arachide
80 g (⅓ tasse)	Gras de cuisson
375 ml (1 ½ tasse)	Cidre rosé Michel Jodoin ou autre
250 g (1 ¼ tasse)	Mirepoix de légumes
1	Bouquet garni
12	Petites tomates olives italiennes
375 ml (1 ½ tasse)	Fond brun de sanglier ou de veau, lié
12	Pommes de terre rattes

Faire de légères entailles en croisé de 3 mm (⅛ po) de chaque côté des joues.
Saler et poivrer. Dans une poêle à fond épais, chauffer l'huile d'arachide et
le gras de cuisson. Saisir les joues de chaque côté pour leur donner une belle
coloration. Extraire le gras de cuisson et verser le cidre. Faire bouillir afin
d'extraire l'alcool, puis réduire des trois quarts. Ajouter la mirepoix de
légumes, le bouquet garni et les tomates. Mijoter 10 minutes sans couvercle,
puis ajouter le fond brun de sanglier ou de veau. Couvrir et cuire au four à
175 °C (350 °F), jusqu'à ce que l'on puisse facilement piquer et ressortir
la pointe d'un couteau. Rectifier l'assaisonnement. Cuire les pommes de terre
rattes dans le jus de cuisson des joues ou à l'eau salée. On peut également
cuire les joues à basse température à la mijoteuse jusqu'à ce qu'on puisse
enfoncer et retirer facilement la pointe d'un couteau dans la viande.

VARIANTES: veau, porc, bœuf, orignal, caribou, bœuf musqué.

---

4 personnes

Assez facile
Préparation : 20 minutes
Cuisson : au thermomètre

NOTE
Actuellement, en cuisine,
les joues, très goûteuses,
sont à la mode. Les joues
sont la masse musculaire
correspondant
principalement
au muscle masséter.

SERVICE

Servir immédiatement
avec les pommes
de terre rattes.

Recettes
de bison

RÔTI DE BISON, SAUCE AUX ASCLÉPIADES

8 personnes

Assez facile

Préparation : 20 à 40 min

Cuisson : au thermomètre

NOTE

Demander au boucher
de prélever un rôti à
l'intérieur de la cuisse
du bison, car ce magnifique
animal tombe toujours
sur la partie externe
de la cuisse en se
couchant, faisant en sorte
que cette partie
reste dure.

1,6 à 1,8 kg (3 ½ à 4 lb)	Rôti d'intérieur de cuisse de bison
1	Oignon
1	Carotte
2	Branches de céleri
250 g (½ lb)	Barde
3 c. à soupe	Huile végétale
1	Branche de thym
½	Feuille de laurier
250 ml (1 tasse)	Vin blanc sec
160 ml (⅔ tasse)	Eau
300 ml (1 ¼ tasse)	Sauce poivrade (voir page 346)
6 c. à soupe	Beurre doux
250 g (½ lb)	Asclépiades fraîches ou en conserve
	Sel et poivre

Couper les légumes en mirepoix, saler et poivrer. Barder la viande et
la ficeler.

Dans une plaque à rôtir, chauffer l'huile de cuisson et faire revenir
légèrement le rôti de bison. Mettre au four à 175 °C (350 °F). Lorsque
la viande atteint 48 °C (118 °F) à cœur, l'entourer de la mirepoix de légumes,
ajouter le thym et le laurier, puis continuer la cuisson jusqu'à ce que la viande
atteigne 54 °C (130 °F) à cœur. Enlever le rôti, le conserver sur une grille.

Déglacer la plaque avec le vin blanc et l'eau. Cuire quelques minutes et
passer au chinois en pressant bien les légumes pour en extraire le maximum
de saveurs. Ajouter la sauce poivrade, monter cette sauce au beurre puis,
quelques minutes avant de servir, verser les asclépiades dans la sauce.

VARIANTES : bœuf musqué, caribou, chevreuil, orignal, wapiti, bœuf.

SERVICE

Couper de belles tranches
de rôti de bison, verser
de la sauce autour.
Une purée de patates
douces constitue
un excellent légume
d'accompagnement.

CÔTES DOUBLES DE BISON GRILLÉES, DUXELLES DE CHAMPIGNONS, SAUCE AUX PISTILS DE BARDANE

2	Côtes de bison de 800 g (1 ¾ lb) avec les os
400 g (14 oz)	Champignons de couche
80 g (⅓ tasse)	Beurre
200 g (7 oz)	Crosnes
3 c. à soupe	Huile d'olive
4	Tartelettes maison ou du commerce
320 ml (1 ⅓ tasse)	Sauce grand veneur
3 c. à soupe	Cognac
20 g (⅓ tasse)	Pistils de bardane (facultatif)
	Sel et poivre

Bien laver les champignons, les passer au robot culinaire. Dans une casserole suffisamment grande, chauffer le beurre, puis ajouter les champignons hachés. Cuire jusqu'à complète évaporation du liquide. À ce stade de cuisson, saler, poivrer et conserver au chaud.

Laver les crosnes à fond, les cuire à l'eau salée et les conserver au chaud.

En été, chauffer le barbecue; l'hiver, une plaque à griller sur la cuisinière ou un gril électrique feront le même travail. Chauffer la plaque ou le gril. Saler et poivrer les côtes de bison. Badigeonner d'huile d'olive, puis quadriller les côtes sur le côté le plus chaud de la grille. Une fois la viande bien quadrillée, la déplacer du côté le moins chaud.

Farcir les fonds de tartelettes avec le hachis de champignons et mettre au four à 180 °C (350 °F). Chauffer la sauce grand veneur et la remuer avec le cognac. Avant de servir, ajouter les pistils de bardane (facultatif).

La bardane est saisonnière. Les pistils peuvent être conservés soit déshydratés, soit congelés. On peut les remplacer par des fleurs d'hysope cultivées pour la consommation.

VARIANTES : bœuf musqué, chamois, chevreuil, mouflon, orignal, bœuf.

---

4 personnes

Assez facile

Préparation : 10 à 20 min

Cuisson : 12 à 15 min

NOTE

Le bison étant un gros animal, demander au boucher de couper dans les côtes environ 700 g (1 ½ lb) de viande parée avec un os. Il est important la viande soit d'au moins 2 à 3 cm (¾ à 1 po) d'épaisseur.

NOTE

Une viande grillée doit être cuite entièrement sur le gril parce qu'il faut en partie extraire l'humidité de la viande et griller en partie la viande après assèchement.

SERVICE

Couper la viande dans le sens inverse de la cuisson. Verser un peu de sauce au fond de chaque assiette, puis mettre les tranches de côtes de bison. Disposer la tartelette sur le côté et garnir de crosnes bien chauds.

DAUBE DE BISON AUX KUMQUATS

À Josée Toupin et Alain Demontigny, La terre des bisons, à Rawdon

4 personnes

Assez facile
Temps requis :
plus de 40 min
Cuisson : 1 h à 1 h 30

1,2 kg (2 ¾ lb)	Cubes de bison dans l'épaule de 50 g (2 oz) chacun
200 g (7 oz)	Lard entrelardé non salé
150 g (5 oz)	Gras de bison ou de veau (autour des rognons)
8	Gousses d'ail en chemise
1	Feuille de laurier
2	Clous de girofle
3	Écorces d'orange séchées
200 g (7 oz)	Kumquats
1 litre (4 tasses)	Vin rouge
	Sel et poivre

Choisir une cocotte en grès, une marmite ou un rondeau avec un couvercle creux percé d'un petit trou. Mettre tous les ingrédients dans la cocotte, recouvrir de vin rouge. Déposer le couvercle à l'envers et y mettre 125 ml (½ tasse) d'eau. Cuire au four à 150 °C (300 °F).

Si la chaleur du four est trop vive, la daube se troublera. Vous aurez remarqué qu'on ne fait rien revenir et qu'aucun légume n'est ajouté à la daube. On peut toutefois y ajouter un pied de porc.

Pendant la cuisson, qui dure plusieurs heures, s'assurer qu'il y a toujours de l'eau dans le couvercle inversé.

VARIANTES : bœuf musqué, caribou, chevreuil, orignal, bœuf, veau.

KUMQUAT

On mange le fruit entier tel quel, son écorce étant comestible, car elle n'a pas ce goût âcre qui caractérise les autres agrumes. La pulpe est agréablement acidulée. Il y a deux espèces de kumquats : le *Fortunella margarita* et le *F. japonica*, respectivement ovale et rond. Il existe un hybride, le *F. crassifolia*, qui est plus doux. Dans la daube, on aura intérêt à choisir moitié-moitié deux espèces de Kumquats pour obtenir un bon équilibre. Si ce n'est pas la saison des kumquats, on peut les remplacer par des olives noires, ce qui fera de cette recette une daube provençale.

SERVICE

Servir la daube dans une assiette creuse avec de gros macaronis.

ENTRECÔTES DOUBLES DE BISON SAUTÉES, SAUCE AUX CERISES SAUVAGES

4 personnes

Assez facile

Préparation : 10 à 20 min

Cuisson : au thermomètre

NOTE

Au Québec, on trouve facilement des cerises sauvages à la fin de juillet et au début août. On peut les récolter en saison et les conserver de plusieurs façons : surgelées telles quelles, bouillies à l'eau, dénoyautées et mises en conserve ou déshydratées. Dans cette recette, on peut remplacer les cerises sauvages par des cerises en conserve, appelées «griottes».

2	Entrecôtes doubles de bison parées (env. 600 g/1 ¼ lb)
20 g (⅓ tasse)	Poudre de réglisse
80 ml (⅓ tasse)	Huile d'arachide
80 ml (⅓ tasse)	Kirsch
250 ml (1 tasse)	Sauce aigre douce aux pimbinas (voir page 348)
6 c. à soupe	Beurre
400 g (2 ⅔ tasse)	Cerises sauvages dénoyautées (cerises de Pennsylvanie)
80 ml (⅓ tasse)	Gelée de cerises
	Sel et poivre

Comme pour la côte de bison, il est très important de se procurer une entrecôte épaisse (2 cm ou ¾ po) pour obtenir de bons résultats, car une fois cuite, on doit pouvoir la trancher à contre-fil. Aussi, la viande d'un jeune animal n'a pas besoin d'être marinée. Par contre, s'il s'agit d'un bison adulte, il gagnera à être mariné pendant 48 heures.

Saler et poivrer les entrecôtes et les saupoudrer de poudre de réglisse. Dans un sautoir (sa hauteur gardera une partie de l'humidité nécessaire à la durée de cuisson), chauffer l'huile et faire revenir les entrecôtes pour qu'elles prennent une belle coloration. Baisser la température et cuire jusqu'à atteindre 58 °C (136 °F) à cœur (cuisson à point). Enlever le gras de cuisson, flamber avec le kirsch, retirer les entrecôtes, les réserver ; ajouter la sauce aigre-douce dans le sautoir. Chauffer, monter au beurre puis incorporer les cerises dénoyautées et blanchies. Si la sauce est trop acide, ajouter un peu de gelée de cerises.

VARIANTES : bœuf musqué, caribou, chevreuil, orignal, bœuf, wapiti.

SERVICE

Couper la viande à contre-fil. Verser la sauce et les cerises dans une assiette, puis déposer la viande sur la sauce. Des fonds d'artichauts pourraient être un excellent accompagnement.

SAUTÉ DE COU DE BISON À LA BIÈRE

4 personnes

Assez facile
Temps requis :
plus de 40 min
Cuisson : 7 h

1,2 kg (2 ¾ lb)	Cou de bison en cubes de 50 à 60 g (2 à 3 oz) chacun
80 ml (⅓ tasse)	Huile végétale
2	Oignons espagnols
2	Carottes
4	Poireaux moyens
6	Gousses d'ail en chemise
1 litre (4 tasses)	Bière blonde
80 ml (⅓ tasse)	Sirop d'érable
3 c. à soupe	Huile d'olive
400 g (14 oz)	Navet (rutabaga)
180 ml (¾ tasse)	Fond de gibier à poil ou fond brun de veau
	Sel et poivre

Dans une poêle à fond épais, chauffer l'huile végétale et faire revenir vivement les cubes de viande jusqu'à ce qu'ils aient une belle coloration. Égoutter et déposer dans un récipient. Couper en grosse mirepoix les oignons et les carottes. Laver les poireaux à fond et les ficeler. Ajouter à la viande les éléments aromatiques (oignons, carottes, ail, poireaux), puis arroser avec la bière et le sirop. Saler, poivrer et ajouter l'huile d'olive. Laisser mariner pendant au moins 24 heures. Choisir l'un de ces deux modes de cuisson :

À la mijoteuse : Verser tous les éléments qui auront mariné dans le cuiseur en céramique, ajouter le rutabaga, coupé de la même grosseur que les cubes de bison et le fond de gibier. Fermer le couvercle, régler le thermostat à chaleur moyenne ou à 70 °C (160 °F). Laisser cuire au moins 7 heures.

Sur la cuisinière : Utiliser une casserole ou un rondeau et procéder à la cuisson au four chauffé à 150 °C (300 °F). Évidemment, la cuisson sera plus rapide. C'est ce qui différencie les deux méthodes. La cuisson lente est beaucoup plus adaptée à ce genre de sauté, car la viande n'est pas « brusquée ».

VARIANTES : bœuf musqué, caribou, chevreuil, orignal, bœuf, wapiti.

SERVICE

Rectifier l'assaisonnement et servir dans une assiette creuse avec du pain de campagne.

TOURNEDOS DE BISON SAUTÉS,
SAUCE AUX BLEUETS

Sauce

90 g (½ tasse)	Échalotes, hachées finement
180 ml (¾ tasse)	Vin blanc sec ou vin de bleuet
125 ml (½ tasse)	Jus de bleuet
250 ml (1 tasse)	Fond brun de veau, lié
	Sel et poivre du moulin
60 g (½ tasse)	Bleuets séchés non sucrés
60 g (¼ tasse)	Noix de beurre non salé

Tournedos

800 g (1 ¾ lb)	Filet de bison
60 ml (¼ tasse)	Huile d'arachide
80 g (½ tasse)	Beurre non salé
60 ml (⅓ tasse)	Brandy
300 g (10 oz)	Crosnes
300 g (10 oz)	Chanterelles
80 g (⅓ tasse)	Beurre non salé
	Sel et poivre

Sauce : Mettre les échalotes dans une casserole puis verser le vin blanc et le jus de bleuet. Réduire de 90 %. Incorporer le fond brun de veau lié et cuire de 6 à 8 minutes. Saler et poivrer, puis verser dans une passoire à mailles. Ajouter les bleuets séchés. Remuer et parsemer la sauce de noix de beurre. Réserver.

Tournedos : Le filet mignon de bison est une grosse pièce de viande. Si vous aimez la viande saignante, il est préférable de couper un morceau épais, puis de le couper en deux dans le sens de la hauteur. Saler et poivrer. Chauffer l'huile d'arachide et le beurre dans une poêle ou un sautoir à fond épais et saisir les tournedos de chaque côté afin qu'ils prennent une belle coloration. Abaisser la température mettre au four jusqu'à la cuisson désirée [saignant : 54 °C (130 °F), à point : 58 °C (136 °F), cuit : 60 °C (140 °F)]. Déglacer avec le brandy. Enlever les tournedos et les garder au chaud. Verser la sauce aux bleuets dans la poêle ou le sautoir. Remuer et rectifier l'assaisonnement. Réserver.

Cuire les crosnes à l'eau salée. Ils doivent être croquants. Couper les grosses chanterelles. Chauffer le beurre et sauter les chanterelles. Saler et poivrer puis, juste avant de servir, y ajouter les crosnes.

4 personnes

Facile
Préparation : 20 min
Cuisson : 6 à 10 min
au thermomètre

NOTE

Pendant la saison des bleuets, les faire sécher sans aucun ajout de sucre au soleil ou au four à basse température. Ainsi, il est possible de les conserver tout l'hiver et d'exécuter une recette comme celle-ci tout au long de l'année.

VARIANTES : bœuf musqué, chevreuil, bœuf, orignal, caribou.

SERVICE

Déposer les légumes dans l'assiette. Disposer les tournedos et les napper de sauce, ou servir la sauce à part.

QUEUE DE BISON EN PARMENTIER

À Laurier Therrien, chef cuisinier et spécialiste du gibier au Québec

NOTE

La queue est une partie savoureuse, qu'elle provienne du bœuf, du veau, du bœuf musqué ou du bison.

1	Queue de bison (suivant la grosseur de l'animal)
1	Pied de bison
2	Oignons piqués d'un clou de girofle chacun
2 ½ c. à soupe	Poivre en grains
2	Branches de céleri
2	Carottes
1	Bouquet garni
1	Tête d'ail
1 kg (2 ¼ lb)	Pommes de terre, en dés
240 g (1 tasse)	Beurre
6	Échalotes hachées finement
200 g (7 oz)	Concentré de tomate
150 ml (⅔ tasse)	Crème à 35 %
1	Pointe de muscade
100 g (¾ tasse)	Chapelure blanche fraîche
180 ml (¾ tasse)	Glace brune de gibier
	Roux blanc
	Sel et poivre

VARIANTES : bœuf musqué, bœuf, veau.

Mettre la queue coupée en morceaux dans une grande marmite et recouvrir d'eau froide. Dès la première ébullition, bien écumer. Ajouter le pied de veau ou de bison, les oignons, les grains de poivre, les branches de céleri, les carottes, le bouquet garni et la tête d'ail. Cuire jusqu'à frémissement, soit de 92 à 95 °C (200) °F.

La queue doit être bien cuite. La retirer du bouillon, ainsi que le pied de veau, les carottes et le céleri. Passer au chinois le reste du bouillon et réduire de 90 % afin de constituer un fond de cuisson.

Pendant que la viande est encore chaude, enlever toute la chair et l'effilocher. Couper le céleri et les carottes en petits dés, ajouter à la viande et réserver. Éplucher les pommes de terre et les cuire à l'eau salée.

Pendant cette cuisson, chauffer 80 g (⅓ tasse) de beurre. Fondre doucement les échalotes, puis ajouter la viande effilochée. Saler et poivrer et ajouter 1. c. à café (1 c. à thé) de concentré de tomate. Réserver.

Réduire les pommes de terre en purée. Ajouter 50 g (4 ½ c. à soupe) de beurre et la crème à 35 % chaude. Saler et poivrer et ajouter une pointe de muscade. Réserver.

SERVICE

Servir une belle portion de parmentier de bison dans l'assiette et l'entourer d'un cordon de sauce.

Disposer la viande de bison au fond d'un plat allant au four, puis recouvrir avec toute la purée. Parsemer de chapelure et parsemer de noix de beurre. Mettre au four à 225 °C (450 °F) jusqu'à ce que la chapelure soit dorée.

Sauce : Au fond de cuisson, ajouter le reste du concentré de tomate et la glace brune de gibier, lier avec le roux blanc. Cuire pendant 10 minutes et rectifier l'assaisonnement.

LANGUE DE BISON BRAISÉE AU JUS DE PAPAYE,
ÉMULSION DE JUS DE PLAQUEBIÈRE À L'HUILE DE PÉPINS DE RAISIN

À Jean-Claude Belmont, grand chef de cuisine et professeur

8 personnes

Assez facile

Préparation :

plus de 40 min

Cuisson : au piqué

NOTE

Cette recette combine bon nombre de produits québécois. On peut cependant remplacer les panais sauvages par des légumes du marché et utiliser de la liqueur de Chicoutai (60 ml ou ¼ tasse) au lieu du jus de plaquebière. Si vous utilisez du Chicoutai, combinez 125 ml (½ tasse) de fond de cuisson et 60 ml (¼ tasse) de Chicoutai.

SERVICE

Couper de belles tranches assez épaisses, déposer par-dessus une tranche de lard entrelardé, puis napper avec l'émulsion. Accompagner tout simplement d'une pomme de terre bouillie, ainsi que des légumes des forêts du Québec qui baignaient dans le bouillon.

1	Langue de bison (180 g par personne)
2 litres (8 tasses)	Jus de papaye naturel
2 litres (8 tasses)	Fond blanc de gibier
20	Gousses d'ail des bois
4	Racines d'amarante rouge
4	Racines de panais sauvage
2 c. à soupe	Graines de moutarde
1	Branche de romarin
½	Feuille de laurier
300 g (10 oz)	Lard entrelardé frais
180 ml (¾ tasse)	Jus de plaquebière
180 ml (¾ tasse)	Huile de pépins de raisin
	Pommes de terre

Utiliser une braisière munie d'un couvercle très hermétique. Y déposer la langue de bison, le jus de papaye et le fond blanc de gibier.

Porter à ébullition, écumer, puis ajouter l'ail des bois, les racines d'amarante rouge, de panais, les graines de moutarde, la branche de romarin, le laurier et le lard entrelardé. Porter à ébullition, couvrir et mettre au four à 175 °C (350 °F). Vérifier la cuisson de temps à autre, en piquant la viande avec une aiguille. Si elle ressort facilement, la langue est cuite. Réserver la langue dans son bouillon.

Dans un robot culinaire, mettre le jus de plaquebière avec l'huile de pépins de raisin et émulsionner à grande vitesse.

Sortir la langue du bouillon et enlever la peau blanche.

VARIANTES : bœuf musqué, caribou, chevreuil, orignal, bœuf, veau, porc.

Recettes

de bœuf musqué

TOURNEDOS DE FILET DE BŒUF MUSQUÉ
AU LAIT DE CHÉRIMOLE

À Colombe St-Pierre, chef de cuisine au Bic

4 personnes

Assez facile

Préparation : moins
de 10 min

Cuisson : 4 à 6 min

4	Tournedos de bœuf musqué de 160 g (6 oz) chacun
2	Chérimoles (pommes-cannelle)
80 g (⅓ tasse)	Beurre
3 c. à soupe	Cognac
150 ml (⅔ tasse)	Fond blanc de gibier, lié
125 ml (½ tasse)	Crème à 35 %
	Sel et poivre

Extraire le jus des chérimoles et le conserver au réfrigérateur. Saler et poivrer les tournedos. Dans une poêle à fond épais, en fonte si possible, chauffer 50 g (4 ½ c. à soupe) de beurre, saisir les tournedos et les cuire au goût. Les flamber avec le cognac, puis les enlever et les garder au chaud.

Ajouter dans la poêle le jus de chérimole et le fond brun de gibier, lié ; monter avec la crème et le reste du beurre. Rectifier l'assaisonnement.

VARIANTES : bison, caribou, chevreuil, orignal, ours, wapiti, bœuf.

CHÉRIMOLE
Ce fruit d'une grande qualité ressemble quelque peu à l'artichaut. Il se présente comme un gros cœur vert, avec de grosses graines noires à l'intérieur. D'un goût très fin, il relèvera la grande délicatesse de la viande de bœuf musqué.

SERVICE

Déposer le tournedos au fond de l'assiette, napper de sauce et servir avec des cœurs de palmier chauds ou des légumes racines du Québec.

SAUTÉ DE BASSES CÔTES DE BŒUF MUSQUÉ AU JUS DE CANNEBERGE

À la mémoire de André Bardet, grand chef cuisinier du Québec

4 personnes

Assez facile
Préparation : 20 à 40 min
Cuisson : au piqué

ATOCAS
Au Canada, les atocas se nomment aussi «canneberges»; en Europe, on les connaît sous le nom d'«airelles». L'espèce canadienne est naine, comparativement à celle qu'on trouve en Europe. Elle pousse dans les tourbières et elle est maintenant cultivée commercialement. Les fruits rouges sont meilleurs si on les cueille après plusieurs gelées faibles. On en fait de la confiture ou de la gelée pour accompagner les plats de volaille, des tartes, des biscuits et des gâteaux. On en fait aussi un vin rosé corsé.

SERVICE

Présenter dans une assiette creuse avec des pommes de terre cuites à la vapeur.

1,6 à 1,8 kg (3 à 4 lb)	Basses côtes de bœuf musqué avec os
1 litre (4 tasses)	Jus de canneberge non sucré et de préférence frais
80 ml (⅓ tasse)	Cidre tranquille aux canneberges (en vente à la SAQ)
300 g (2 ½ tasses)	Canneberges
1 c. à café (1 c. à thé)	Thé du Labrador séché
80 ml (⅓ tasse)	Huile végétale
2	Oignons espagnols
20	Gousses d'ail des bois
80 ml (⅓ tasse)	Concentré de tomate
1	Bouquet garni
2	Feuilles de sauge
	Roux blanc
2 c. à soupe	Persil haché
	Sel et poivre

Laisser la viande sur les côtes de bœuf musqué. La viande sera un peu plus difficile à déguster, mais ne se rétractera pas à la cuisson et sera plus moelleuse.

Chauffer le jus de canneberge, le cidre, puis pocher les canneberges si elles sont fraîches. Les égoutter et les réserver. Ajouter le thé du Labrador dans la cuisson des canneberges, couvrir et laisser infuser pendant environ une heure.

Saler et poivrer les morceaux de bœuf musqué. Dans une poêle à fond épais, chauffer l'huile végétale puis faire revenir la viande afin de lui donner une belle coloration de tous les côtés. Réserver. Couper les oignons en mirepoix et les faire suer dans le gras de la poêle.

Verser la viande, les oignons, l'ail des bois, la cuisson des canneberges, le concentré de tomate, le bouquet garni et les feuilles de sauge dans une marmite. Couvrir et cuire à 92 ° (env. 200 °F), jusqu'à cuisson complète de la viande. Retirer la viande ainsi que l'ail des bois. Passer le reste au chinois, puis lier avec le roux blanc. Cuire une dizaine de minutes. Rectifier l'assaisonnement et parsemer de persil haché. Ajouter les canneberges.

VARIANTES : bison, caribou, orignal, ours, wapiti, bœuf.

POT-AU-FEU DE BŒUF MUSQUÉ DU PRINTEMPS AVEC TOUS LES LÉGUMES DE NOS FORÊTS

À Jean-Philippe St-Denis, chef de cuisine

4 personnes

Assez facile

Préparation :
plus de 40 min

Cuisson : au piqué

1,6 à 2 kg (3 ½ à 4 ½ lb)	Bouts de côtes de bœuf musqué avec os
1 kg (2 ¼ lb)	Os de bœuf musqué et, si possible, quelques os à moelle
3	Blancs de poireaux
8	Gousses (ou feuilles) d'ail des bois ou d'ail
200 g (7 oz)	Onagre
400 g (14 oz)	Carottes sauvages ou cultivées
400 g (14 oz)	Panais sauvages ou cultivés
300 g (10 oz)	Rutabaga ou rabiole
2	Branches de céleri ou d'ache (céleri sauvage)
4	Pommes de terre à bouillir
3	Oignons piqués d'un clou de girofle
1	Bouquet garni
20	Grains de poivre écrasés
	Sel et poivre
	Gros sel, moutarde forte, cornichons sûrs

Déposer la viande de bœuf musqué ainsi que les os dans une marmite avec de l'eau froide, porter à ébullition et écumer. Bien laver les poireaux, les feuilles (ou les gousses) d'ail des bois et l'onagre, les ficeler. Éplucher les carottes, les panais, le rutabaga, les branches de céleri et les pommes de terre. Couper les légumes en morceaux de taille égale et envelopper chaque sorte dans une mousseline ou un linge.

À l'exception des pommes de terre, ajouter dans la marmite ces légumes ainsi emballés, puis les oignons, le bouquet garni et les grains de poivre. Cuire doucement en vérifiant régulièrement la cuisson de chacun. À mesure qu'ils sont cuits, les enlever et les conserver au chaud. Après 1 à 1 ½ heure de cuisson, ajouter les pommes de terre. Elles devraient être cuites en même temps que la viande. Saler et poivrer.

VARIANTES : caribou, chevreuil, sanglier, orignal, ours, wapiti, bœuf.

SERVICE

Présenter en premier lieu le bouillon de cuisson dans une assiette creuse avec des petits croûtons grillés ; puis, dans une grande assiette, déposer deux morceaux de bouts de côtes de bœuf musqué, puis un os à moelle. Entourer avec élégance de légumes très chauds. Servir accompagné de gros sel, de moutarde forte, de cornichons sûrs, ainsi que de pain de campagne.

CARRÉ ENTIER DE BŒUF MUSQUÉ RÔTI, ÉMULSION DE JUS DE LÉGUMES, PETITES POMMES DE TERRE AU LARD

À la mémoire de Rodolphe Doseger, grand chef cuisinier du Québec

PANAIS

De la famille des ombellifères, le panais fut largement utilisé par les Grecs et les Romains. Ce légume racine est très nutritif et possède, entre autres, des propriétés diurétiques. De saveur délicate, il est préférable de le cuire sans liquide.

2,2 à 2,4 kg (5 à 5 ½ lb)	Carré de bœuf musqué avec os
80 ml (⅓ tasse)	Jus de panais
80 ml (⅓ tasse)	Jus de carotte
80 ml (⅓ tasse)	Jus de céleri
80 ml (⅓ tasse)	Huile végétale
1 kg (2 ¼ lb)	Petites pommes de terre
16	Tranches de bacon fumé
4 ½ c. à soupe	Graisse de canard
6	Échalotes hachées grossièrement
180 ml (¾ tasse)	Vin blanc
80 ml (⅓ tasse)	Glace de gibier à poil (voir page 341)

Parer le carré, prendre soin de garder les manchons des côtes dégarnis. Saler et poivrer.

Extraire le jus de panais, de carotte et de céleri. Réserver.

Prendre une plaque à rôtir moyenne, chauffer l'huile végétale, déposer la viande du côté gras, mettre au four à 225 °C (450 °F) ; arroser souvent.

Blanchir les pommes de terre et réserver. Couper les tranches de bacon en lamelles d'un ½ cm (¼ po), blanchir, égoutter puis faire revenir.

Chauffer la graisse de canard et rissoler les pommes de terre. Lorsqu'elles auront une belle couleur dorée, les mettre au four. En fin de cuisson, ajouter le bacon. Dégraisser, saler et poivrer avant de servir.

Lorsque le cœur du carré aura atteint 54 °C (130 °F) le retirer et le conserver au chaud sur une grille.

Enlever le gras de cuisson, déposer sur la plaque les échalotes et le vin blanc ; réduire à sec. Ajouter les jus de panais, de carotte et de céleri ; réduire des trois quarts, puis incorporer la glace de viande. Chauffer, puis émulsionner l'ensemble au mélangeur.

VARIANTES : caribou, chevreuil, marcassin, orignal, ours, wapiti, veau.

SERVICE

Couper de belles côtes et les déposer élégamment sur l'assiette. Garnir des pommes de terre rissolées. Napper avec l'émulsion de légumes.

Cette photo ne représente pas la recette.

TAJINE DE BŒUF MUSQUÉ AUX TRUFFES DU MAROC

À Estrella Schiff, cuisinière émérite du Québec

800 g (1 ¾ lb)	Bœuf musqué dans l'échine
80 ml (⅓ tasse)	Huile végétale
80 ml (⅓ tasse)	Huile d'olive extra-vierge
150 g (env. ¾ tasse)	Échalotes émincées
1 c. à café (1 c. à thé)	Poudre de café Arabica
½ c. à café (½ c. à thé)	Piment rouge doux
180 ml (¾ tasse)	Fond brun de gibier, non lié
160 ml (⅔ tasse)	Jus de truffe blanche du Maroc
6	Gousses d'ail
320 g (12 oz)	Pommes de terre cocottes
80 g (3 oz)	Truffes blanches du Maroc
	Huile de truffe
	Sel et poivre

Couper le bœuf musqué en dés de 40 à 50 g (env. 2 oz). Chauffer l'huile dans une poêle en fonte à fond épais et faire revenir le bœuf musqué. Saler et poivrer. Parallèlement, dans le fond du tajine, chauffer doucement l'huile d'olive, puis fondre les échalotes sèches émincées ; ajouter la poudre de café et le piment rouge doux.

Déposer les dés de bœuf musqué revenus sur les échalotes, ajouter le fond brun de gibier et le jus de truffe. Entourer des gousses d'ail, couvrir et cuire au four à 175 °C (350 °F) en arrosant de temps à autre.

À mi-cuisson, lorsque les morceaux de bœuf musqué seront mi-fermes, ajouter les pommes de terre cocottes et les truffes blanches coupées en petits quartiers. Mijoter au four jusqu'à cuisson complète. Arroser souvent.

VARIANTES : bison, caribou, chevreuil, marcassin, orignal, wapiti, agneau.

> **TAJINE**
> Ce mot désigne un ragoût à base de viande, de légumes et même de fruits cuit à l'étouffée, ainsi que le plat de terre cuite muni d'un couvercle conique dans lequel cuit ce ragoût. Ce mets est originaire de l'Afrique du Nord, notamment du Maroc.

4 personnes

Difficile
Préparation : plus
de 40 min
Cuisson : au piqué

TRUFFE BLANCHE
Plus grosse que les autres, la truffe blanche a une chair blanche ou ocre veinée de blanc. Son odeur et sa saveur sont aillées. C'est la plus apprécié de toutes les truffes et la plus chère.

SERVICE

Déposer le tajine au centre de la table, arroser de quelques gouttes d'huile de truffe et servir.

FOIE DE BŒUF MUSQUÉ, SAUCE AU VINAIGRE DE BLEUET, CHAYOTES SAUTÉES ET BLEUETS

CHAYOTE
Originaire du Mexique et d'Amérique centrale, la chayote appartient à la famille des courges. Sa pelure est mince, vert pâle, blanche ou vert foncé. Sa chair est blanche et son noyau, tendre et plat. En plus du fruit, on consomme les feuilles, les fleurs et les racines de cette plante. Cuite, la chair de chayote a un goût frais et croquant qui s'accorde bien avec plusieurs mets.

SERVICE

Mettre le fond de cuisson avec ses garnitures dans une grande assiette. Ajouter les dés de chayotes sur le côté, puis couper de belles tranches de foie et les déposer sur la garniture.

1 kg (2 ¼ lb)	Foie de bœuf musqué dans le lobe
250 g (9 oz)	Lard gras
250 g (9 oz)	Crépine de porc
250 g (9 oz)	Lard entrelardé non salé
80 g (⅓ tasse)	Beurre
375 ml (1 ½ tasse)	Fond brun de gibier, lié
125 ml (½ tasse)	Vin blanc
80 ml (⅓ tasse)	Madère
3 c. à soupe	Glace brune de gibier à poil (voir page 341)
2	Chayotes
80 ml (⅓ tasse)	Vinaigre de bleuet
120 g (¾ tasse)	Bleuets frais ou congelés
	Sel et poivre

Couper le lard gras en lamelles longues et fines. Saler et poivrer. À l'aide d'une lardoire, piquer le foie de bœuf musqué dans le sens de la longueur. Saler et poivrer, puis envelopper le foie avec la crépine.

Couper le lard entrelardé en petits lardons. Dans une cocotte en porcelaine ou l'équivalent, faire revenir les lardons dans un peu de beurre ; mettre ensuite le foie de bœuf musqué enveloppé. Mouiller avec le fond brun de gibier lié, le vin blanc et le madère. Ajouter la glace de gibier à poil, couvrir et cuire au four à 175 °C (350 °F) jusqu'à atteindre 60 °C (154 °F) à cœur.

Pendant la cuisson, éplucher les chayotes. Attention : il est préférable de porter des gants de caoutchouc sans quoi vous remarquerez que vos mains se couvrent de jus et deviennent astringentes (sensation râpeuse). Couper ensuite la chair des chayotes en cubes, puis les cuire à la vapeur dans une marguerite. Saler et poivrer. Conserver au chaud.

Lorsque le foie est cuit, le retirer et le garder au chaud. Ajouter, sur le fond de cuisson, le vinaigre de bleuet et les bleuets. Mijoter quelques minutes et rectifier l'assaisonnement.

VARIANTES : bison, veau, agneau, wapiti, chevreuil, orignal.

Recettes

d'ours noir

CÔTELETTES DE JEUNE OURS SAUTÉES, SAUCE GRAND VENEUR, PURÉE DE COINGS

À Michel Bush, cuisinier, restaurateur et grand chasseur

4 personnes

Assez facile

Préparation : 20 à 40 min

Cuisson : 4 à 6 min

8	Côtelettes avec manchon de 90 g chacune
2	Coings
¼	Feuille de laurier
80 ml (⅓ tasse)	Crème à 35 %
80 ml (⅓ tasse)	Huile végétale
160 ml (⅔ tasse)	Vin blanc
250 ml (1 tasse)	Sauce grand veneur (voir page 346)
80 ml (⅓ tasse)	Beurre
	Sel et poivre

Bien éplucher les coings et les couper en petits cubes. Cuire à l'eau salée avec ¼ feuille de laurier. Les égoutter puis les passer au moulin à légumes. Bien mélanger, saler, poivrer et ajouter un peu de crème chaude, jusqu'à l'obtention de la consistance voulue. Réserver au chaud.

Saler et poivrer les côtelettes de chaque côté. Chauffer l'huile dans une poêle à fond très épais. Saisir les côtelettes et bien les cuire. Enlever l'excédent de gras et déglacer au vin blanc. Incorporer la sauce grand veneur. Laisser mijoter pendant quelques minutes et terminer en ajoutant des noix de beurre.

VARIANTES : caribou, chevreuil, marcassin, orignal, wapiti.

> **CÔTES OU CÔTELETTES**
> On appelle «côtelettes» les côtes d'animaux de taille moyenne (mouton, porc), et on appelle «côtes», celles des animaux de grande taille (bœuf, orignal).

> **COING**
> Le coing, qu'on appelle aussi «pomme d'or», fut introduit en Amérique du Nord au XVIIe siècle. Il appartient à la famille des rosacées et s'apparente à la pomme et à la poire. Originaire de la partie occidentale de l'Asie, depuis la Turquie jusqu'à l'Iran, il est rond ou en forme de poire, duveté ou lisse. Le fruit passe du vert au jaune quand il mûrit. Tous les coings ont un arôme fruité et agréable s'accordant admirablement bien avec le gibier.

> **SERVICE**
> Prendre un cercle en acier inoxydable, le poser sur l'assiette et le remplir de purée de coings. Le retirer et disposer les côtelettes de chaque côté. Napper de sauce.

CUISSE DE JEUNE OURS À LA BIÈRE

À Gilbert Godbout et Renée Dupuis, cuisiniers gastronomes de Val-D'Or

4 personnes

Assez facile

Préparation : plus de 40 min

Cuisson : au thermomètre

NOTE

À sa sortie d'hibernation, l'ours n'a pratiquement aucun gras et sa viande est d'une qualité exceptionnelle.

Comment découper une gigue, une petite cuisse ou un cuissot avec os.

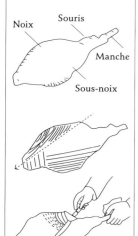

1	Cuisse d'un jeune ours
3	Bouteilles de bière blonde
180 ml (¾ tasse)	Vinaigre de cidre
180 ml (¾ tasse)	Huile de tournesol
3	Branches de céleri
1	Oignons coupés en gros dés
1	Carottes coupées en dés
1	Poireaux coupés en morceaux
25 g (⅓ tasse)	Grains de poivre
2	Branches de marjolaine
2	Branches de romarin
½	Feuille de laurier
1	Branche de serpolet ou de thym
185 ml (¾ tasse)	Beurre
	Crème
250 ml (1 tasse)	Gelée de sorbier ou de prune
150 ml (⅔ tasse)	Eau de vie de sorbier des oiseleurs ou autre
	Sel et poivre

Enlever soigneusement toute la graisse qui enrobe la cuisse d'ours, car elle est très indigeste. Enlever l'os du quasi et gratter l'os du manche.

Préparer une marinade crue et froide avec la bière, le vinaigre, l'huile, les légumes et les épices ; y déposer la cuisse et mariner pendant 36 heures en la retournant deux fois par jour. Après ce temps, égoutter la cuisse et l'éponger dans un linge pendant au moins 6 heures. Aussi, égoutter, à l'aide d'une passoire, les légumes de la marinade.

Prendre une braisière ou une marmite munie d'un couvercle hermétique et y faire chauffer 80 g (⅓ tasse) de beurre. Fondre les légumes (le beurre sera absorbé par les légumes). Ensuite, poser la cuisse d'ours sur les légumes, saler, poivrer et cuire au four pendant 15 minutes à 200 °C (400 °F) afin de la saisir, puis ajouter le jus de la marinade. Couvrir et cuire à 175 °C (350 °F) en surveillant et en arrosant de temps à autre.

La cuisse doit atteindre 88 à 90 °C à cœur (190 à 194 °F). Une fois cuite, retirer la cuisse d'ours et la garder au chaud. Passer le fond de cuisson, ajouter la crème, laisser bouillir, saler et poivrer. Incorporer la gelée et l'eau de vie

Gibier à poil et à plume

de sorbier des oiseleurs en remuant continuellement. Lorsque la sauce aura la consistance voulue, la monter avec le reste du beurre.

VARIANTES : chevreuil (jeune), marcassin.

SELLE DE JEUNE OURS, ESSENCE DE JUS DE MAÏS, OIGNONS, CAROTTES ET AIRELLES, POIRES FARCIES AUX MARRONS

À mon ami Bruno Sarles

1	Selle de jeune ours
80 ml (⅓ tasse)	Huile végétale
4	Carottes
2	Oignons
6	Gousses d'ail
2	Branches de céleri
150 g (1 tasse)	Airelles (canneberges)
150 g (1 tasse)	Maïs
6 litres (24 tasses)	Eau
	Fécule de pomme de terre

Poires farcies

4	Poires Bosc
200 g (7 oz)	Purée de marrons non sucrée en conserve
	Fécule de pomme de terre
6 c. à soupe	Beurre
	Sel et poivre

Enlever soigneusement la graisse qui enrobe la selle d'ours. Ficeler, saler et poivrer. Chauffer l'huile de cuisson et saisir la selle de chaque côté. Réserver.

À l'aide d'une centrifugeuse, extraire tout le jus des carottes, des oignons, de l'ail, du céleri, des airelles et du maïs et bien mélanger. Assaisonner et réserver. Demander à votre boucher de mettre la selle sous vide avec le jus, si possible dans un sac muni d'une sonde. Réserver 48 heures au réfrigérateur.

Chauffer l'eau dans une marmite jusqu'à ce qu'elle atteigne 85 °C (185 °F); comme elle doit rester à cette température, placer le thermomètre en permanence au bord de la marmite. Plonger le sac muni d'une sonde directement dans l'eau. Cuire jusqu'à ce que la viande atteigne 88 à 90 °C (190 à 194 °F) à cœur.

Lorsque la selle d'ours est cuite, ouvrir le sac, transvaser le jus dans une casserole et lier avec la fécule mélangée à un peu d'eau. Réduire jusqu'à ce que la sauce ait la consistance désirée.

Poires farcies aux marrons: Éplucher les poires et les vider par le socle à l'aide d'une cuillère à parisienne. Les cuire à l'eau salée, puis les égoutter. Chauffer la purée de marrons, saler et poivrer, farcir les poires et les garder au chaud dans le four.

4 personnes

Assez facile
Préparation : 60 min
Cuisson : au thermomètre

NOTE

Il est malheureusement encore difficile de trouver des sacs avec sonde pour la cuisson sous vide. À défaut, faire cuire la viande dans le sac en calculant 4 heures de cuisson à 85 °C (185 °F). Ouvrir le sac et vérifier la température de cuisson.

SELLE

La selle d'agneau, de jeune chevreuil, de marcassin, de lièvre et d'autres petits animaux se trouve entre le gigot et les premières côtes. On la cuit généralement sur os.

VARIANTES: jeune chevreuil, jeune caribou, agneau, veau.

SERVICE

Au dernier moment, désosser la selle d'ours et la découper en portions. Disposer dans l'assiette, napper de sauce et garnir avec la poire farcie aux marrons.

Recettes

de castor

CONSOMMÉ DE QUEUES DE CASTOR ET QUENELLES AUX HERBES SALÉES

À la mémoire de Marcel Beaulieu, grand chef cuisinier

8 personnes

Difficile

Préparation : 20 à 40 min

Cuisson : au piqué

2	Queues de castor
1,5 litre (6 tasses)	Fond blanc de volaille
500 ml (2 tasses)	Fumet léger de poisson
160 g (1 tasse)	Herbes salées
2	Tranches de pain blanc
180 ml (¾ tasse)	Crème à 35 %
1	Poitrine de poulet de 200 g (7 oz)
1	Blanc d'œuf
½	Carotte
½	Oignon
1	Branche de céleri
1	Blanc d'œuf
2 litres (8 tasses)	Eau salée
	Pluches de cerfeuil
	Sel et poivre

CERFEUIL
Cette herbe aromatique d'une grande délicatesse ne s'emploie qu'à l'état frais et cru, car la chaleur volatilise son principe odorant. Les feuilles fraîches, coupées en « pluches » avec des ciseaux, parfument agréablement salades, fromages, omelettes, œufs brouillés et potages. Son goût piquant s'accorde fort bien avec le lapin, le chevreau, la volaille et le gibier. Le cerfeuil est délicieux dans certaines sauces froides ou chaudes.

Blanchir les queues de castor. Dans une marmite, verser le fond blanc de volaille ainsi que le fumet de poisson. Porter à ébullition, puis ajouter les queues de castor. Les cuire complètement.

Pendant ce temps, blanchir les herbes salées en les plongeant dans l'eau froide, puis porter à ébullition. Rafraîchir, égoutter et bien éponger. Faire tremper les tranches de pain de mie dans la crème. Au robot culinaire, réduire en purée la poitrine de poulet avec la mie de pain à la crème ; incorporer le blanc d'œuf, saler et poivrer. Passer cette farce au tamis puis incorporer les herbes salées. Réserver au réfrigérateur pendant au moins 1 ou 2 heures.

Retirer les queues de castor cuites du bouillon, prélever les chairs et les couper en petits dés. Laisser refroidir le bouillon quelques heures afin de pouvoir le clarifier. À cette fin, hacher carotte, oignon et céleri au robot culinaire et ajouter les blancs d'œufs. Bien mélanger avec le bouillon refroidi, remuer continuellement jusqu'à ce que les particules du blanc d'œuf coagulent (70 °C ou 160 °F) et remontent à la surface. Clarifié, le bouillon sera devenu un consommé.

Dans une casserole, chauffer 2 litres (8 tasses) d'eau salée. À l'aide de deux cuillères à café, former des petites quenelles de volailles aux herbes salées. Les plonger dans l'eau pendant environ 3 à 4 minutes et, lorsqu'elles sont cuites, les réserver au chaud.

SERVICE

Dans une assiette creuse, verser le consommé, ajouter les quenelles d'herbes salées, la chair des queues de castor et les pluches de cerfeuil.

PAPARDELLES AU RAGOÛT DE CASTOR ET SHITAKE

Recette de Pascale Vari, chef de cuisine et professeur à l'ITHQ

4 personnes

Assez facile

Préparation : 50 min

Cuisson : 50 à 70 min

NOTE

La tradition veut que, dans le nord de l'Italie, on accompagne les pâtes de beurre et de crème. Dans le sud, on les sert à l'huile d'olive et, dans le midi, on les accompagne de tomates. Toutefois, en Toscane, région de la Renaissance (et à l'avant-garde pour ce qui est de la cuisine), on accompagne les pâtes d'un ragoût de gibier, mouillées au Chianti. Voici une belle recette d'Italie, préparée avec un gibier du Canada qui gagne à être connu.

Papardelles

315 g (2 tasses)	Farine
1	Œuf entier
2	Jaunes d'œufs
1 pincée	Sel
80 ml (⅓ tasse)	Eau

Ragoût

300 g (10 oz)	Chair de castor coupée en dés
180 ml (¾ tasse)	Lait
125 ml (½ tasse)	Huile d'olive
90 g (½ tasse)	Oignon haché
1	Gousse d'ail haché
500 ml (2 tasses)	Vin rouge
150 g (1 tasse)	Tomates en dés
400 ml (1 ⅔ tasse)	Fond brun de veau
90 g (3 oz)	Shitakes émincés
1 c. à café (1 c. à thé)	Thym frais haché
1 c. à soupe	Romarin frais
	Pointe de muscade
	Sel et poivre noir moulu

SERVICE

Cuire les papardelles dans une grande casserole d'eau bouillante salée, pendant 2 minutes. Les égoutter, les mélanger au ragoût et servir.

Papardelles : Tamiser la farine, la disposer en fontaine. Au centre, mettre les œufs, le sel et l'eau. Bien mélanger le tout et pétrir pendant 10 minutes. La masse de pâte doit être ferme.

Couvrir la pâte d'un linge et la laisser reposer pendant 30 minutes au réfrigérateur avant de la travailler.

Abaisser la pâte à une épaisseur de 1 mm (⅛ po).

À l'aide d'un couteau, tailler des papardelles de 2,5 cm (1 po) de largeur sur 30 cm (12 po) de longueur.

Conserver les papardelles au congélateur si vous ne les consommez pas la même journée.

Ragoût : Mettre les dés de castor à tremper dans le lait pendant 2 jours. Faire chauffer 80 ml (⅓ tasse) d'huile d'olive et faire revenir doucement l'oignon et l'ail. Ajouter la viande et rissoler jusqu'à ce qu'elle soit bien dorée.

Gibier à poil et à plume

Ajouter le vin et réduire de moitié. Ajouter les tomates en dés et mouiller avec le fond de veau. Assaisonner et cuire à couvert pendant 50 minutes.

Dans un sautoir, faire sauter les shitakes à l'huile d'olive.

Cinq minutes avant la fin de la cuisson de la viande, ajouter les shitakes, le thym et le romarin dans la sauce. Assaisonner la sauce avec le sel, le poivre noir et la muscade moulus.

LONGE DE CASTOR RÔTIE, ÉCREVISSES
ET QUEUE DE CASTOR EN TARTELETTES

4 personnes

Assez facile

Préparation : moins
de 10 min

Cuisson : au thermomètre

600 à 700 g (1 ¼ à 1 ½ lb)	Longe de castor (avec ou sans os)
1 litre (4 tasses)	Court-bouillon (voir page 343)
1	Queue de castor
32	Écrevisses entières
300 ml (1 ¼ tasse)	Fond brun de gibier à poil, non lié
12	Échalotes entières
400 g (14 oz)	Pleurotes
80 ml (⅓ tasse)	Beurre
80 ml (⅓ tasse)	Huile végétale
4	Fonds de tartelette
12	Tiges de ciboulette
	Sel et poivre

Chauffer le court-bouillon, y plonger la queue de castor. Laisser mijoter jusqu'à ce qu'elle soit bien cuite. Simultanément et dans le même court-bouillon, cuire les écrevisses, les égoutter, puis les décortiquer et les réserver.

Chauffer le fond de gibier non lié et y cuire les échalotes entières. Laver à fond les pleurotes et les égoutter. Chauffer le beurre dans une poêle, sauter vivement les pleurotes, saler, poivrer et réserver.

Lorsque la queue de castor est cuite, la retirer du court-bouillon, puis en extraire la chair. Réserver.

Dans un sautoir, chauffer l'huile végétale. Saler et poivrer les longes, puis les cuire rapidement au sautoir jusqu'à ce qu'elles atteignent 70 °C (160 °F) à cœur.

Mettre les écrevisses et la chair de la queue de castor dans une petite casserole ; ajouter 60 ml (¼ tasse) de fond de cuisson des échalotes.

Chauffer au four les fonds de tartelette, puis les remplir avec le ragoût d'écrevisses et de queue de castor.

SERVICE

Sur des assiettes de 30 cm (12 po), faire un lit de pleurotes d'un côté et y déposer les longes de castor. Déposer la tartelette de l'autre côté de l'assiette. Disposer trois échalotes par assiette, puis napper la longe avec le fond des échalotes. Décorer de tiges de ciboulette.

QUELQUES CHAMPIGNONS UTILISÉS EN CUISINE

SHITAKÉ
Champignon principale-
ment de culture que l'on
retrouve abondamment
dans la cuisine asiatique.

CHANTERELLE
COMMUNE OU GIROLLE
Que de saveurs! La girolle
est douce au goût et
dégage une très agréable
odeur fruitée.

PLEUROTE EN HUÎTRE
Un peu plus parfumée
que la forme cultivée, la
forme sauvage de ce
champignon possède
des odeurs d'anis ou
d'estragon.

BOLET COMESTIBLE OU
CÈPE DE BORDEAUX
Ce champignon à saveur
de noisette fait partie des
grandes variétés de la
famille.

MATSUTAKE
Champignon savoureux
à la chair blanche et
parfumée, très prisé au
Japon.

SHIMEGI
Champignon asiatique
au goût fin, poussant en
grappes ou en bouquets.

CHAMPIGNONS
DE COUCHE OU DE PARIS
Principal champignon de
culture à travers le
monde. Son ancêtre des
bois est l'agaric bispore.

MORILLE
Le champignon des rois
et le roi des champi-
gnons. Relativement
rare, il est recherché
pour son goût particu-
lièrement savoureux.

Recettes

de lièvre

LIÈVRE AUX BAIES DE CASSIS

À la mémoire de mon ami François Cara, chef de cuisine.

4 personnes

Assez facile

Préparation : 10 à 20 min

Cuisson : au piqué

CASSIS

La baie de cassis que nous trouvons facilement au Québec est le petit fruit d'un arbuste pouvant atteindre 13 m de hauteur. La pulpe renferme plusieurs graines. Elle est acidulée, juteuse et savoureuse. En plus de servir en cuisine, elle sert à fabriquer la crème de cassis, le sirop de cassis ainsi que les pâtes de fruit.

SERVICE

Servir très chaud avec des pommes de terre cuites à l'eau, des crosnes, des salsifis ou une purée de marrons.

2	Petits lièvres de 700 à 800 g (1 ½ à 1 ¾ lb) chacun
60 ml (¼ tasse)	Huile végétale
12	Échalotes entières
1	Branche de céleri
1	Carotte
1	Bouquet garni
4	Gousses d'ail
300 ml (1 ¼ tasse)	Le Madérisé Monna et filles
60 ml (¼ tasse)	Huile de pépins de raisin
2 c. à soupe	Grains de poivre
2 c. à soupe	Sel
250 ml (1 tasse)	Fond brun de gibier à poil
	Roux blanc
160	Baies de cassis

Découper les lièvres, réserver les cuisses, les râbles et les épaules et couper les coffres (poitrines) en petits morceaux pour la sauce.

On ne fait pas revenir la viande de lièvre, on la fait « raidir ». Dans une poêle à fond épais, chauffer l'huile et faire raidir les 4 cuisses, les 4 épaules et les deux râbles, chacun coupé en deux.

Retirer les morceaux de lièvre et les réserver dans un plat. Ajouter les morceaux de coffre, les échalotes, la branche de céleri, la carotte émincée, le bouquet garni et l'ail. Verser le Madérisé, l'huile de pépins de raisin et ajouter les grains de poivre et le sel. Couvrir d'une pellicule plastique et laisser mariner sur le comptoir pendant au moins 36 heures.

Verser ensuite le lièvre et sa marinade dans un rondeau, chauffer puis ajouter le fond brun de gibier à poil, non lié. Mijoter doucement jusqu'à complète cuisson. Le sang de l'animal aura légèrement lié la sauce.

À l'aide d'une écumoire, égoutter les morceaux de lièvre et les échalotes. Réserver. Passer la sauce au chinois. Si elle n'est pas assez liée, ajouter un peu de roux blanc jusqu'à l'obtention de la consistance désirée. Goûter et rectifier l'assaisonnement. Ajouter les morceaux de lièvre, les échalotes entières ainsi que les baies de cassis. Mijoter une dizaine de minutes.

LIÈVRE BRAISÉ,
JAMBON LES COCHONS TOUT RONDS

À mon ami Patrick, propriétaire de la charcuterie artisanale Les cochons tout ronds, aux îles de la Madeleine

4 personnes

Assez facile

Préparation : 60 minutes

Cuisson : au piqué

CHAMPIGNONS DE COUCHE OU CHAMPIGNONS DE PARIS
Cet agaric des champs blanc ou café, qui fait l'objet d'une culture intensive, fait la joie de toutes les tables. Il s'agit d'un aliment énergétique et riche en potassium, qui stimule l'activité cérébrale.

1	Lièvre de 800 à 900 g (1 ¾ lb à 2 lb)
1 litre (4 tasses)	Vin rouge tannique
150 g (¾ tasse)	Mirepoix de légumes
4	Gousses d'ail
8	Baies de genièvre
½ c. à café (½ c. à thé)	Poivre noir concassé
1	Clou de girofle
1	Bouquet garni
60 ml (¼ tasse)	Huile d'olive
375 ml (1 ½ tasse)	Fond brun de lièvre ou de veau ou équivalent commercial
2	Rouelles de jarrets de 2 cm (env. ¾ po) de jambon Les cochons tout ronds
300 g (10 oz)	Champignons de couche
60 g (¼ tasse)	Beurre non salé
	Sel et poivre du moulin
1	Tranche de jambon Les cochons tout ronds de 6 mm (¼ po) d'épaisseur
400 g (14 oz)	Chanterelles
60 g (⅓ tasse)	Échalotes hachées finement
	Sel et poivre du moulin

Découper le lièvre (voir page 381). Déposer les morceaux dans un plat et verser le vin rouge, la mirepoix de légumes, l'ail, les baies de genièvre, le poivre concassé, le clou de girofle, le bouquet garni et l'huile. Recouvrir d'une pellicule plastique et laisser sur le comptoir pendant 72 heures. Il n'y a aucun risque que des bactéries se développent, car l'alcool a deux effets : attendrir et conserver.

Ensuite, verser le tout dans une mijoteuse. Ajouter le fond brun de lièvre et les rouelles de jarrets de jambon, et cuire à basse température pendant 3 ou 4 heures. Le lièvre possédant une chair très sèche, elle doit être bien cuite. La pointe d'un couteau doit s'enfoncer et s'enlever facilement.

Enlever les morceaux de lièvre, ainsi que les rouelles de jambon. Verser la sauce dans une passoire à mailles. Rectifier l'assaisonnement et remettre la viande dans la sauce.

Pendant la cuisson du lièvre, couper en dés les champignons de couche. Bien les laver puis, dans une poêle à fond épais, chauffer le beurre et les cuire jusqu'à complète évaporation du liquide. Saler, poivrer et conserver au chaud.

Couper la tranche de jambon en dés de 6 mm (¼ po). Blanchir et ajouter aux champignons. Couper les chanterelles en quatre dans le sens de la longueur (si elles sont grosses), puis les faire sauter à la poêle avec les échalotes finement hachées. Saler et poivrer. Garder au chaud. Dix minutes avant le service, incorporer le mélange de jambon et de champignons au lièvre en sauce.

VARIANTES: lapin, lièvre de l'Arctique.

NOTE

Je n'ai pas incorporé de sel à la recette, car le sel contenu dans les rouelles de jambon suffit à assaisonner ce plat. Goûter et rectifier au besoin.

SERVICE

Partager les morceaux de lièvre. Napper avec la sauce. Couper les rouelles en deux et les déposer sur le lièvre. Disposer les chanterelles au bord de chaque assiette.

BAIES DE GENIÈVRE
Le genévrier produit des baies noirâtres que l'on utilise, entre autres, en cuisine. Elles sont très appréciées comme apprêts de gibier à poil et à plume.

LIÈVRE À LA CHAMPAGNETTE

À Michel Lambert, historien de la culture culinaire du Québec

4 personnes

Difficile

Préparation :

20 à 40 min

Cuisson : au piqué

4	Râbles de lièvre
60 ml (¼ tasse)	Huile végétale
6 c. à soupe	Beurre
4	Échalotes hachées finement
1	Morceau de lard entrelardé de 250 g (½ lb)
3	Pommes à cuire
4	Gousses d'ail
½	Branche de romarin
2	Pointes de couteau de noix de muscade
750 ml (3 tasses)	Champagnette ou cidre du Minot sec
400 ml (1 ⅔ tasse)	Fond brun de gibier ou de lièvre, non lié
	Fécule de pomme de terre
30 g (½ tasse)	Ciboulette ciselée
	Sel et poivre

Prélever les râbles de 4 lièvres. Réserver les cuisses et les épaules, que l'on utilisera dans une autre recette. Les os serviront à faire un fond.

Chauffer l'huile dans une poêle en fonte ou à fond épais. Saler et poivrer, puis raidir les râbles. D'autre part, dans une petite casserole, chauffer le beurre et fondre les échalotes. Couper le morceau de lard entrelardé en petits lardons, blanchir et ajouter aux échalotes. Réserver.

Éplucher et couper les pommes en dés. Dans un récipient suffisamment grand, déposer les râbles, les échalotes, le lard, les pommes, l'ail, le romarin, la muscade et verser la champagnette ou le cidre. Saler et poivrer légèrement. Couvrir d'une pellicule plastique et laisser mariner sur le comptoir pendant quelques heures.

Verser tous les éléments de la marinade dans une mijoteuse munie d'un thermostat très précis et ajouter le fond brun de lièvre. Régler le thermostat à 80 °C (175 °F). Couvrir et laisser cuire jusqu'à complète cuisson. Si l'appareil est précis, il ne nécessite pas de surveillance, car il ne dépassera jamais la température désirée, et donc, n'agressera pas la viande.

Si le fond de cuisson est trop liquide, lier avec de la fécule de pomme de terre juste avant de servir.

SERVICE

Déposer le râble de lièvre dans l'assiette. Napper de sauce et de garniture. L'accompagner de pommes de terre cuites à l'eau et parsemer de ciboulette ciselée.

Gibier à poil et à plume

CIPAILLE AU LIÈVRE

À l'ami Marcel Bouchard de l'Auberge des 21 à la Baie, chef cuisinier et chasseur émérite

400 g (14 oz)	Cubes de lièvre dans les cuisses ou le râble
100 g (3 oz)	Cubes de poitrine de poulet
40 g (1 ½ oz)	Lard salé
300 g (1 ⅔ tasse)	Oignons hachés
300 ml (1 ¼ tasse)	Vin blanc
400 ml (1 ⅔ tasse)	Fond blanc de gibier à poil
2 c. à soupe	Épices mélangées
300 g (10 oz)	Pommes de terre en cubes
225 g (8 oz)	Porc haché
600 g (env. 1 ¼ lb)	Pâte brisée
	Sel et poivre

4 à 6 personnes

Très difficile

Préparation : plus
de 40 min

Cuisson : au thermomètre

CIPAILLE/SIPAILLE/ SIPANE/SIX PÂTES/SEA-PIE
Pâté du pêcheur. À l'origine, il s'agissait d'un pâté à base de poisson et de légumes enveloppés dans une pâte, précuite à l'étuvée, que le pêcheur côtier, qui partait tôt le matin, emportait avec lui ; il n'avait qu'à le faire réchauffer pour son repas du midi. La recette du sea-pie a changé depuis. Larousse, *Dictionnaire des canadianismes*.

Méthode 1 : Blanchir les cubes de lièvre, puis les cubes de poitrine de poulet.

Couper en petits dés le lard salé, le chauffer dans une casserole, puis fondre les oignons hachés. Ajouter les cubes de lièvre et de poulet, puis verser le vin blanc ; le laisser réduire. Ajouter le fond de gibier à poil, puis cuire tout doucement au four.

À la sortie du four, assaisonner de sel, de poivre et d'épices mélangées. Au tamis, bien égoutter les chairs. Réserver la sauce.

Blanchir les pommes de terre coupées en cube et bien les égoutter.

Mélanger les cubes de poulet et de lièvre, les pommes de terre et le porc haché, bien assaisonner.

Étendre la pâte brisée et la foncer dans une ramequin en faïence. Disposer la farce régulièrement puis couvrir d'une abaisse de pâte. Pratiquer une petite cheminée de 1 cm de diamètre.

Cuire au four à 200 °C (400 °F). Piquer le thermomètre dans la cheminée et, lorsque la température atteint 85 °C (185 °F), le cipaille est cuit.

Méthode 2 : Nos grands-mères incorporaient de la pâte brisée à l'intérieur du cipaille. Nous préférons faire de petites boules de pâte, les cuire au four à 230 °C (450 °F), et les servir en accompagnement.

SERVICE

Pendant la cuisson, passer la sauce au chinois, chauffer, rectifier l'assaisonnement. Servir en accompagnement.

LIÈVRE À LA FAÇON DE
MON AMI GEORGES BOUJARD

4 personnes
Difficile
Préparation : 60 minutes
Cuisson : 4 à 6 h

1	Lièvre de 800 à 900 g (1 ¾ lb à 2 lb)
1 litre (4 tasses)	Vin rouge tannique
150 g (5 oz)	Mirepoix de légumes (oignons, carottes, céleri, blancs de poireau)
4	Gousses d'ail
8	Baies de genièvre
½ c. à café (½ c. à thé)	Poivre noir concassé
1	Clou de girofle
1	Bouquet garni
1 c. à café (1 c. à thé)	Sel de mer
60 ml (¼ tasse)	Huile d'olive
350 ml (1 ½ tasse)	Fond brun de lièvre, de veau ou équivalent commercial
350 g (12 oz)	Céleri-rave, en julienne
350 g (12 oz)	Rutabaga, en julienne
700 g (1 ½ lb)	Pâte brisée
	Sel et poivre du moulin

CLOU DE GIROFLE
Les Grecs et les Romains connaissaient bien le clou de girofle à l'arôme si caractéristique. Les feuilles du giroflier ressemblent beaucoup à celles du laurier. Ses éléments de saveur sont tout à fait compatibles avec de nombreux mets.

Découper le lièvre (voir page 381). Déposer les morceaux dans un plat et verser le vin rouge, la mirepoix de légumes, l'ail, les baies de genièvre, le poivre concassé, le clou de girofle, le bouquet garni, le sel et l'huile. Recouvrir d'une pellicule plastique et laisser sur le comptoir de cuisine pendant 72 heures. Il n'y a aucun risque que des bactéries se développent, car l'alcool a deux effets : attendrir et conserver.

Ensuite, verser le tout dans une mijoteuse. Ajouter le fond brun de lièvre et cuire à basse température pendant 3 ou 4 heures. La chair du lièvre étant très sèche, elle doit être bien cuite. La pointe d'un couteau doit pouvoir s'enfoncer et se retirer facilement. Enlever les morceaux de lièvre et effilocher. Verser la sauce dans une passoire et réserver.

Chauffer le four à 160 °C (320 °F). Couper le céleri-rave et le rutabaga en julienne. Les cuire à l'eau salée, les rafraîchir, les égoutter et les éponger. Saler et poivrer.

Abaisser la pâte et l'étendre dans un moule à tarte. Mettre 1 rangée de céleri-rave, 1 rangée de rutabaga, parsemer de lièvre effiloché puis mettre au four. Verser 2 à 3 cuillerées de sauce toutes les cinq minutes (maximum 4 fois). Lorsque la pâte est cuite en dessous servir immédiatement.

VARIANTES : lapin, lièvre de l'Arctique.

LIÈVRE DE L'ARCTIQUE AUX CHÂTAIGNES D'EAU

À Raymond Ferry, grand chef cuisinier du Québec

6 à 8 personnes

Difficile
Préparation :
20 à 40 min
Cuisson :

1	Lièvre de l'Arctique de 2 à 2,3 kg (4 à 5 lb)
80 g (⅓ tasse)	Beurre
1	Oignon rouge
2	Carottes
500 g (1 lb)	Céleri-rave
80 ml (⅓ tasse)	Huile végétale
6	Gousses d'ail
1	Bouquet garni
400 ml (1 ⅔ tasse)	Vin rouge
10	Grains de poivre concassés
60 ml (¼ tasse)	Huile d'olive
4 litres (16 tasses)	Eau
600 g (1 ¼ lb)	Châtaignes d'eau fraîches ou en conserve
	Fécule de maïs ou de riz
20 g (⅓ tasse)	Ciboulette ciselée
	Sel et poivre

Chauffer le beurre dans une poêle, émincer l'oignon et le faire fondre. Laisser refroidir.

Couper les carottes et le céleri-rave en petits dés. Découper le lièvre de l'Arctique (voir page 381), saler et poivrer. Chauffer l'huile végétale et faire raidir les morceaux de lapin. Les réserver dans un récipient.

Envelopper l'oignon émincé et les gousses d'ail dans un petit linge ou une mousseline ; les ajouter au récipient avec le lièvre, les carottes, le céleri, le bouquet garni. Ajouter le vin rouge, un peu de sel, les grains de poivre et l'huile d'olive. Couvrir avec une pellicule plastique et laisser mariner sur le comptoir pendant au moins 36 heures.

Chauffer l'eau puis y plonger les châtaignes d'eau, six à la fois. Les égoutter et enlever les peaux ; répéter l'opération.

Dans un rondeau adéquat, verser le lièvre mariné et la marinade. Faire chauffer entre 92 et 95 °C (200 °F). Couvrir et cuire à cette température pendant une quarantaine de minutes ; ajouter les châtaignes d'eau et continuer la cuisson.

Le lièvre de l'Arctique doit être bien cuit. À cette étape, retirer les morceaux de lièvre ainsi que les châtaignes, égoutter et réserver. Retirer le petit sac d'oignon et d'ail et bien le presser pour extraire les saveurs.

Passer délicatement la sauce au chinois, tout en conservant les dés de céleri et de carottes.

Si la sauce n'est pas suffisamment liée, mélanger un peu de fécule de maïs délayée dans de l'eau et ajouter un peu à la fois, jusqu'à la consistance désirée.

Remettre le lièvre, les châtaignes, les dés de céleri et de carottes dans le rondeau et laisser mijoter quelques minutes. Parsemer de ciboulette ciselée.

VARIANTE : lapin domestique, lièvre.

Châtaigne d'eau
La châtaigne d'eau – ou liseron d'eau – est le bulbe sous-marin comestible d'une plante aquatique qui pousse dans les eaux profondes des ruisseaux. Sa pelure mince est noire teintée de brun et sa chair blanche est croustillante.

SERVICE

Servir dans des assiettes creuses.

LIÈVRE DE L'ARCTIQUE AUX PRUNEAUX

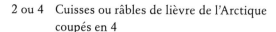

À Jacques Noeninger, l'ami pâtissier

2 ou 4	Cuisses ou râbles de lièvre de l'Arctique coupés en 4
250 g (½ lb)	Pruneaux dénoyautés
80 ml (⅓ tasse)	Armagnac
150 ml (⅔ tasse)	Vin blanc
300 g (10 oz)	Rutabaga en dés
4	Gousses d'ail
300 ml (1 ¼ tasse)	Fond brun de gibier à poil, lié
1	Bouquet garni
128 g (4 ½ oz)	Pommes de terre ratte
	Sel et poivre

Faire macérer pendant une nuit les pruneaux dénoyautés dans l'armagnac et le vin blanc.

Blanchir les cuisses de lièvre de l'Arctique afin de coaguler le sang à l'intérieur des cuisses et éviter que la sauce ne « tourne ». Couper le rutabaga en petits dés.

Déposer les cuisses de lièvre dans une cocotte en faïence ou en grès. Les entourer des pruneaux macérés et du rutabaga en dés. Ajouter les gousses d'ail, le fond brun de gibier à poil et le bouquet garni. Couvrir la cocotte et la luter. Cuire au four à 180 °C (350 °F) pendant 1 h 30 ou plus.

Enlever le bouquet garni et les gousses d'ail et rectifier l'assaisonnement.

VARIANTES : lapin domestique, lièvre.

PRUNIER EN FLEURS
Les pruneaux d'Agen et de Tours sont les plus estimables, mais ceux de Californie et d'Australie les concurrencent sérieusement.

SERVICE

Servir tel quel avec une pomme de terre ratte qui pourrait être cuite avec le lièvre.

PRUNEAU
En cuisine, le pruneau a avantage à être cuit longuement avec du vin rouge. Il peut même parfois accompagner une viande blanche ou un poisson gras.

Gibier à poil et à plume

RÂBLES DE LAPIN DOMESTIQUE FARCIS
AUX ABRICOTS SECS ET AUX PISTACHES

À la mémoire du grand chef Carlo Dell'Olio

2	Râbles de lapins domestiques désossés par le ventre
225 g (8 oz)	Chair des deux cuisses de lapin
160 g (6 oz)	Abricots secs
2 ½ c. à soupe	Crème d'abricot (alcool)
2 ½ c. à soupe	Cognac
80 ml (⅓ tasse)	Vin blanc sec
3	Tranches de pain
80 ml (⅓ tasse)	Crème à 35 %
3 ½ c. à soupe	Beurre
4	Échalotes hachées très finement
120 g (4 oz)	Lard gras
2 c. à soupe	Persil haché
1	Blanc d'œuf
3 c. à soupe	Fécule de pomme de terre
50 g (2 oz)	Pistaches émondées
3 à 4 litres (12 à 16 tasses)	Eau
300 ml (1 ¼ tasse)	Glace brune de lapin ou de gibier, liée

Hacher en petits dés les abricots et les faire macérer dans la crème d'abricot, le cognac et le vin blanc sec. Couvrir avec une pellicule plastique et laisser sur le comptoir pendant au moins 24 heures.

Faire tremper le pain sans la croûte dans la crème à 35 %. Faire fondre le beurre dans une poêle et suer les échalotes. Les laisser refroidir.

Préparer la farce. Hacher les cuisses de lapin, le pain, le lard gras ; mettre dans un plat, ajouter les abricots, le persil, les échalotes, le blanc d'œuf, la fécule de pomme de terre et les pistaches ; mélanger avec la main. Saler et poivrer.

Pour plus de précision, peser la farce et l'assaisonner à raison de 2 c. à soupe + 1 c. à café/kg (2 c. à soupe + 1 c. à thé/2 ½ lb) de sel et à raison de ½ c. à café/kg (½ c. à thé/2 ½ lb) de poivre blanc (sel : 14 g/kg et poivre : 3g/kg).

Étendre les râbles de lapin, les farcir et bien refermer. Enrouler les râbles dans 3 ou 4 épaisseurs de pellicule plastique. Ficeler les deux extrémités et percer avec une épingle 2 à 3 petits trous par râble.

Chauffer l'eau à 100 °C (210 °F). Plonger les râbles dans cette eau, puis maintenir la température à environ 92 °C (200 °F). Cuire jusqu'à atteindre 72 °C (162 °F) à cœur. Pendant la cuisson, chauffer la glace de lapin.

4 personnes

Difficile

Préparation : plus de 40 min

Cuisson : au thermomètre

ABRICOT
L'abricotier est l'un des arbres fruitiers les plus cultivés, tant pour la table que pour les conserveries. L'amande du noyau, très oléagineuse, est comestible quand elle est douce, mais le plus souvent elle est amère.

VARIANTE : lièvre de l'Arctique, lièvre.

SERVICE

Au fond de chaque assiette, verser une cuillère à soupe de glace de lapin. Y déposer deux à trois belles tranches de râble. Servir avec des crosnes ou des pâtes.

Recettes

de phoque

CUBES DE PHOQUE AU HOMARD

À tous mes amis madelinots

4 personnes

Difficile

Préparation : 20 à 40 min

Cuisson : au piqué

800 g (1 ¾ lb)	Cubes de viande de phoque dans la longe
400 ml (14 oz)	Bisque de homard
4	Demi-queues de homard de 125 g (4 oz) chacune précuite
1	Échalote ou un petit oignon
180 ml (¾ tasse)	Vin blanc sec
16	Pommes de terre cocottes ou grelots
180 ml (¾ tasse)	Fond brun de veau, non lié
300 ml (1 ¼ tasse)	Crème à 35 %
60 ml (¼ tasse)	Cognac
12	Branches de ciboulette

Hacher très finement l'échalote ou l'oignon et les mettre dans une casserole. Verser le vin blanc et réduire de 90 %. Ajouter le fond brun de veau, ainsi que la bisque de homard. Mijoter doucement 10 minutes. Déposer dans cette sauce les cubes de phoque qui auront été au préalable dégorgés au moins deux à trois heures sous un filet d'eau froide et bien épongés. Cuire à 70 °C (158 °F), jusqu'à ce que les cubes de phoque soient tendres. Garder au chaud.

Pendant cette cuisson, cuire à la marguerite les pommes de terre cocottes ou grelots et, 5 minutes avant de servir, avec cette même marguerite, réchauffer les queues de homard.

Réchauffer les cubes de phoque (à 70 °C/158 °F) et ajouter la crème à 35 % chaude, ainsi que le cognac. Rectifier l'assaisonnement.

PRÉCAUTION : Quelle que soit la partie du phoque qu'on apprête, on doit d'abord la dégorger à l'eau froide pendant au moins deux à trois heures afin que le sang s'en échappe.

SERVICE

Déposer les cubes de phoque au fond de l'assiette. Disposer la demi-queue de homard et les pommes de terre. Décorer avec la ciboulette.

POURQUOI UNE CUISSON À 70 °C (158 °F) ?

Le phoque étant habituellement tué par balle, il garde une grande partie de son sang, même « dégorgé ». Si on le cuit à la température indiquée, le sang coagule sans « granuler » la viande.

OSSO BUCO DE PHOQUE

En hommage aux Inuits et aux Amérindiens de la mer, pour qui le phoque est indispensable.

4 personnes

Facile
Préparation : 30 à 40 min
Cuisson : au piqué

12	Rouelles de phoque dans la cuisse ou l'épaule
3	Écorces d'orange séchées
14	Tomates fraîches
80 ml (⅓ tasse)	Huile de cuisson
2	Échalotes ou
60 g (⅓ tasse)	Petits oignons hachés finement
2	Carottes coupées en petits dés
1	Branche de céleri
2	Gousses d'ail
180 ml (¾ tasse)	Vin blanc
1 litre (4 tasses)	Fond brun de veau, non lié
½	Feuille de laurier
½	Cuiller à café de thym
2 c. à soupe	Persil haché
	Sel et poivre

Faire déshydrater à la température de la pièce les écorces d'oranges, puis les hacher finement.

Émonder et épépiner les tomates, puis les couper en petits dés. Réserver.

Chauffer l'huile de cuisson dans une poêle et raidir les rouelles de phoque. Dans un rondeau ou une mijoteuse, déposer l'échalote ou l'oignon, les carottes, le céleri, l'ail, le vin blanc et le laisser réduire de 90 %.

Déposer les rouelles de phoque, puis verser le fond brun de veau, les écorces d'orange hachées, le laurier, le thym et le persil. Cuire lentement à la mijoteuse ou au four à 120 °C (250 °F), de façon que la température interne n'excède pas 70 °C (158 °F). Arrivé à 50 °C (122 °F) à cœur, ajouter les dés de tomate fraîche et continuer la cuisson jusqu'à ce que la texture des rouelles soit tendre. Saler et poivrer au goût.

SERVICE

Servir en assiette creuse
avec des pâtes.

L'OR NOIR DES ÎLES DE LA MADELEINE, SAUCE À LA MOUTARDE

800 g (1 ¾ lb)	Phoque haché dans la cuisse ou la selle
75 g (⅔ tasse)	Mie de pain blanc
80 ml (⅓ tasse)	Crème à 35 %
1	Oignon de 60 à 80 g (2 à 3 oz)
1	Gousse d'ail
1	Branche de persil
60 g (¼ tasse)	Beurre
60 ml (¼ tasse)	Huile végétale
250 ml (1 tasse)	Sauce à la moutarde (voir page 344)
	Sel et poivre blanc moulu

Faire dégorger la viande de phoque sous un filet d'eau froide pendant au moins 6 heures (cette étape est nécessaire). Bien égoutter la viande et l'assécher.

Passer la viande au hachoir muni d'une grille moyenne avec la mie de pain préalablement trempée dans la crème, l'oignon, l'ail et le persil.

Saler et poivrer.

Bien envelopper le mélange dans une pellicule plastique et laisser au réfrigérateur pendant 24 heures. Former de petits pavés avec la viande.

Cuire à la poêle, au beurre et à l'huile, jusqu'à la cuisson désirée. Égoutter et verser la sauce à la moutarde sur la viande.

4 personnes

Facile

Préparation : 20 à 25 min

Cuisson : 6 à 10 min

MOUTARDE

La moutarde est une plante annuelle atteignant une hauteur de 1 à 2 m, avec des fruits ou siliques longs de 10 à 20 mm renfermant des graines rouges, brunes, jaunes ou blanches selon les variétés.

SERVICE

Déposer les pavés de phoque, napper de sauce à la moutarde chauffée au préalable. Servir avec des pommes de terre en robe des champs.

PAVÉS DE PHOQUE AU POIVRE VERT

À Marguerite et Charles-Claude Dion, de Grande-Entrée, aux îles de la Madeleine

6 personnes

Assez facile

Préparation : moins
de 10 min

Cuisson : 4 à 8 min

6	Morceaux de longe de phoque de 175 g (6 oz) chacun
	Lait
150 g (⅔ tasse)	Beurre doux
2 ½ c. à soupe	Huile de tournesol ou autre
2 c. à soupe	Cognac
125 ml (½ tasse)	Vin blanc sec
4	Échalotes hachées
180 ml (¾ tasse)	Crème à 35 %
500 ml (2 tasses)	Fond brun de veau, lié ou demi-glace commerciale
	Grains de poivre vert
	Sel et poivre

POIVRE VERT
Le fruit du poivrier se présente sous la forme d'une grappe pendante, formée de vingt à trente baies serrées contre l'axe. Le fruit est d'abord vert, puis jaune au moment de la récolte.

Former des pavés (tranches épaisses) dans la longe. Faire dégorger les pavés de phoque de l'une des deux façons suivantes :

Les faire tremper pendant 24 heures dans du lait ou les faire dégorger sous un filet d'eau froide pendant quelques heures. Bien assécher les pavés avec des linges et les réserver jusqu'à l'utilisation.

Dans une poêle, faire chauffer 3 ½ c. à soupe de beurre avec l'huile. Saler et poivrer les pavés et les faire sauter jusqu'à la cuisson désirée. Réserver.

Déglacer la poêle avec le cognac et le vin blanc. Ajouter l'échalote et réduire de moitié. Ajouter la crème et réduire des deux tiers. Ajouter le fond brun avec les grains de poivre vert et laisser cuire de 2 à 3 minutes.

Finir la sauce au beurre. Réchauffer les pavés de phoque et les napper de sauce.

SERVICE

Servir avec des pommes de terre cuites à la vapeur et des légumes de saison.

MARINADES, FONDS,
ROUX ET SAUCES

MARINADE CRUE

1 litre (4 tasses)	Vin rouge tannique
160 ml (⅔ tasse)	Vinaigre de vin
160 ml (⅔ tasse)	Huile de pépins de raisin
3	Échalotes émincées finement
1	Oignon émincé finement
6	Baies de genièvre
12	Grains de poivre noir
8	Carottes coupées en rondelles très fines
1	Branche de céleri émincée finement
½	Gousse d'ail
2	Feuilles de laurier
10	Queues de persil
1 c. à café (1 c. à thé)	Thym (ou une branche de thym frais)
	Sel et poivre

Mélanger tous les ingrédients. Laisser reposer 5 ou 6 heures sur le comptoir, puis verser sur la viande à mariner.

> **ATTENTION:** *Le liquide ne doit jamais dépasser le tiers de la viande. Conserver dans un emplacement ni trop chaud, ni trop froid. Deux fois par jour, retourner la pièce de viande. Fermer avec une pellicule plastique ou un couvercle.*

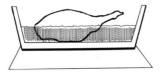

MARINADE CUITE

Les ingrédients et la préparation sont les mêmes que pour la marinade crue. Il suffit de faire bouillir le tout pendant 10 minutes, puis de laisser refroidir et de verser sur la viande.

FOND BRUN DE GIBIER À POIL

Les fonds de gibier sont la base essentielle à la réussite de bonnes sauces pour accompagner les gibiers.

80 ml (⅓ tasse)	Huile de tournesol ou gras de cuisson
3 kg (6 ¾ lb)	Os de gibier concassés
1 kg (2 ½ lb)	Parures
180 g (1 tasse)	Oignons coupés en dés
200 g (7 oz)	Carottes coupées en morceaux
100 g (3 oz)	Branche de céleri coupée en morceaux

Bouquet garni

2	Tiges de persil
1	Branche de thym
1	Feuille de laurier
200 g (7 oz)	Champignons
10	Baies de genièvre

- Avec un couperet, concasser les os et les faire revenir dans une plaque au four chauffé à 230 °C (450 °F) et les laisser colorer jusqu'à ce qu'ils deviennent dorés.
- Enlever les os et les déposer dans une grande marmite. Répéter l'opération avec les parures. Ajouter les éléments aromatiques et couvrir d'eau. Laisser cuire 3 ou 4 h en écumant fréquemment.
- Passer au chinois et remettre sur le feu, puis réduire de moitié.

> **NOTE:** *Si l'on veut faire une base de fond plus économique, ne pas réduire le fond et le lier avec du roux blanc cuit.*

GLACE DE GIBIER: *Réduire de nouveau le fond des trois quarts. On obtiendra une glace de gibier qui n'a aucun élément de liaison.*

FOND BLANC DE GIBIER: *Prendre les mêmes ingrédients que pour le fond brun. Toutefois, ne pas faire revenir les os, mais les mettre directement dans la marmite, faire bouillir, écumer, puis ajouter les éléments aromatiques. Le temps de cuisson est le même.*

FOND BLANC DE VOLAILLE OU DE GIBIER À PLUME

2 kg (4 ½ lb)	Os de volaille ou de gibier à plume
300 g (10 oz)	Carottes en mirepoix moyenne
180 g (1 tasse)	Oignons en mirepoix moyenne
100 g (3 oz)	Blanc de poireau en mirepoix moyenne
100 g (3 oz)	Céleri en mirepoix moyenne
3	Gousses d'ail hachées
1	Clou de girofle
	Poivre noir

Bouquet garni

20	Tiges de persil
1	Branche de thym
½	Feuille de laurier

- Faire dégorger les os de volaille ou de gibier.
- Mettre les légumes, l'ail et les assaisonnements dans une marmite avec les os dégorgés. Couvrir d'eau et amener à ébullition. Écumer si nécessaire. Ajouter le bouquet garni. Laisser cuire pendant 45 minutes. Passer au chinois étamine ou dans une passoire à mailles fines et réduire si le goût n'est pas suffisamment prononcé.

NOTE : *Cette recette convient à toutes les volailles. Le principe de base est toujours le même. Si on utilise la poule ou le coq, faire bouillir les volailles entières, car comme la cuisson est longue, on ira chercher les saveurs plus spécifiquement. Si on utilise des os de poulet, bien les faire dégorger pour enlever les impuretés (sang).*

FOND BRUN DE VOLAILLE OU DE GIBIER À PLUME

2 kg (4 ½ lb)	Os de volaille ou de gibier à plume
150 ml (⅔ tasse)	Huile végétale
300 g (10 oz)	Carottes en mirepoix moyenne
180 g (1 tasse)	Oignons en mirepoix moyenne
100 g (3 oz)	Blanc de poireau en mirepoix moyenne
100 g (3 oz)	Céleri en mirepoix moyenne
3	Gousses d'ail hachées
1	Clou de girofle
	Poivre noir

Bouquet garni

20	Tiges de persil
1	Branche de thym
½	Feuille de laurier
	Concentré de tomate

- Avec un couperet, bien concasser les os, les faire revenir au four dans une plaque avec 80 ml (⅓ tasse) d'huile, jusqu'à ce qu'ils dorent (leur coloration se transmettra au liquide). Parallèlement, faire suer les légumes dans le reste de l'huile, puis mettre les deux éléments, avec les assaisonnements et le bouquet garni, dans une marmite.
- Couvrir d'eau et cuire de 45 à 60 minutes. Si le fond n'est pas assez coloré, ajouter un peu de concentré de tomate, passer ensuite au chinois étamine ou dans une passoire à mailles fines.

NOTE : *Avant d'ajouter le concentré de tomate dans un fond, le cuire au four à micro-ondes par séquences de 60 sec (4 à 6 fois). Ne vous inquiétez pas si la préparation brunit. Cette opération a pour but d'enlever l'acidité. Ne vous inquiétez pas si la préparation brunit.*

FOND BRUN DE VEAU

10 kg (22 lb)*	Os (de préférence les genoux, coupés en petits dés par le boucher)
	Graisse végétale
	Huile végétale
1 kg (5 ½ tasses)	Oignons en grosse mirepoix
1 kg (5 ½ tasses)	Carottes en grosse mirepoix
500 g (2 ¾ tasses)	Branches de céleri coupées en morceaux de 5 cm (2 po)
2 têtes	Ail en chemise
1	Feuille de laurier
2 pincées	Thym
210 g (7 tasses)	Persil
25	Grains de poivre noir
200 g (7 oz)	Pâte de tomate cuite

- Faire chauffer la graisse végétale au four à 200 °C (400 °F) dans une rôtissoire. Lorsqu'elle est bien chaude, déposer les os et les laisser rôtir jusqu'à ce qu'ils dorent de tous côtés, étape très importante, car ce sont ces sucs rôtis qui donneront une belle coloration au fond de gibier ou de veau.
- Parallèlement, dans une casserole suffisamment grande, faire suer tous les légumes dans de l'huile végétale chaude, ajouter l'ail, les assaisonnements et la pâte de tomate, puis faire cuire le tout.
- Lorsque ces deux opérations seront terminées, réunir les deux éléments dans une marmite assez grande ; les couvrir d'eau complètement et laisser mijoter pendant au moins 6 heures.
- Par réduction, donc par concentration des sucs, on obtient de la sauce demi-glace et, plus réduit encore, de la glace de veau.
- Ce fond de veau n'est pas lié. Avec du roux blanc, on obtient un fond brun lié.

---

* Ce poids est idéal, mais si vous n'avez pas sous la main une marmite assez grande, divisez les quantités.

NOTE : Ne jamais saler un fond, car si on désire éventuellement le réduire il sera alors trop salé. Au cours de la cuisson, écumer régulièrement ; s'il y a trop d'évaporation, ajouter de l'eau. Après la cuisson, passer au chinois étamine ou à une passoire à mailles fines, laisser refroidir dans un lieu frais, puis remplir de petits contenants que l'on peut congeler. Les fonds peuvent être faits l'hiver et congelés pour être utilisés plus tard. Lorsqu'ils cuisent, ils dégagent de très bonnes odeurs et procurent de l'humidité dans la maison. Pour accélérer le refroidissement, verser le fond dans un récipient, le déposer dans l'évier, et faire couler un filet d'eau froide autour. Si le fond produit de la graisse, dégraisser régulièrement en cours de cuisson.

FUMET OU ESSENCE DE GIBIER

Le fumet est une concentration des saveurs qui sont extraites des parures ou des os du gibier choisi, à plume ou à poil. On prépare toujours le fumet avec des éléments qui n'ont pas été colorés. Une essence ou un fumet peut constituer la base liquide de mouillement d'un fond brun de gibier ou servir de base à un consommé de gibier.

COURT-BOUILLON

Le court-bouillon est davantage utilisé pour la cuisson des poissons, mollusques et crustacés que pour le gibier. On le prépare en extrayant les saveurs de légumes variés (carottes, oignons, céleri et bouquet garni) cuits dans le vin blanc. On s'en servira par la suite pour pocher un aliment.

ESSENCE DE LÉGUMES

Les essences de légumes sont des concentrations de saveurs extraites d'un ou de plusieurs éléments. On peut faire, par exemple, de l'essence de céleri. On peut aussi faire des essences de légumes variés. Il suffit de cuire l'élément de base dans de l'eau, puis, après cuisson, de laisser réduire le liquide afin de concentrer les saveurs.

ROUX BLANC

120 g (½ tasse)	Beurre
120 g (½ tasse)	Farine

- Faire fondre le beurre au four micro-ondes pendant 20 secondes, puis ajouter la farine. Cuire par séquences de 20 secondes et bien mélanger entre chaque séquence. Le roux est cuit lorsqu'il commence à mousser.
- L'utilisation du roux est beaucoup plus appropriée que celle des fécules, car le gluten de la farine fait tenir beaucoup mieux les sauces.

ROUX BRUN : Procéder comme pour le roux blanc et cuire jusqu'à ce que la préparation devienne brune.

SUBSTITUTS DE ROUX

- On trouve dans le commerce des substituts de liaison pour les fonds et les sauces. Il y a d'abord la fécule de maïs, la plus utilisée chez nous. Si on fait la liaison avec la fécule de maïs, il faut servir la sauce immédiatement, sinon, après une vingtaine de minutes, elle relâchera. Ces conditions valent pour toutes les fécules (pomme de terre, riz, arrow-root, châtaigne, etc.). L'avantage des liaisons avec les fécules de riz ou de pomme de terre, c'est qu'elles ne laissent aucune saveur secondaire.
- On trouve aussi, dans le commerce, une variété de produits appelés « veloutines » et autres.

SAUCE À LA MOUTARDE

90 g (½ tasse)	Oignons ou échalotes hachées finement
100 g (⅓ tasse)	Moutarde de Dijon
250 ml (1 tasse)	Fond brun de veau, lié
150 ml (⅔ tasse)	Crème à 35 %
	Sel et poivre

- Faire revenir doucement les oignons ou les échalotes dans le beurre. Ajouter la moutarde et faire cuire doucement pour enlever l'acidité. Ajouter le fond de veau. Laisser cuire doucement pendant 5 minutes et terminer la sauce avec la crème. Assaisonner au goût.

SAUCE HOLLANDAISE (méthode rapide)

180 g (¾ tasse)	Beurre doux clarifié
4	Jaunes d'œufs
3 c. à soupe	Vin blanc
	Sel et poivre
½	Citron (jus)

- Faire fondre le beurre.
- Dans un récipient de forme ronde (cul-de-poule ou autre) qu'on peut mettre au chaud, bien mélanger au fouet les jaunes d'œufs, le vin blanc, le sel et le poivre.
- Au bain-marie tiède, émulsionner ce mélange jusqu'à ce qu'il fasse le ruban (comme une crème fouettée). Cette opération est très importante, car c'est l'émulsion des jaunes d'œufs combinée à l'acide du vin blanc au bain-marie qui assure la réussite de cette sauce.
- Lorsque cette opération est terminée, incorporer petit à petit le beurre fondu. Le mélange doit être onctueux. Au besoin, ajouter le jus de citron.

> *NOTE : On utilise toujours du beurre doux en raison de sa plus grande densité en gras.*

SAUCE HOLLANDAISE (méthode classique)

180 g (¾ tasse)	Beurre doux clarifié
80 ml (⅓ tasse)	Vin blanc
35 g (¼ tasse)	Échalotes hachées
2 c. à café (2 c. à thé)	Vinaigre de vin blanc ou vinaigre de cidre
4	Jaunes d'œufs
	Sel et poivre blanc
½	Citron (jus)

- Faire fondre le beurre.
- Réduire le vin blanc, les échalotes hachées et le vinaigre de 90 %. Laisser refroidir cette réduction. Passer la réduction au chinois étamine en pressant pour extraire le maximum de jus, puis ajouter les jaunes d'œufs.
- Dans un récipient de forme ronde (cul-de-poule ou autre), qu'on peut mettre au chaud, bien mélanger au fouet le mélange de jaunes d'œufs et de vin blanc, puis ajouter le sel et le poivre.

- Au bain-marie tiède, émulsionner ce mélange jusqu'à ce qu'il fasse le ruban (comme une crème fouettée). Cette opération est très importante, car c'est l'émulsion des jaunes d'œufs combinée à l'acide du vin blanc au bain-marie qui assure la réussite de cette sauce.
- Lorsque cette opération est terminée, incorporer petit à petit le beurre fondu. Le mélange doit être onctueux. Au besoin, ajouter le jus de citron.

> **NOTE:** *On peut laisser la réduction d'échalote hachée dans la sauce.*

SAUCE BÉARNAISE

300 g (1 ¼ tasse)	Beurre doux clarifié
2 ½ c. à soupe	Vinaigre de vin rouge
125 ml (1 tasse)	Vin blanc
1 c. à café (1 c. à thé)	Poivre en grains, écrasé (mignonnette)
1 c. à soupe	Estragon frais, haché
3 ½ c. à soupe	Échalote hachée finement
3	Jaunes d'œufs
	Sel et poivre
1 c. à soupe	Estragon haché finement (en garniture)
1 c. à soupe	Persil haché finement
2 c. à soupe	Ciboulette ciselée finement

- Clarifier le beurre doux au bain-marie. Réserver.
- Verser le vinaigre et le vin dans une casserole et ajouter le poivre, l'estragon et l'échalote. Faire réduire de moitié et laisser refroidir. Ajouter la réduction de vinaigre et de vin aux jaunes d'œufs, puis émulsionner au bain-marie jusqu'à l'obtention d'un mélange crémeux et onctueux. Incorporer délicatement le beurre clarifié à ce mélange en s'assurant que le beurre n'est pas trop chaud.
- Passer la sauce au chinois étamine et rectifier l'assaisonnement. Si la sauce est trop épaisse, ajouter un peu d'eau tiède pour la liquéfier légèrement. Ajouter la garniture d'estragon, de persil et de ciboulette, puis servir.
- Au goût, on peut laisser les échalotes.

SAUCE BÉARNAISE (autre méthode)

La sauce béarnaise est une sauce hollandaise faite selon la méthode classique, à laquelle on doit ajouter de la ciboulette et de l'estragon hachés. On ne passe pas la sauce au chinois étamine ni dans une passoire à mailles fines.

DÉRIVÉS DE LA SAUCE BÉARNAISE:

SAUCE CHORON: *Béarnaise à laquelle on ajoute une fondue de tomates réduites, hachées ou mixées (pas d'estragon ni de cerfeuil en finition).*
SAUCE PALOISE: *Béarnaise dans laquelle les feuilles de menthe hachées remplacent l'estragon.*
SAUCE VALOIS OU FOYOT: *Béarnaise et glace de viande ou de gibier.*

SAUCE AUX AIRELLES (CANNEBERGES)

180 g (¾ tasse)	Beurre doux
4	Échalotes hachées
180 ml (¾ tasse)	Vin rouge tannique
125 ml (½ tasse)	Jus d'airelle
250 ml (1 tasse)	Fond brun de gibier
120 g (4 oz)	Airelles
	Sel et poivre

- Faire chauffer la moitié du beurre et fondre les échalotes. Ajouter le vin rouge et le jus d'airelle et réduire de 90 %. Ajouter le fond de gibier, mijoter pendant une dizaine de minutes puis passer au chinois et réserver.
- Pendant la cuisson, faire sauter les airelles dans le reste du beurre jusqu'à ce qu'elles éclatent, puis les déposer sur un papier essuie-tout. Quelques minutes avant de servir, ajouter les airelles à la sauce et rectifier l'assaisonnement.
- On peut faire la même recette en remplaçant les airelles par des bleuets ou des plaquebières.

> **NOTE:** *Si la sauce manque de liaison, ajouter du roux blanc ou une liaison à la base de fécule. On peut aussi ajouter, au dernier moment, quelques gouttes d'alcool des mêmes fruits.*

SAUCE AU THÉ DU LABRADOR OU THÉ DES BOIS

30 g (½ tasse)	Thé du Labrador ou thé des bois sec
180 ml (¾ tasse)	Vin blanc
180 ml (¾ tasse)	Eau
180 g (¾ tasse)	Beurre
6	Échalotes hachées, finement
250 ml (1 tasse)	Fond brun de gibier, lié
	Sel et poivre

- La veille de l'utilisation, réhydrater le thé des bois ou le thé du Labrador dans le vin et l'eau. Le lendemain, passer au chinois.
- Dans 80 g (⅓ tasse) de beurre, fondre les échalotes hachées, ajouter le liquide de macération et réduire de 90 %. Ajouter le fond de gibier, cuire une dizaine de minutes, passer au chinois, rectifier l'assaisonnement et finir avec le reste du beurre.

SAUCE GRAND VENEUR

La véritable sauce grand veneur se fait avec du sang de gibier. En voici une adaptation. Si toutefois vous avez un gibier tué par balles, ses muscles contiendront inévitablement du sang. Celui-ci, à la cuisson, aura une incidence sur la sauce.

400 ml (1 ⅔ tasse)	Marinade crue ou cuite avec ses légumes (voir page 341)
300 ml (1 ¼ tasse)	Fond brun de gibier, lié
80 g (⅓ tasse)	Beurre
2 c. à soupe	Gelée de groseille
80 ml (⅓ tasse)	Cognac ou armagnac
	Sel et poivre

- Faire réduire de 90 % la marinade avec ses légumes, puis ajouter le fond de gibier. Cuire une dizaine de minutes et passer au chinois. Finir avec le beurre, la gelée de groseille et le cognac ou l'armagnac.

> **NOTE :** *Le célèbre cuisinier Auguste Escoffier ajoutait de la crème à cette sauce.*

SAUCE POIVRADE

300 g (10 oz)	Parures de gibier
80 ml (⅓ tasse)	Huile de tournesol
3 c. à soupe	Vinaigre de vin
80 ml (⅓ tasse)	Vin blanc
180 ml (⅔ tasse)	Marinade de gibier
2	Échalotes hachées
1	Carotte en fine mirepoix
300 ml (1 ¼ tasse)	Fond brun de gibier, lié
6	Grains de poivre écrasés
80 g (⅓ tasse)	Beurre
3 c. à soupe	Armagnac ou cognac
	Sel et poivre

- Faire revenir les parures de gibier dans l'huile bien chaude, les enlever et réserver.
- Déglacer la poêle avec le vinaigre, le vin blanc et la marinade, et faire réduire de 90 %. Ajouter les parures, les échalotes, la carotte et le fond de gibier. Cuire à feu doux pendant 1 heure.
- Écumer, puis ajouter les grains de poivre. Cuire de nouveau pendant 10 minutes et passer au chinois étamine en pressant bien les éléments.
- Rectifier l'assaisonnement et monter la sauce au beurre, en y ajoutant l'armagnac et le cognac.

SAUCE CHEVREUIL

80 g (⅓ tasse)	Beurre doux
2	Échalotes hachées
400 g (14 oz)	Parures de gibier
750 ml (3 tasses)	Vin rouge
800 ml (env. 3 ¼ tasses)	Sauce poivrade
	Sel et poivre

- Chauffer le beurre, ajouter les échalotes et les fondre doucement. Mettre les parures de gibier. Raidir les parures et ajouter le vin rouge. Réduire de 90 %. Ajouter la sauce poivrade. Cuire pendant 20 à 30 minutes et passer au chinois. Rectifier l'assaisonnement.
- On peut ajouter 1 c. à soupe de gelée de groseille et 2 ½ c. à soupe de porto.

SAUCE DIANE

180 ml (¾ tasse)	Crème à 35 %
625 ml (2 ½ tasses)	Sauce poivrade
100 g (⅔ tasse)	Blancs d'œufs cuits durs, puis coupés en petits dés
2 ¼ c. à soupe	Truffe hachée finement Sel et poivre

- Fouetter la crème assez fermement.
- Chauffer la sauce poivrade quelques minutes avant de servir le gibier cuit, ajouter délicatement la crème fouettée, puis les blancs d'œufs en dés ainsi que la truffe hachée.
- Rectifier l'assaisonnement et servir immédiatement.

SAUCE AUX GRIOTTES

2	Échalotes hachées finement
500 ml (2 tasses)	Vin rouge
180 ml (¾ tasse)	Jus de cerise
1 pointe de couteau	Cannelle en poudre
180 ml (¾ tasse)	Fond brun de gibier, lié
6 c. à soupe	Beurre
100 g (⅔ tasse)	Mie de pain blanc frais hachée
200 g (7 oz)	Griottes dénoyautées (en boîte)
2 c. à soupe	Zestes de citron hachés Sel et poivre

- Dans une casserole, mettre les échalotes hachées, le vin rouge, le jus de cerise, ainsi que la cannelle. Réduire de 90 %. Ajouter le fond brun de gibier. Rectifier l'assaisonnement et passer au chinois étamine.
- Au moment de servir, monter la sauce au beurre. Ajouter la mie de pain frais hachée, les griottes dénoyautées et les zestes de citron hachés.

> **NOTE :** Les cerises griottes sont petites, rouges, de chair molle et très acidulées. Au Canada, on les cultive dans la vallée du Niagara. On peut les remplacer par de petites cerises sauvages.

SAUCE AUX PIGNONS

2 ½ c. à soupe	Beurre doux
100 g (3 oz)	Pignons de pin
160 ml (⅔ tasse)	Vin blanc
60 ml (¼ tasse)	Vinaigre de vin blanc
25 g (⅓ tasse)	Sucre à fruits
400 ml (1 ⅔ tasse)	Fond brun de gibier, lié
2 ½ c. à soupe	Armagnac ou cognac Sel et poivre

- Faire griller les pignons dans le beurre chaud et réserver.
- Chauffer le vin blanc, le vinaigre et le sucre. Réduire de 90 %. Ajouter le fond brun de gibier, lié. Rectifier l'assaisonnement.
- Au moment de servir, ajouter les pignons ainsi que l'armagnac ou le cognac.

SAUCE SALMIS

600 g (1 ¼ lb)	Parures de gibiers
50 g (2 oz)	Carottes en petits dés
50 g (2 oz)	Céleri en petits dés
45 g (¼ tasse)	Échalotes hachées
60 g (¼ tasse)	Beurre doux
125 ml (½ tasse)	Vin blanc
300 ml (1 ¼ tasse)	Fond de gibier corsé, lié
1	Bouquet garni
3	Gousses d'ail
60 ml (¼ tasse)	Sang de canard ou autre
2 ½ c. à soupe	Armagnac ou cognac Sel et poivre

- Faire suer les carottes, le céleri et les échalotes dans le beurre doux. Ajouter les parures de gibiers et les raidir. Ajouter le vin blanc et réduire de 90 %. Ajouter le fond de gibier corsé lié, le bouquet garni et l'ail. Cuire doucement pendant 30 minutes.
- Passer au chinois, rectifier l'assaisonnement et terminer la liaison avec le sang et l'armagnac ou le cognac.

SAUCE AIGRE-DOUCE AUX PIMBINAS

150 g (1 tasse)	Baies de pimbinas fraîches ou congelées
160 g (⅔ tasse)	Sucre à fruit
300 ml (1 ¼ tasse)	Fond brun de gibier, lié
80 g (½ tasse)	Céleri coupé en petits dés
60 g (⅓ tasse)	Baies de pimbina
80 g (⅓ tasse)	Beurre doux
	Sel et poivre

- Extraire le jus des baies de pimbina, ajouter le sucre et cuire jusqu'à caramélisation. Arrêter la cuisson en versant un peu d'eau froide sur le caramel (user de prudence pour ne pas éclabousser).
- Faire chauffer le fond de gibier, ajouter les dés de céleri et cuire pendant 15 minutes à feu doux.
- Ajouter le jus réduit, les baies de pimbina et monter la sauce au beurre.
- Rectifier l'assaisonnement.

SAUCE À L'ORANGE

160 ml (⅔ tasse)	Jus d'orange frais
80 ml (⅓ tasse)	Vin blanc
60 ml (¼ tasse)	Vinaigre de cidre
125 g (½ tasse)	Sucre à fruit
320 ml (1 ⅓ tasse)	Fond brun de gibier à plume, lié
80 ml (⅓ tasse)	Grand Marnier
	Sel et poivre

- Mélanger ensemble le jus d'orange, le vin, le vinaigre et le sucre. Cuire jusqu'à caramélisation. Arrêter la cuisson en versant un peu d'eau froide sur le caramel (user de prudence pour ne pas éclabousser).
- Chauffer le fond brun de gibier à plume et y ajouter le mélange précédent.
- Rectifier l'assaisonnement et ajouter le Grand Marnier. On peut ajouter des zestes d'orange blanchis.

SAUCE PÉRIGUEUX

45 g (¼ tasse)	Échalotes hachées très finement
120 g (½ tasse)	Beurre doux
150 ml (⅔ tasse)	Porto rouge
180 ml (¾ tasse)	Madère
1 litre (4 tasses)	Fond de gibier à plume ou à poil, lié
60 ml (¼ tasse)	Jus de truffe
1	Truffe noire en fine julienne

- Faire fondre les échalotes tout doucement dans la moitié du beurre. Ajouter le porto et le madère et réduire de 90 %.
- Ajouter le fond de gibier. Mijoter une dizaine de minutes puis passer au chinois étamine.
- Quinze minutes avant de servir, monter la sauce avec le restant du beurre et incorporer le jus de truffe et la julienne de truffe.

SAUCE GRIBICHE

4 c. à café (4 c. à thé)	Moutarde de Dijon
6	Jaunes d'œufs
80 ml (⅓ tasse)	Vinaigre de vin rouge
400 ml (1 ⅔ tasse)	Huile d'olive
1 c. à café (1 c. à thé)	Persil haché
50 g (2 oz)	Cornichons sûrs hachés
1 c. à café (1 c. à thé)	Cerfeuil ciselé
½ c. à café (½ c. à thé)	Estragon haché
50 g (⅓ tasse)	Câpres hachées
3	Blancs d'œufs durs hachés
	Sel et poivre

- Émulsionner la moutarde de Dijon avec les jaunes d'œufs, incorporer le vinaigre puis l'huile d'olive. Ajouter ensuite le persil, les cornichons, le cerfeuil ciselé, l'estragon, les câpres et les blancs d'œufs. Saler et poivrer au goût.

LES VINS D'ACCOMPAGNEMENT

Tout comme l'art de confectionner un plat en cuisine, l'envie de connaître tous les vins du monde, de les analyser en les dégustant, relève d'une véritable passion. Si, pour certains, faire la cuisine est une satisfaction extraordinaire menant à mieux découvrir et à mieux apprécier nos merveilleux produits du Québec, pour d'autres, la «piqûre» d'aimer collectionner et de constituer une cave frôle la manie. On commence par une vingtaine de bouteilles dans un petit coin de son logis pour finir par rêver d'un cellier à température contrôlée où l'on viendra, tous les jours, admirer sa collection.

Un cellier représente un gros investissement, tout comme d'ailleurs la cuisine du gibier; ce sont là des occasions de fête, car nous n'avons pas tous les jours sur nos tables de la viande de chevreuil et un Clos Vougeot. Rien ne nous empêche, plus modestement, de profiter de la carte des vins de la SAQ, qui nous offre une sélection de premier ordre et les suggestions de ses conseillers très compétents, capables de nous guider dans des choix pour tous les jours comme pour les grandes fêtes, et dont le prix conviendra à toutes les bourses.

Il est bien évident que nous ne dégustons pas du bœuf musqué ou du castor tous les jours. C'est pourquoi ce livre vous propose des recettes qui s'adaptent à plusieurs animaux d'élevage. Ainsi, les recettes de bœuf musqué peuvent être préparées avec du bœuf.

Je m'attarderai toutefois aux vins pour les jours de fête afin qu'ils réussissent un mariage heureux avec le gibier que vous aurez chassé ou que vous aurez eu la chance de recevoir en cadeau.

À tout seigneur tout honneur, devrais-je dire !

Dans un premier temps, on doit déterminer si le plat doit être accompagné de vin afin de le mettre en évidence, ou si c'est le plat qui doit valoriser un grand cru ou, encore, si les deux doivent faire un heureux mariage. Après, on pourra explorer les choix qui s'offrent à nous.

Prenons un exemple : vous possédez un Château d'Yquem 1947. Quel délice culinaire particulier peut en être digne ? C'est une dégustation des grands jours qui devrait être soutenue par un aliment qui ne pourra que le mettre encore plus en valeur. Une brioche toute au beurre. Les arômes de miel, d'acacia et de coing se révéleront en ce mémorable moment de dégustation et le vin en sera le roi !

En d'autres moments, c'est le plat cuisiné qui sera sur la sellette. Alors, le vin le soutiendra ; il devra être plus léger que les saveurs de la sauce ou du gibier.

Puis, enfin, il y aura les mariages heureux. À ce moment, la réflexion et la recherche sont importantes. Si, par exemple, j'ai à préparer plusieurs perdrix et que je décide de profiter de cette occasion pour les déguster avec des amis qui aiment le vin, comment allier les deux ?

En premier, je me poserai la question à savoir de quoi se nourrissaient les perdrix que j'ai chassées : de petits fruits, de cerises sauvages, de groseilles ou d'airelles, ou tout simplement de feuillus ? Car la nourriture aura toujours une incidence sur la chair du gibier. Deuxième étape, je choisirai la façon de cuisiner mes perdrix : elles seront rôties et accompagnées d'une sauce aux petits fruits, sauvages ou cultivés. La chair de la perdrix étant délicate et toute en finesse, mon vin devra être fin, délicat, avec des arômes de petits fruits. Tout bien considéré, j'accompagnerai mes perdrix d'un Volnay qui possède toutes ces qualités, en plus d'une petite odeur de violette. Vins et cuisine seront heureux !

Pourrais-je utiliser le même vin si je cuisine de la viande de chevreuil avec la même sauce ? Eh bien, non. Pourquoi ? Tout simplement parce que la viande de chevreuil est beaucoup plus forte en saveurs et en odeurs, surtout si elle a été marinée. Je devrai donc jeter mon dévolu sur un vin beaucoup plus tannique et charpenté. Je choisirai un vin de Bordeaux, un Pauillac dont les qualités se lisent comme suit : « Rubis moyennement sombre, touche de bleu, arôme de fruits mûrs, pointu, avec des senteurs herbacées, et une étrange qualité de confit, réminiscences de géranium[1] ». La complexité de ce vin ainsi que sa mâche s'accorderont merveilleusement avec ma gigue de chevreuil rôtie, sauce aux petits fruits de nos forêts.

Bien compliqué, allez-vous dire ! Je ne le crois pas. Il suffit de prendre quelques moments de réflexion pour assurer le succès d'un grand repas. Cuisiner d'abord, je laisserai le soin aux spécialistes des vins de vous conseiller. Si, par ailleurs, c'est un vin que je veux vous faire découvrir, le plat d'accompagnement devra à son tour servir à le mettre en valeur. Mais, c'est une autre histoire !

---

1. Jean Lenoir, *Le nez du vin,* Carnoux, Éditions Jean Lenoir, 1998.

SUGGESTIONS DE MARIAGES VIN ET GIBIER À PARTIR DU PARFUM DE LA SAUCE

Les renseignements fournis dans cette section sont tirés du *Nez du vin*, de Jean Lenoir, un coffret qui contient un magnifique jeu de petits flacons qui font découvrir les odeurs que l'on retrouve dans le bouquet du vin. Nous retrouvons ci-dessous quelques composantes qui permettront d'effectuer d'heureux mariages entre les vins et vos plats de gibier.

Jean Lenoir,
Le Nez du vin, Carnoux,
Éditions Jean Lenoir, 1998.

ACACIA
L'acacia, le troène, le réséda, le chèvrefeuille, les fleurs des champs sont des arômes communs à de nombreux vins blancs tant qu'ils restent frais et ne s'oxydent pas.
Condrieu, Vouvray, certains Chablis, Mâconnais, Sauternes.

ABRICOT
Max Léglise en parle comme d'un arôme très rare dans les vins: «L'abricot est un arôme d'exception, mais d'une grande classe. Nous ne l'avons trouvé que dans le cépage Viognier dont l'aire de culture se limite à Condrieu, Château Grillet et le secteur environnant.»
Côtes de Provence, Hermitage blancs, certains millésimes de Châteauneuf-du-Pape.

AMANDE (NOYAU)
Sa présence, à faible dose, dans les vins rouges jeunes particulièrement, leur confère cette caractéristique que les dégustateurs nomment «arôme de noyau». C'est une constante des vins rouges jeunes, issus des Cabernet franc et Cabernet-Sauvignon, qu'ils soient du Val de Loire, de Chinon en particulier ou du Bordelais. Cet arôme est alors associé au goût végétal que l'on repère dans la jeunesse de ces vins.

ANIS
L'anis, qui appartient aussi à la confiserie, est parfois si prononcé sur certains vins du Midi de la France qu'on se demande si un caviste n'a pas coulé son vin dans de vielles bouteilles de pastis! Jules Chauvet précise que cet arôme est un composant du Pinot-Chardonnay, en particulier pour les vins du Mâconnais.

ANANAS
En diététique, il est très recommandé les lendemains de fête... ou de dégustation! Il aurait un pouvoir dissolvant sur les graisses; il est surtout riche en fibres. Sa présence s'affirme dans les cuvées de vendanges tardives et de sélection de grains nobles. Il marque les grands Chardonnay en Bourgogne, en Australie et aux États-Unis.

AUBÉPINE
On apprécie la fragrance de l'aubépine dans les vins rouges de l'Hermitage, où elle se mêle à la violette, à l'iris et à la mûre, alors qu'elle s'accompagne d'un arôme de framboise dans les Crozes-Hermitage.
Saint-Émilion, Crépy, Côtes de Saumur, Chambertin, Flagey, Côte Saint-Jacques.

BANANE
C'est une dominante dans les vins issus de la macération carbonique, mais en vinification classique certains cépages y sont plus disposés que d'autres (chardonnay, syrah, gamay). Il n'est donc pas étonnant que ce caractère soit généralisé dans le Mâcon blanc et rouge, et surtout dans le Beaujolais.

BEURRE
Le beurre a pour témoin olfactif la diacétyle que l'on retrouve dans

les huiles essentielles de la racine d'angélique, le girofle, le cyprès, le carvi, le vétiver.
Chassagne-Montrachet, certains Pomerol, Gamay de Touraine, Tokay.

CACAO
L'arôme délicat et en même temps puissant du cacao caractérise les grands vins rouges en général, particulièrement les vieux millésimes.
Certains Sauternes, Pouilly-Fumé, Bandol, Médoc, Graves.

CAFÉ
Grands millésimes de Bourgogne, particulièrement Côte-de-Nuits, Saint-Émilion, Hermitage rouge.

CANNELLE
On peut ressentir très nettement à la dégustation son arôme suave et doux. Symbole de la complexité aromatique d'une grande qualité de vinification, il est très souvent associé à un élevage dans le bois.
Côtes du Roussillon, Côtes du Vivarais, Châteauneuf-du-Pape, Graves, Coteaux du Layon.

CASSIS
Il existe sans doute un lien étroit et naturel entre la production de ce petit fruit, très prisé pour la fabrication de la liqueur, et la présence de son arôme dans les grands vins de Bourgogne.
Gevrey-Chambertin, Chambolle-Musigny, Aloxe-Corton, Mercurey, Savigny, Crozes-Hermitage, Saint-Émilion, etc.

CERISE
La cerise est un grand arôme noble, rare dans les vins rouges jeunes, à l'exception des Morgon du Beaujolais. Sur les vins rouges de garde, l'arôme de cerise noire se forme de préférence quand ils sont assez souples, riches en couleurs et assez soutenus en tanins.
Griottes-Chambertin, Marsannay-la-Côte, Nuits-Saint-Georges, Patrimonio, Côtes de Provence.

CHAMPIGNONS
En Bourgogne, déjà au XVIIIe siècle, le chanoine Gaudin écrivait à Madame d'Épinay : «Mon vin de Chablis de cette année a du montant, il embaume, enchante le gosier et laisse une odeur suave de mousseron. »
Certains Chablis, Santenay Gravières, Côte de Brouilly, Chinon, Sainte-Croix-du-Mont.

CITRON
Le citron est un arôme subtil, très souvent oublié dans les analyses gustatives. Il se développe dans la plupart des Sauvigons de France, d'Australie, de Californie et de Nouvelle-Zélande et leur communique une sensation de fraîcheur. Il est une constante des Champagnes non millésimés.
Crozes-Hermitage, Crémant de Loire, Graves blanc, vin de Savoie.

COING
Arôme du cœur de l'automne, puissant, riche. Le coing domine à notre avis dans le Val de Loire, où il s'exprime à

Comme vous l'aurez constaté, le cuisinier est toujours présent même avec les arômes des vins qui peuvent se marier avec les produits du Québec. C'est pourquoi le vin est un maillon inévitable pour accompagner un mets.

merveille dans des vins d'une grande
élégance, nerveux, corsés, délicats
et fins, aux reflets d'or.
*Coteaux du Layon, Bonnezeaux,
Châteauneuf-du-Pape, Bellet rouges,
Saumur, Sauternes.*

ÉGLANTINE

Les Italiens produisent le Barolo,
un vin grenat aux reflets orange. Jeune,
il est d'un rouge rubis qui avec le
vieillissement tourne à l'orangé.
Son parfum est agréable et prononcé.
On y décèle une senteur de violette
et d'églantier.
*Gewürztraminer, Côte de Nuit, Musigny,
Clos de Vougeot, Barolo.*

FOIN COUPÉ

Cette odeur de foin coupé, on la
retrouve comme arôme de transition
sur des vins rouges dont le fruité se
fane et qui commencent à accuser un
certain vieillissement. La plupart des
vins rouges y sont sujets à ce stade de
leur évolution.
Costières du Gard, Muscadet.

FOUGÈRE

La fougère, qui a une parenté avec
la mousse de chêne, est un arôme un
peu sévère, discret mais fort distingué,
qui valorise les crus blancs de Puligny-
Montrachet.
Puligny-Montrachet, Charmes Chambertin.

FRAISES

La fraise, arôme noble, enrichit
couramment les Banyuls et les vins
de Porto, mais aussi les vins rouges

classiques, souples et déjà vieux. On
le décèle sur des vins du Barbaresco,
d'Arbois et des Côtes de Nuit.
*Tavel, Lirac, Santenay, Champagne rosé,
Jurançon, Château Léoville.*

FRAMBOISE

Max Léglise rappelle qu'il s'agit là
d'un caractère très répandu des vins
rouges jeunes, mais il précise aussi
qu'on peut reproduire le parfum
de framboise par un mélange judicieux
de cassis et de violettes.
*Villié-Morgon, Juliénas, Echezeaux,
Pernand Vergelesses, Zinfandel, Bourgueil,
Côte Rôtie.*

FUMÉ

Gault et Millau décèlent dans le Tokay
d'Alsace des arômes discrètement
floraux, mais surtout empyreumatiques
(odeurs fortes et âcres telles que
la fumée, les sarments en train de
se consumer, les cendres), auxquels
peut se mêler la noisette ou le miel.
*Pouilly-Fumé, Pomerol, Beaune Teurons,
Calvi.*

GÉRANIUM

Le goût du géranium se rencontre
dans certains vins additionnés d'acide
sorbique, quand celui-ci est
malencontreusement dégradé
par les bactéries lactiques.
*Muscat, Gewürztraminer, Mâcon, Pavillac,
Riesling.*

GIROFLE

Par un vieillissement prolongé,
certains vins rouges de l'Hermitage,

de Châteauneuf-du-Pape, des Côtes du Roussillon, ainsi que les vins espagnols, acquièrent des senteurs épicées (girofle, poivre, gingembre, muscade, etc.).
Bandol, Coteaux du Layon, Corbières, Morey-Saint-Denis.

MENTHE

Une trace de menthe valorise les grands vins. La menthe verte est plutôt l'apanage des blancs dont elle contribue, associée au citron, à la fraîcheur du bouquet. Par contre, la menthe poivrée est propre aux vins rouges au bouquet riche et complexe, dont l'évolution est déjà avancée.
Rogliano, Côtes du Ventoux, Pernand Vergelesses, Gewürztraminer.

MIEL

Le parfum de miel orne de façon splendide les vins blancs de grande classe, essentiellement les moelleux et liquoreux issus de l'action de la pourriture noble ou provenant des vendanges tardives.
Meursault, Montrachet, Corton blanc, Sauternes, Barsac, Monbazillac et Bergerac.

MUSCAT

Le linalol est l'un des principaux composants de l'arôme du muscat. Le linalol le plus fin entre dans la composition du chèvrefeuille, du lis, du lilas, du pois de senteur et de la rose. On comprend donc que, en dégustation, l'arôme de rose est souvent évoqué à propos des vins de type muscat.

Muscat blanc, Frontonnais, Sémillon, Sauvignon, Aleatico.

NOISETTE

L'arôme de la noisette est souvent associé à l'amande grillée et au beurre, et ce, à cause de la diacétyle.
Vougeot blancs, Ladoix-Serrigny, Rully, Meursault, Château-Chalon, Crépy, Amontillado.

NOIX

Le vin jaune du Jura et Château-Chalon illustre le mieux, sans conteste, cet arôme de noix. Le vin jaune, produit sur quatre communes du Jura avec le seul cépage Savagnin (ou Naturé), exige des soins particuliers. Il lui faut le terrain de marne bleue de la région, une exposition ensoleillée, protégée des vents froids et la patiente vinification propre aux vins jaunes [...].

ORANGE

L'arôme d'orange est rare sur les vins rouges, il marque les vins blancs élaborés à base du cépage Sémillon lorsqu'il est botrytisé. C'est un bel arôme des vins liquoreux, une très belle constante du Bordelais, surtout sur les Sauternes.
Coteaux du Layon, Lalande de Pomerol, Pauillac.

PIN

Le plus typique des vins grecs, la retsina, est un blanc sec auquel on ajoute au cours de la fermentation de la résine de pin d'Alep, que l'on enlève ensuite avec la lie au premier soutirage.

Un vin italien, le Valtellina Superiore Sassella (Lombardie), possède lui aussi un léger parfum naturel de résine. *Calvi rouge, crus classés de Graves, Côtes de Provence.*

PIVOINE

La pivoine est l'arôme distinctif du Chénas, mais elle parfume aussi le Fleury et le Brouilly, ainsi qu'un vin de Côteaux d'Ajaccio, un Saint-Émilion et un Chinon. Lenoir dit du Muscadet : «Ce vin légèrement musqué où la bergamote se marie à la pivoine».

POIRE

Poire et vin sont depuis longtemps associés dans les sentences populaires. En Anjou et en Champagne, ne dit-on pas «Sur poire, vin boire»? *Champagne, Bourgueil, Gigondas, Lirac.*

POIVRE

L'arôme de poivre se dégage, soit comme phénomène d'année, soit comme caractéristique de cépage, ou comme caractéristique d'un terroir. Il est fréquent, sans être dominant, sur la Syrah, les Cabernet franc et Cabernet-Sauvignon. *Rioja, Piémont, Barolo, Barbaresco, Pommard, Bourgueil, Châteauneuf-du-Pape, Saint-Émilion.*

POIVRON VERT

Cet arôme très caractéristique est une constante des vins rouges issus des cépages Cabernet franc et Cabernet-Sauvignon. C'est donc dans les vins de Bordeaux ou du Val de Loire qu'on le retrouve le plus souvent, surtout quand ces vins sont jeunes, sans oublier bien sûr les Cabernet-Sauvignon américains, australiens et néo-zélandais. *Saint-Émilion, Gigondas, Médoc, Côtes de Provence, Graves rouge.*

POMME

La pomme et le raisin partagent un même constituant, l'acide malique; ils fournissent tous deux des boissons fermentées et ont aussi des affinités légendaires. [...] L'odeur de pomme est une caractéristique de fond de la plupart des vins blancs. [...] L'arôme de pomme golden [...] est fréquent sur les vins blancs de Savoie, le Muscadet, le Chardonnay de Bourgogne. C'est souvent le caractère dominant des vins de primeur.

RÉGLISSE

Camille Rodier la décèle dans la riche gamme aromatique du Clos de Vougeot : «Le vin du Clos de Vougeot se présente au palais dans une tenue *sui generis* où sens olfactif et papilles gustatives, avec une joie silencieuse et sereine, analysent tour à tour, ensemble et à l'envi, les parfums subtilement amalgamés de la réglisse, de la truffe, de la violette et de la menthe sauvage.» *Saint-Émilion, Bandol, Saint-Joseph, Côtes du Roussillon, Châteauneuf-du-Pape.*

ROSE

Bien des vins de Bordeaux s'enorgueillissent de la finesse de bouquet d'iris, de violette ou de rose; cette rose fanée, très distinguée,

qui marque les grands crus de Pauillac ou de Margaux.
Saint-Estèphe, Traminer d'Yvorne (Suisse), Porto-Vecchio, Tavel.

THYM
À propos du Pedro Jiménez, xérès doux de couleur rubis foncé, un connaisseur vous dira qu'en agitant le verre, c'est comme si un coup de vent secouait la garrigue avec le ciste, le thym et le romarin en fleurs.
Côtes de Provence, Minervois.

TILLEUL
Les vins blancs d'Anjou expriment le mieux cet arôme. Leur bouquet embaume ou bien la grappe fraîche éclatée au soleil, ou bien les fleurs de tilleul dans la plupart des cas, quelquefois les fleurs d'acacia. On savourera particulièrement certains Quart-de-Chaumes et des Savennières-Coulée-de-Serrant, vins nobles parfumés de tilleul en fleurs et de trèfle incarnat, de miel et d'abricot.
Grand Riesling, Jacquère, Sauternes, Tokaj Harslevelu (Hongrie).

TRUFFE
«Bon vin, bonnes truffes» prétend un dicton. Arôme tertiaire, lié au vieillissement, la truffe apparaît sur les vieux millésimes et persiste dans les carafes à décanter. On la distingue cependant sur certains vins jeunes californiens issus du cépage Cabernet-Sauvignon.

«La truffe règne sur les grands Merlot du Bordelais, principalement sur les terroirs de Pomerol et de Saint-Émilion: c'est dans le mythique Petrus qu'elle est la plus impérieuse; elle parfume quelquefois certains grands Médoc et Pessac-léognan.»

VANILLE
On retrouve cet arôme dans tous les vins, blancs ou rouges, qui ont été élevés en fût de chêne. C'est que l'un des principaux arômes du bois de chêne est un dérivé de la vanille, l'éthylvanilline, qui se marie remarquablement avec la plupart des vins et finit par s'intégrer à leur bouquet.
Nuits-Saint-Georges-Saint-Émilion, Pommard, Corton, Bandol.

VIOLETTE
La senteur de violette, puissante et délicate est une des plus facilement détectable et reconnaissable. Elle signe la Romanée Conti et le Musigny mais laissons la parole à Gaston Roupnel, l'illustre écrivain bourguignon: «Rien en Bourgogne n'égale peut-être la ferme splendeur de ces vins rouges riches et corsés, d'une tonalité robuste. L'âge seul peut à la longue apaiser leur force presque barbare mais quand les ans les ont mûris, ces grands vins sombres s'assagissent et se parfument d'une odeur de printemps et de violette.»

LA BASE EN CUISINE

Modes de cuisson
Au sujet du thermomètre
Lexique des termes culinaires
Équipement courant utilisé en cuisine pour la préparation du gibier

MODES DE CUISSON

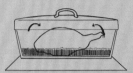

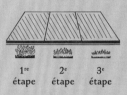

1re étape 2e étape 3e étape

POÊLER

Morceaux épais dans
un sautoir afin de garder
un minimum d'humidité

SAUTER

Pièce de viande mince
dans une poêle
afin d'éliminer rapidement
l'humidité

BRAISER

- Faire revenir la viande pour lui donner une coloration.
- Enlever l'excédent de graisse.
- Déglacer avec le vin et cuire pour extraire l'alcool.
- Mouiller à mi-hauteur de la viande avec le fond choisi.
- Ajouter les éléments aromatiques.
- Couvrir hermétiquement.
- Cuire à température constante et régulière.

GRILLER

- Bien essuyer la pièce à griller.
- Badigeonner légèrement d'huile.
- Saler et poivrer.
- Placer la pièce à griller (côté peau pour le gibier à plume) sur le gril bien chaud.
- Quadriller en faisant faire un quart de tour à la pièce à griller.
- Quadriller l'autre côté.
- Terminer la cuisson à feu très doux.

POCHER

- Faire dégorger le gibier à l'eau courante (pour enlever les impuretés).
- Mettre à bouillir à l'eau froide.
- Écumer.
- Ajouter une garniture aromatique : carottes, oignons, clou de girofle, vert de poireaux, céleri, bouquet garni, ail et poivre en grains.
- Assaisonner de gros sel.

- Faire bouillir et écumer fréquemment en cours de cuisson.
- Laisser cuire à feu très doux.
- Aussitôt cuite, retirer la pièce du bouillon.

POÊLER

- Placer la pièce de viande sur le feu, à découvert.
- Faire colorer la première surface.
- Retourner la pièce pour faire dorer les parties non colorées.
- Ajouter une petite garniture : carottes, oignons et bouquet garni.
- Lorsque la pièce est bien dorée et presque au terme de sa cuisson, ajouter (selon la recette) du vin et du fond.
- Aussitôt cuite, retirer du feu.

RÔTIR

- Démarrer à four chaud.
- Retourner la pièce pour la faire colorer.
- Baisser la température du four.
- Arroser fréquemment au cours de la cuisson.
- Au terme de la cuisson, retirer la pièce de viande.
- Déposer la plaque sur le feu pour faire caraméliser les sucs de la viande.
- Dégraisser.
- Mouiller et déglacer avec un peu de fond brun de volaille.

- Laisser réduire pendant quelques minutes.
- Passer ce jus au chinois.

SAUTER

- Mettre la matière grasse à chauffer dans un sautoir.
- Placer les morceaux, côté peau, dans la graisse chaude.
- Faire colorer (selon la recette).
- Retourner les morceaux dès qu'ils sont colorés.
- Couvrir et laisser cuire à feu doux.
- Retirer les morceaux cuits.
- Terminer la cuisson des plus gros morceaux.
- Retirer tous les morceaux.
- Bien dégraisser.
- Déglacer avec le vin (selon la recette).
- Laisser réduire tout doucement.
- Ajouter le fond (selon la recette).
- Laisser réduire pendant quelques minutes.
- Vérifier l'assaisonnement.
- Passer la sauce au chinois.

UTILISATION DU THERMOMÈTRE

Lorsque j'ai commencé dans le métier, il y a cinquante ans, mon chef nous apprenait les degrés de cuisson d'une viande ou d'un poisson «au toucher». Il était impossible d'être précis, car, suivant la qualité de la viande et de son vieillissement, il pouvait y avoir de grands écarts de cuisson. Aujourd'hui, le thermomètre est indispensable pour contrôler la température d'une viande ou d'un poisson ou pour connaître la température réelle de votre four. Pour ma part, j'indique rarement des temps de cuisson.

Pour mieux comprendre l'utilité d'un thermomètre, il suffit de savoir que la peur de la salmonellose tourmentait nos parents et nos grands-parents; aussi cuisaient-ils exagérément le poulet pour tuer les bactéries nocives. Ils agissaient pareillement avec le porc et le bœuf, pour détruire les œufs de ténia, ou de ver solitaire.

Avaient-ils raison? Dans une certaine mesure, oui! L'hygiène des poulaillers, des porcheries et des étables n'était pas la principale préoccupation des éleveurs au siècle dernier mais, de nos jours, nous savons contrôler les parasites et les bactéries.

AU SUJET DU THERMOMÈTRE

LA CUISSON LENTE AU THERMOMÈTRE

Nous n'avons rien inventé en cuisine depuis plusieurs siècles, si ce n'est l'avènement de la technologie ainsi que la précision des cuissons qui ont été testées par les spécialistes. Actuellement, on parle beaucoup des cuissons à basse température, ce qui, avouons-le, constitue un net progrès.

Mais est-ce réellement un progrès ? Les cuissons au chenet dans les immenses cheminées à l'époque féodale étaient en réalité des cuissons à basse température. Au cours de mon apprentissage, nous avons servi de fastueux repas aux Chevaliers du tastevin au Château du clos de Vougeot[1]. À cette occasion, nous avons fait rôtir très lentement des marcassins dans des foyers de braises.

Plus près de nous, à une époque pas si lointaine, lorsque toute la famille partait aux champs pour « faire les foins », la mère mettait sur le coin du « poêle à bois » une lourde marmite en fonte où un ragoût succulent cuisait tout doucement, dégageant des arômes irrésistibles au retour des champs. Cette cuisson était sans aucun doute une cuisson à basse température !

Il est important de respecter les règles d'hygiène pour le gibier que nous avons chassé. Ces précautions nous permettent d'éprouver des joies culinaires incomparables et sont l'aboutissement de notre respect pour l'animal. Afin d'évoluer avec la technologie moderne, et comme plusieurs recettes de ce livre, j'ai adopté la cuisson contrôlée non traditionnelle. Quelle aventure pour moi, de la vielle école !

Voici une expérience qui vous permettra de constater l'importance de la cuisson au thermomètre dans la cuisine moderne. Lors d'un repas gastronomique pour deux cents personnes au profit d'une organisation caritative, j'ai cuit des longes de cerf de Boileau dans l'eau, ce qui normalement ne se fait pas et frôle même le sacrilège ! Pourtant tous les convives se sont régalés. Vous comprendrez mieux cette expérience lorsque vous aurez tenté cette aventure par vous-même.

Bref, le matin précédant la réception, j'ai fait revenir très rapidement dans une plaque à rôtir les longes de cerf de chaque côté afin de leur donner une belle coloration, puis je les ai rafraîchies au réfrigérateur. Je les ai salées, poivrées, j'ai ajouté une branche de thym, une feuille de laurier, puis je les emmaillotées dans cinq ou six épaisseurs de pellicule plastique, de façon que l'eau ne puisse s'infiltrer. J'ai percé quelques petits trous (4 ou 5) à l'aide d'une épingle afin que l'air puisse s'échapper et j'ai commencé la cuisson en vue du repas du soir. J'ai plongé les longes dans une marmite d'eau dont la température se situait entre 54 °C (130 °F) et 58 °C (135 °F) (entre saignant et à point). Il faut mentionner ici que le thermomètre doit être constamment dans l'eau et la température ne doit pas varier.

Les longes ont cuit doucement, très doucement. Cette cuisson respecte les règles d'hygiène du ministère de l'Agriculture, des Pêches et de l'alimentation (MAPAQ), c'est-à-dire que pour que toutes les bactéries soient éliminées d'une viande saignante, la température à cœur doit être maintenue à 54 °C (130 °F) pendant 121 minutes.

Au moment de servir, j'ai enlevé la pellicule plastique puis j'ai donné un « coup de chaleur » aux longes en les mettant au four à 250 °C (500 °F) afin de les assécher en surface. (Cette étape est facultative.) Puis, j'ai servi les longes de cerf de Boileau avec une sauce poivrade. Cette recette est un bonheur pour le cuisinier : pas d'encombrement dans la cuisine, pas de chaleur excessive, une cuisson parfaite (la viande de la même couleur de bord en bord), pas de perte, mais surtout, une tendreté exceptionnelle.

Auriez-vous songé à faire cuire de la viande dans de l'eau ? Je vous suggère de tenter cette expérience avec du poulet, mais à un degré de cuisson de 82 °C (180 °F), ou avec du porc, à 84 °C (184 °F). Vous m'en donnerez des nouvelles !

Les hôtels et les restaurants utilisent des équipements de haute technologie et très dispendieux et cuisent avec des sacs sous vide aux mêmes températures que précédemment. Vous comprenez maintenant l'importance de la cuisson au thermomètre.

---

1. Le Château du clos de Vougeot, entouré de vignobles, a été construit au XIIᵉ siècle par les moines cisterciens. En 1945, la confrérie des Chevaliers du tastevin a acquis ce château et, depuis, se réunit périodiquement pour participer à de grands festins.

LEXIQUE DES TERMES CULINAIRES

AIGUILLETTE
Morceau de poitrine (filet) de canard (principalement), coupé mince et long dans le sens de la fibre.

ANIMELLES
Testicules des animaux.

APPAREIL
Mélange d'éléments divers destinés à une préparation.

APPRÊT
Opérations culinaires entourant la préparation d'un plat.

AROMATE
Toute herbe, plante ou racine qui répand une odeur agréable.

BARDE
Tranche de lard gras assez fine.

BARDER
Envelopper de tranches de lard une pièce de viande.

BLANC DE CUISSON
Mélange d'eau et de farine additionné de jus de citron ou de vinaigre blanc.

BLANCHIR
Opération qui consiste à faire bouillir des produits dans une certaine quantité de liquide pendant une période donnée, pour leur enlever certaines impuretés ou pour les attendrir.

BOUQUET GARNI
Éléments aromatiques composés de céleri, de branches de thym, de queues de persil et de feuilles de laurier, le tout ficelé ensemble. Sert à donner un parfum agréable aux mets.

BRAISER
Cuire dans une braisière ou une casserole couverte hermétiquement avec peu de liquide. Comme cette cuisson est longue, il faut éviter que le liquide de cuisson s'évapore, d'où l'importance d'utiliser un plat de cuisson qui ferme hermétiquement.

BRUNOISE
Légumes coupés en dés d'environ 3 mm (1/8 po).

CERNEAU DE NOIX
Chair de la noix épluchée.

CHAPELURE
Croûte de pain rassis passée au tamis et séchée. On peut utiliser aussi du pain frais tranché sans croûte.

CISELER
Couper en menus morceaux, en dés minuscules ou en julienne de la ciboulette, de la laitue ou de l'oseille.

CLARIFIER
Fondre le beurre dans une casserole, puis le transvaser dans un récipient en prenant soin que le babeurre ou petit lait reste au fond de la casserole.

COFFRE
Poitrine de volaille cuite avec les os.

COLLAGE
Clarification d'un liquide (habituellement du vin) à l'aide de substances qui entraînent le dépôt des particules en suspension.

COLORER
Donner une couleur uniforme à une viande de gibier à poil ou à plume, en la saisissant dans un corps gras.

CONCASSER
Hacher grossièrement.

CONTISER
Faire des incisions dans une volaille pour y introduire des lames de truffes ou d'autres ingrédients.

CRÉPINE
Membrane graisseuse et transparente qui enveloppe les viscères d'animaux.

CUISSON À CŒUR
Degré de cuisson au centre d'une pièce de viande.

CUISSON À LA GOUTTE DE SANG
Lorsque la poitrine d'une volaille ou d'un gibier à plume est cuite à point, en la piquant avec une aiguille, une goutte de sang doit perler au centre du gras.

CUISSON AU PIQUÉ
La viande est cuite lorsqu'on peut piquer et retirer facilement la pointe d'un couteau.

DAUBE
Cuisson à l'étouffée de certaines viandes et de certains légumes avec un fond et des aromates.

DÉGLACER
Dissoudre avec un bouillon ou un liquide les sucs qui se sont caramélisés au fond du plat de cuisson.

DÉGORGER
Faire tremper un article à l'eau froide pour le débarrasser de ses impuretés.

DÉGRAISSER
Enlever l'excès de gras d'un produit, d'une préparation ou d'un récipient de cuisson.

DÉNERVER
Enlever les nerfs et les tendons d'une pièce de viande crue.

DÉPOUILLER
Opération qui consiste à enlever, à l'aide d'une cuillère ou d'une écumoire, les impuretés qui remontent à la surface d'un liquide (fond de sauce) lors d'une ébullition lente.

ÉMINCER
Couper en tranches minces un aliment ou des légumes (oignons, poireaux, etc.).

ÉMONDER
Enlever la peau de certains fruits ou légumes après un trempage rapide dans l'eau bouillante.

ÉMULSIONNER
Battre vivement au fouet à main ou électrique.

ESCALOPER
Couper en tranches minces et en biais des pièces de viandes telles que des noix d'orignal ou de caribou. On peut utiliser un petit maillet en bois pour égaliser les escalopes crues.

ESSENCE DE LÉGUMES OU DE GIBIER
Infuser des éléments pour en tirer un liquide aromatique (sans liaison).

ÉTOUFFER
Cuire un aliment dans une casserole lutée hermétiquement, dans un sac sous-vide, ou dans la glaise.

ÉTUVER
Cuire un aliment à feu doux, à couvert.

FAISANDER (MORTIFIER)
Laisser vieillir un gibier à plume non vidé. Procéder avec beaucoup de précautions.

FARCIR
Remplir l'intérieur d'une volaille ou d'une pièce de viande avec de la farce.

FONDRE (TOMBER, ÉTUVER)
Généralement, cuire un aliment à feu doux, dans très peu de liquide et de gras, à couvert.

GASTRIQUE
Réduction de vinaigre ou de jus de fruits et de sucre auxquels on a ajouté des aromates, jusqu'à caramélisation.

GRILLER
Cuire un aliment en l'exposant à l'action directe de la chaleur, par rayonnement ou par contact : braises, pierre plate ou plaque de fonte très chaude, gril.

HABILLER
Préparer un animal avant la cuisson

JULIENNE
Aliment (viande ou légume) détaillée en minces filaments de 2,5 à 5 cm (1 à 2 po) de longueur.

LARDER
Au moyen d'une lardoire, insérer des languettes de lard gras dans une viande pour la nourrir. On larde surtout les morceaux qui ont tendance à être plus secs (partie externe des cuisses).

LARDOIRE
Petit instrument qui ressemble à une grosse aiguille servant à introduire des bandes de lard gras dans une viande.

LEVER
Prélever des morceaux de viande, de volaille, de poisson ou de légumes.

LUTER
À l'aide d'un repère (pâte composée de farine et d'eau), fermer hermétiquement par cuisson le couvercle d'une casserole.

MACÉRER
Laisser tremper pendant un certain temps un fruit, un légume ou une viande dans un alcool ou un liquide aromatique.

MACIS
Partie rameuse et charnue de l'enveloppe de la noix de muscade réduite en poudre qui sert d'aromate.

MAGRET
Muscle de poitrine d'oie ou de canard gavé.

MANCHE
Os du jarret.

MARINER
Laisser tremper une viande ou une volaille dans une marinade pour l'attendrir et lui donner plus d'arôme.

MIJOTER
Faire cuire lentement à feu doux.

MIREPOIX
Légumes (carottes, oignons, céleri et poireau) et quelquefois lard et jambon coupés en dés, servant de base à une sauce ou à un composé.

MONTER AU BEURRE
Parsemer une sauce de noisettes de beurre en pommade et les incorporer en vannant jusqu'à l'obtention d'un mélange homogène.

MORTIFIER
Suspendre quelque temps dans un endroit frais le gibier ou la volaille avec les plumes pour le laisser s'attendrir.

MOUILLER
Ajouter un liquide dans une préparation culinaire. Le liquide, que l'on appelle « mouillement », peut être de l'eau, du lait, du bouillon, un fond, du vin. Mouiller à hauteur signifie que l'on ajoute du liquide jusqu'à ce qu'il couvre à peine les éléments à cuire.

NAPPER
Recouvrir de sauce ou de gelée les mets chauds ou froids.

PANER
Passer un élément dans un jaune d'œuf battu, puis dans la chapelure fraîche ou sèche avant de le faire frire.

PARER
Supprimer les parties non utilisables d'une viande, d'un poisson ou d'un légume au moment de sa préparation, afin d'en améliorer la présentation.

PARURE
Partie non utilisée d'un aliment.

PAVÉ
Nouveau terme désignant une tranche épaisse ou une galette de viande formée en rond.

PELUCHE
Cerfeuil effeuillé.

PINCER
Colorer uniformément au four des os de gibier à plume ou à poil.

PIQUER
Insérer dans la chair d'un gibier à plume ou à poil de grosses juliennes de lard, de jambon, de truffes, etc.

POCHER
Cuire les aliments dans un mouillement plus ou moins abondant, en maintenant un très léger frémissement.

POÊLER
Cuire lentement dans un récipient ouvert avec un corps gras, une garniture aromatique et un peu de liquide (eau, fond, vin, etc.). Ou cuire rapidement une viande mince à la poêle.

POLENTA
En Italie, galette à base de farine de maïs.

POMMES NOISETTES
Petites boules de pulpe de pomme de terre formées avec une cuillère à pommes noisettes et rissolées.

POMMES PARISIENNES
Boules de pulpe de pomme de terre formées à l'aide d'une cuillère parisienne et rissolées.

RAFRAÎCHIR
Passer sous l'eau froide un aliment qu'on vient de blanchir ou de cuire à l'eau pour le refroidir rapidement.

RAIDIR
Contracter les chairs d'un aliment à la chaleur, sans coloration.

RÉDUIRE
Faire bouillir ou mijoter une sauce ou un fond. L'évaporation rendra la préparation plus corsée et plus colorée.

REPÈRE
Mélange de farine délayée avec un blanc d'œuf ou de l'eau, plus ou moins consistant, suivant les besoins. Ce mélange sert à luter un couvercle de casserole.

REVENIR
Faire sauter vivement une viande (ou un légume) que l'on veut colorer, avant de la mouiller (à la différence de saisir qui consiste à contracter les chairs).

RISSOLER
Sauter en donnant plus de coloration.

RÔTIR
Cuire une viande avec une certaine quantité de corps gras, en l'exposant directement à la chaleur d'un feu nu ou à la chaleur rayonnante d'un four ou d'une rôtissoire.

SAISIR
Cuire une viande dans un corps gras très chaud afin de contracter les chairs (à la différence de revenir qui consiste à donner une coloration).

SALPICON
Mélange de différents éléments coupés – en petits dés, en petits tronçons ou en filets – liés avec une sauce.

SAUCER
Verser de la sauce autour d'un mets.

SAUTER
Cuire à feu vif dans un corps gras et en remuant la casserole ou la sauteuse de façon à faire « sauter » les articles pour les empêcher de coller.

SINGER
Poudrer de farine des aliments afin d'obtenir, après le mouillement, la liaison de la sauce.

SUER
Faire cuire un légume à chaleur assez forte, dans un corps gras, pour lui faire perdre une partie de son eau de végétation et concentrer ses sucs.

SUPRÊME
Terme désignant du blanc de volaille ou du filet de gibier. On appelle aussi « suprême », des apprêts de mets raffinés.

TOMBER, ÉTUVER OU FONDRE DES LÉGUMES
Cuire dans un mouille-ment beurré jusqu'à complète évaporation du liquide.

VENAISON
Chair comestible du gros gibier à poil (cerf, chevreuil, daim, sanglier, etc.). On appelle « basse venaison » la chair du lièvre et du lapin.

VANNER
Agiter une sauce ou une crème pour empêcher la formation d'une peau ou incorporer du beurre.

6

7

8

9

10

11

12

13

Crock·Pot

14

15 **16** **17** **18** **19** **20**

15. Différentes spatules pour travail de cuisson
16. Vide pomme – Zesteur – Coupe de fruit – Canneleur – Cuillère pour noisettes – Cuillère parisienne – Couteau d'office – Économe – Râpe à muscade
17. Couteaux à désosser
18. Fourchette de cuisine et aiguisoir (fusil)
19. Couteaux de boucher
20. Couperets de boucher
21. Araignée – Écumoire
22. Maillets pour aplatir et attendrir
23. Aiguilles à brider de différentes grosseurs – Lardoire
24. Différents thermomètres
25. À gauche : spatules en bois, à droite : marises
26. Emporte-pièce de différentes grandeurs et de différentes formes
27. Passoires (tamis chinois, passoire fine, chinois étamine)
28. Malaxeur
29. Terrine à charcuterie
30. Moulinette

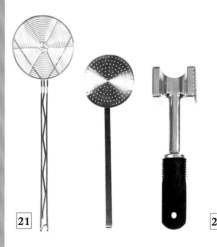

21 **22**

TERMES UTILISÉS EN BOUCHERIE

AMOURETTES

Les morceaux de moelle épinière des animaux de boucherie sont communément désignés sous le nom d'«amourettes». Au Québec, nous utilisons ce mot pour les testicules.

ANIMELLES

Testicules des animaux. Peu utilisées, mais d'une grande finesse culinaire. Aux siècles des rois de France… c'était un mets de luxe !

ARAIGNÉE

Nom qui désigne les muscles obturateurs qui tapissent le trou du coxa (hanche) – c'est un morceau que le boucher se réserve souvent pour lui-même ; lui demander…

BAVETTE

Désigne les muscles plats de l'abdomen. La bavette d'aloyau et la bavette du flanchet sont des morceaux à griller, alors que la bavette à pot-au-feu est un morceau à bouillir.

BIFTECK OU *BEEFSTEAK*

Orthographes française et anglaise employées concurremment, mais le mot est d'origine anglaise : *beef* qui signifie «bœuf», et *steak* qui signifie «tranche».

CARRÉ

Pièce de viande comprenant l'ensemble des côtes.

CERVELLE

Nom donné au cerveau des animaux de boucherie et du gibier. C'est un abat blanc riche en phosphore, en protéines et en vitamines, d'un goût délicat.

CŒUR

Abat rouge des animaux. Il doit être rouge vif et ferme pour le cuisiner. Ce muscle dépourvu de graisse est excellent, malgré qu'on le néglige en gastronomie. Cuit «à point», il est tendre, sinon, il faut le braiser.

CÔTES OU CÔTELETTES

Os plats qui forment le thorax. L'on dit «côtes» pour les bovins adultes, «côtelettes» c'est-à-dire «petites côtes» pour le veau, le porc, le mouton. La plupart des animaux de boucherie possèdent 13 paires de côtes, parfois 14.

CUISSEAU OU CUISSOT

Cuisse d'un petit animal. On écrit «cuisseau» de veau, mais «cuissot» de chevreuil, de marcassin, d'ours, etc.

ÉCHINE, ÉCHINÉE OU ÉPINÉE

Partie de l'épine dorsale du porc, tirant son nom du relief aigu des apophyses épineuses des vertèbres dorsales et comprenant les muscles qui les enveloppent. De l'échine de porc, on tire des côtelettes dans l'échine.

ENTRECÔTE

Tranche de bœuf coupée dans les muscles recouvrant les vertèbres dorsales. L'entrecôte n'est pas seulement coupée «entre les côtes», mais aussi «dessus les côtes», puisque c'est du train de côtes désossé que l'on extrait les entrecôtes. Il semble donc que ce mot soit impropre, mais il est tellement entré dans l'usage, qu'il ne faut pas songer à le modifier.

FEUILLET

Partie de l'estomac des ruminants (omassum) désignée ainsi parce qu'elle est composée de nombreuses feuilles entre lesquelles les aliments finissent d'être broyés.

FILET

Le filet des animaux de boucherie est composé de trois muscles, le «psoas», le «petit psoas» et le «psoas iliaque». Le filet est la partie la plus tendre de l'animal. Sa tendreté découle de ce qu'il est formé de muscles internes qui jouent le rôle d'amortisseurs de l'appareil digestif, donc qui ne travaillent guère. Le filet ne représente que 2 p. 100 du poids de la carcasse d'un bovin.

FOIE

Abat rouge de haute qualité – il faut bien contrôler sa cuisson. Plus il sera cuit, plus il sera dur. Ceux des jeunes animaux sont les meilleurs. Pour les foies d'animaux de chasse, il faut être prudent. (Voir la section Conseils sur l'utilisation des abats et de la chair du gibier à poil, p. 180.)

GIGOT

Cuisses de mouton ou d'agneau. Le gigot dit «entier» comporte non seulement la cuisse, mais aussi les os du bassin et les muscles qui le supportent. Le gigot dit «raccourci» est coupé à la hauteur de la cavité cotyloïde du coxa. La partie restante, c'est-à-dire les vertèbres coccygiennes, l'ilium et les muscles fessiers, se nomme «selle».

GÎTE À LA NOIX

Partie de la cuisse du bœuf comprenant la portion moyenne et supérieure du muscle long vaste et le demi-tendineux appelé «rond de gîte à la noix». Il est souvent désigné sous le nom de «semelle».

HAMPE

Partie supérieure et latérale du ventre du bœuf, du côté de la cuisse. C'est un morceau que le boucher apprécie.

LONGE DE PORC

Moitié en long de l'échine de porc comprenant toutes les vertèbres et les muscles qui la garnissent.

LONGE DE VEAU

Formée de cinq demi-vertèbres lombaires fendues dans le sens de la longueur garnies des muscles du même nom, prolongés par les muscles abdominaux.

MACREUSE

Partie principale des muscles de l'épaule du bœuf. Il y a deux sortes de macreuses : la macreuse à bouillir ou à braiser et la macreuse à rôtir ou à griller.

MERLAN

Appellation récente qui désigne le muscle couturier parce que ce petit muscle, une fois préparé, épouse à peu près la forme et la taille de ce poisson. Le mot est sans doute né dans l'imagination d'un garçon boucher, mais s'est vite généralisé au sein de la profession et même du public.

MUSEAU

Nez des animaux de boucherie ou de chasse. Le museau de bœuf après échaudage, salage, cuisson et préparation en vinaigrette fournit un hors-d'œuvre apprécié. Il fait aussi une excellente hure.

NOIX OU SOUS-NOIX OU NOIX PÂTISSIÈRE

Formée des trois muscles du cuisseau de veau, du coxa à la jointure du jarret. Les noix sont les morceaux nobles du veau, de l'orignal, du chevreuil ou du caribou.

ONGLET

Muscles piliers du diaphragme. L'onglet fournit des biftecks à viande longue mais savoureux, favoris des gourmets. On dit que c'est le bifteck du boucher.

PALERON

Épaule de bœuf à laquelle adhère le collier.

PECTINÉ OU POIRE

Muscle adducteur, fléchisseur et rotateur externe de la cuisse qui fait partie du tende de tranche (ensemble de muscles correspondant à la partie interne de la cuisse).

PERSILLÉ(E)

Viande parsemée de minces filets de graisse, indice de qualité. En terme de boucherie, viande provenant d'un animal ayant atteint un certain degré d'engraissement et qui présente une graisse interstitielle qui envahit même les espaces séparant les faisceaux musculaires. La pièce parée est souvent désignée sous le nom de « persillé ».

PLAT DE CÔTES

Désigne l'ensemble de 13 côtes qui, après la coupe primaire d'un demi-bœuf, bison, bœuf musqué, chevreuil, se présentent tout en longueur comme un « plat-plat ».

QUASI

Partie du veau, du chevreuil, du caribou ou de l'orignal, située entre le cuisseau et la région lombaire ; en somme, le rumsteck du bœuf. Le quasi, composé des muscles fessiers superposés, est un morceau tendre et savoureux.

RIS

Nom commun de la glande connue sous le nom de thymus. Le ris est un abat de luxe ; sa rareté et sa qualité font que son prix est élevé. C'est un « manger délicat », affirme le *Littré*. On ne trouve le ou les ris que chez les jeunes animaux. Cette glande disparaît à l'âge adulte.

ROGNONS

Abats rouges constitués du rein d'un animal (bœuf, orignal, chevreuil, caribou, etc.). Les rognons des jeunes animaux sont les plus délicats ; ils doivent être cuits « roses » pour rester tendres.

SEMELLE OU GÎTE NOIX

Nom donné au gîte noix, mais le terme est seulement employé lors du travail des viandes.

LES DÉCOUPES

Dans cette partie, le chasseur ou toute autre personne qui dépècera un gibier à poil trouvera une description des pièces de boucherie. Cela lui facilitera la tâche, tout en lui permettant de minimiser les pertes.

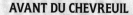

AVANT DU CHEVREUIL

1. Épaule – Raquette
   Utilisation : pour braiser ou en ragoût

2. Macreuse
   Utilisation : pour rôtir ou poêler

3. Paleron
   Utilisation : pour braiser, rôtir ou en ragoût

4. Basses côtes (Haut côté)
   Utilisation : pour rôtir

5. Tranches de basses côtes
   Utilisation : pour braiser ou poêler

6. Côtes de flan (*Spare ribs*)
   Utilisation : pour braiser

7. Collier
   Utilisation : pour braiser, ou en ragoût

8. Jarret d'épaule
   Utilisation : pour braiser, osso-buco

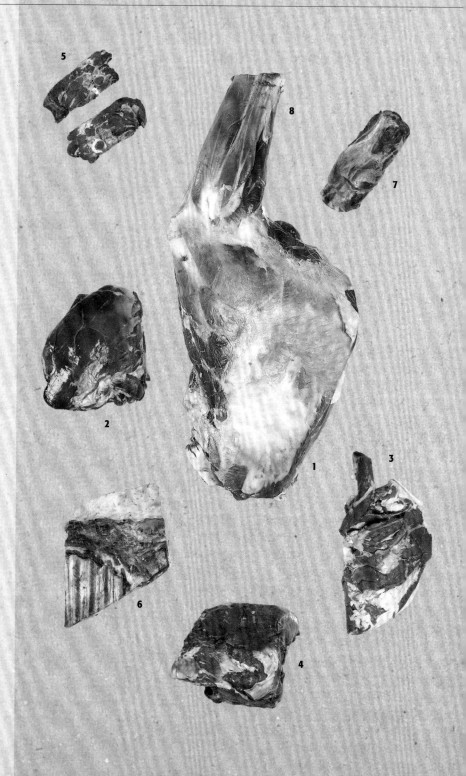

CHEVREUIL, ORIGNAL OU CARIBOU

PARTIES DE CHEVREUIL

1. Côte filet – selle (Longe)
   Utilisation : pour rôtir, griller ou poêler

2. Noisette
   Utilisation : pour poêler ou griller

3. Carré (Longe avec manches)
   Utilisation : pour rôtir

4. Côtelettes (ou côtes) avec manches
   Utilisation : pour poêler

CUISSE OU CUISSOT DE CHEVREUIL

1. Cuisse ou cuissot
   Utilisation : pour rôtir, poêler ou griller

2. Noix tranchée (Intérieur de ronde)
   Utilisation : pour rôtir, poêler ou griller

3. Rumsteak (Surlonge désossée)
   Utilisation : pour rôtir, poêler ou griller

4. Sous-noix (Semelle)
   Utilisation : pour rôtir, braiser ou
   en ragoût

5. Noix pâtissière (Pointe de surlonge)
   Utilisation : pour rôtir, poêler ou sauter

6. Jarret
   Utilisation : pour braiser, en ragoût,
   osso buco

ARRIÈRE DE BISON

1. Arrière de bison

2. Côte à l'os
   Utilisation : pour rôtir ou poêler

3. Bavette d'aloyau (Bavette)
   Utilisation : pour poêler

4. Jarret désossé
   Utilisation : pour braiser, rouelle, en ragoût

5. Os de jarret
   Utilisation : fond

6. Plat de tranche (Pointe de surlonge)
   Utilisation : pour braiser, en ragoût

7. Moutant (Pointe de surlonge)
   Utilisation : pour braiser, en ragoût

8. Rond de tranche grasse (Rond de pointe)
   Utilisation : pour poêler ou rôtir

9. Aiguillette de gîte (Triangle de semelle)
   Utilisation : pour braiser ou en ragoût

10. Nerveux de gîte (Souris)
    Utilisation : pour braiser ou en ragoût

11. Gîte à la noix (Semelle)
    Utilisation : pour braiser ou en ragoût

12. Rond de gîte (Œil de ronde – steak)
    Utilisation : pour poêler

13. Souris
    Utilisation : pour braiser ou en ragoût

14. Rond de gîte (Œil de ronde)
    Utilisation : pour poêler et rôtir

15. Filet
    Utilisation : pour poêler, rôtir, ou tartare

16. Tende de tranche (Intérieur de ronde)
    Utilisation : pour poêler et rôtir

17. Araignée
    Utilisation : pour poêler

18. Merlan
    Utilisation : pour poêler

19. Poire
    Utilisation : pour poêler

20. Milieu de tranche (Intérieur de ronde)
    Utilisation : pour poêler et rôtir

21. Dessus de tranche (Dessus de l'intérieur de ronde)
    Utilisation : pour braiser ou en ragoût

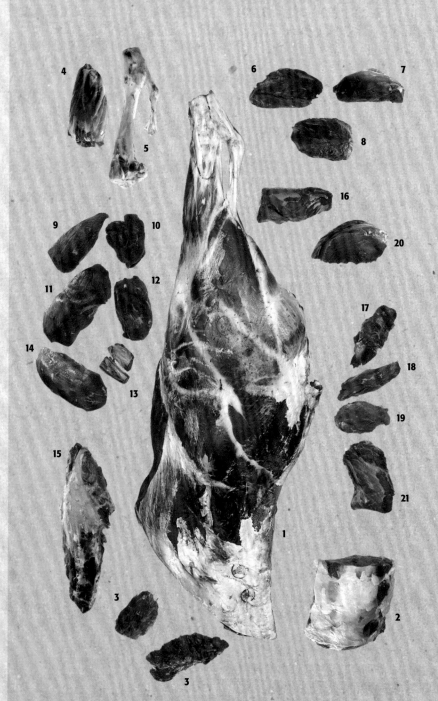

AVANT DE BISON

1. Avant de bison

2. Aiguillette d'épaule (Carotte d'épaule)
   Tartare

3. Souris d'épaule
   Pour braiser ou en ragoût

4. Haut de paleron
   Pour braiser ou en ragoût

5. Paleron
   Pour braiser ou en ragoût

6. Macreuse à bifteck
   Pour poêler ou rôtir

7. Haut de poitrine (Poitrine désossée)
   Pour braiser ou en ragoût

8. Macreuse à rôtir (Côtes croisées)
   Pour braiser ou en ragoût

9. Haut de poitrine (Poitrine désossée)
   Pour bouillir

10. Haut de poitrine (Poitrine désossée)
    Pour bouillir

11. Haut de poitrine (Poitrine désossée)
    Pour bouillir

12. Jarret avec os
    Pour braiser, en ragoût, rouelle

13. Collier désossé
    En ragoût

14. Entrecôte
    Pour rôtir, rouelle

BŒUF MUSQUÉ, CONTRE -FILET

1a. Coquille d'aloyau (Steak d'aloyau)
Utilisation : pour poêler ou rôtir

1b. Contre-filet
Utilisation : pour poêler ou rôtir

1c. Steak de contre-filet
Utilisation : pour poêler

2. Filet
Utilisation : pour poêler ou rôtir

BŒUF MUSQUÉ AVANT

3a. Macreuse
Utilisation : pour poêler

3b. Basses côtes désossées (Haut-côté désossé)
Utilisation : pour braiser ou en ragoût

3c. Chaînette de basses côtes
Utilisation : en ragoût

4. Persillé (Dessus de haut-côté)
Utilisation : pour poêler ou braiser

5. Collier désossé
Utilisation : pour braiser ou en ragoût

6. Macreuse
Utilisation : pour poêler

7. Aiguillette d'épaule (Carotte)
Utilisation : pour braiser ou en ragoût

8. Paleron
Utilisation : pour braiser ou en ragoût

9. Plat de côte (Côtes levées)
Utilisation : pour griller ou bouillir

1. Cuissots
   Utilisation : pour rôtir, poêler ou braiser
2. Épaules
   Utilisation : pour braiser, sauter ou en ragoût
3. Carrés et côtes
   Utilisation : pour rôtir, poêler ou griller
4. Selle
   Utilisation : pour rôtir ou en noisettes
5. Filets
   Utilisation : pour rôtir, poêler
6. Cou
   Utilisation : pour braiser ou en ragoût
7. Plat de côte
   Utilisation : pour bouillir ou au four

SANGLIER OU MARCASSIN

1. Cuissots ou gigues (Gigots ou gigues)
   Utilisation : pour rôtir, griller ou braiser

2. Épaules
   Utilisation : pour braiser, ragoût, civet

3. Carré ou côtes
   Utilisation : pour rôtir ou poêler

4. Selle
   Utilisation : pour griller ou en rôti de noisette

5. Rognons
   Utilisation : pour sauter ou griller

6. Cou
   Utilisation : pour braiser ou sauter

7. Langue
   Utilisation : pour braiser ou pocher

8. Basses côtes
   Utilisation : pour sauter ou en ragoût au four

9. Flan
   Utilisation : en ragoût ou bouilli

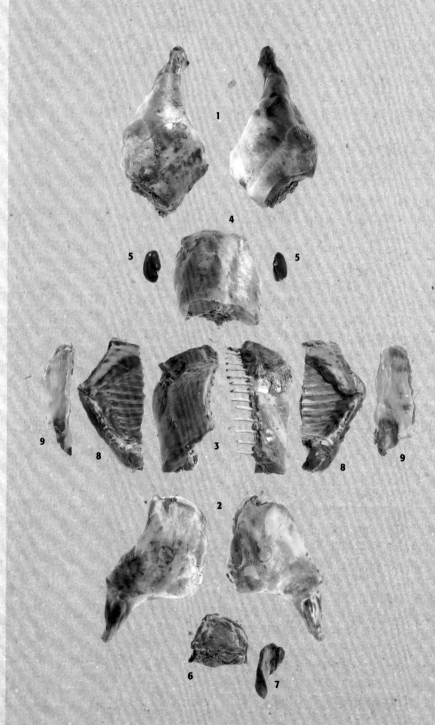

CASTOR

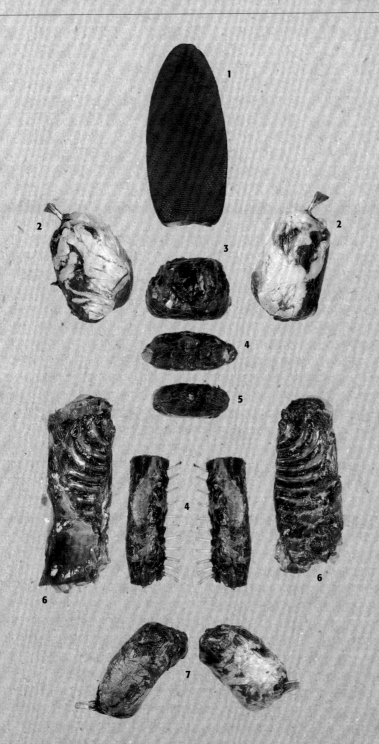

1. Queue
   Utilisation: en consommé ou comme garniture
2. Cuissots
   Utilisation: pour rôtir, griller ou braiser
3. Selle
   Utilisation: pour rôtir ou poêler (noisettes)
4. Carré
   Utilisation: pour rôtir ou poêler (côtes)
5. Noisette
   Utilisation: pour rôtir, griller ou braiser
6. Basses côtes et flan
   Utilisation: pour sauter ou en ragoût
7. Épaule
   Utilisation: pour rôtir, braiser, sauter ou en ragoût

PHOQUE

1. Cuisses
   Utilisation : pour braiser, rôtir ou au four

2. Selle
   Utilisation : pour rôtir, griller ou poêler

3. Carré et côtes
   Utilisation : pour rôtir, griller ou poêler

4. Basses côtes (Flan interne)
   Utilisation : pour griller, poêler ou au four

5. Flan de côte
   Utilisation : en ragoût, au four ou pour bouillir

6. Épaules
   Utilisation : pour braiser, sauter ou en ragoût

7. Sous-épaule
   Utilisation : pour braiser ou sauter

8. Cou
   Utilisation : pour braiser ou sauter

9. Rognons
   Utilisation : pour griller ou sauter

LAPIN ET LIÈVRE

LAPIN

1. Cuisses
   Utilisation : pour rôtir, griller ou braiser

2. Râble
   Utilisation : pour rôtir, griller ou sauter

3. Double carré
   Utilisation : pour poêler (côtes) ou rôtir (carré)

4. Épaule
   Utilisation : pour rôtir, sauter ou en ragoût

5. Rognons
   Utilisation : pour sauter

LIÈVRE

6. Rognons
   Utilisation : pour sauter

7. Foie
   Utilisation : pour poêler, rôtir ou sauter

8. Cuisses
   Utilisation : en civet ou pour braiser

9. Râble
   Utilisation : pour rôtir ou sauter

10. Double carré
    Utilisation : pour rôtir ou poêler (côtes)

11. Épaules
    Utilisation : pour rôtir, sauter ou en ragoût

12. Basses côtes
    Utilisation : en ragoût ou en bouillon

TECHNIQUES POUR APPRÊTER LE GIBIER À PLUME ET LA VOLAILLE

En haut à gauche : canard mulard mâle ; à droite : femelle

En bas à gauche : canard mulard mâle gavé ; à droite : femelle

En haut, de gauche à droite : oie, canard mulard femelle, dindonneau, pintade, faisan. Au milieu, de gauche à droite : petit poulet ou poussin, perdrix, colin de Virginie, pigeon.

En bas : cailles de différentes grosseurs

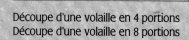

Découpe d'une volaille en 4 portions
Découpe d'une volaille en 8 portions

De gauche à droite : dinde, canard mulard, oie, canette de Barbarie

Suprêmes de canard selon leur
grosseur (Pékin – Brome – Barbarie –
mulard – colvert, mâle et femelle)

Cuisses de canard selon leur grosseur
(Pékin – Brome – Barbarie – mulard –
colvert – malard)

Petit gibier à plume selon leur
grosseur (canard – outarde –
gélinotte – lagopède – perdrix –
bécasse – caille)

Poitrines de canard mulard gavé
(magret)

Découpe d'un canard mulard gavé

Magret de canard mulard et foie gras
de canard mulard

Aiguillettes de canard mulard sur une
poitrine d'un mâle gavé

Escalopes de canard en tranches
dans une poitrine de canard mulard
mâle gavé

Comment enlever une cuisse

Comment enlever une poitrine ou un suprême

Comment désosser une cuisse de volaille ou de gibier à plume

Comment brider une volaille ou un gibier à plume

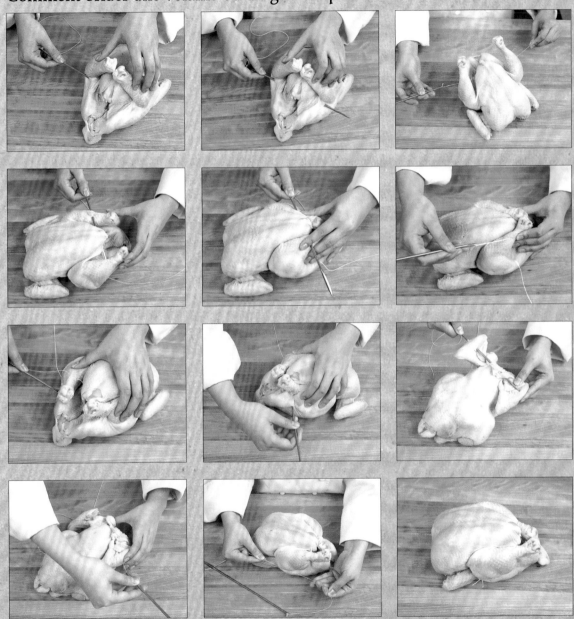

Comment barder une volaille ou un gibier à plume

Comment préparer une volaille pour cuisson en crapaudine

Comment larder une volaille ou un gibier à plume

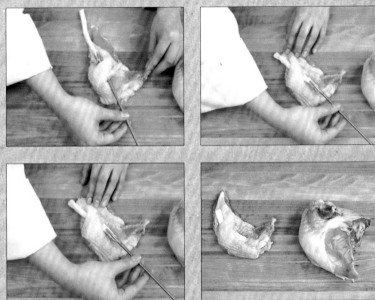

Comment préparer une volaille avec des condiments sous la peau et des légumes à l'intérieur

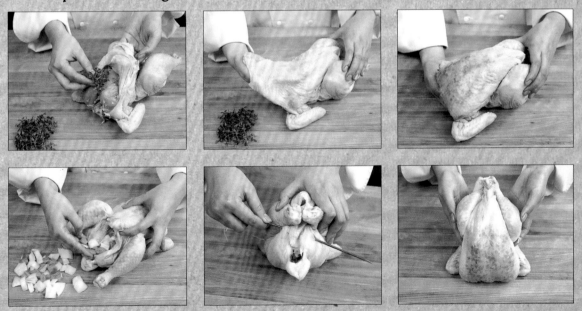

INDEX

RÉFÉRENCES

ASSINIWI, Bernard. *Recettes typiques des Indiens,* Montréal, Leméac, 1972.

BLONDIN, Charles. *Cuisine et chasse de Bourgogne et d'ailleurs,* Lyon, Éditions Horvath, 1948.

CHAUDIEU, Georges. *Dictionnaire de boucherie et boucherie-charcuterie,* Paris, Éditions Peyronnet, 1970.

COLLECTIF. *Secrets et vertus des plantes médicinales,* Sélection du Readers Digest,1985.

DELANNOY, Dominique. *Animaux de la ferme,* Paris, Éditions Artemis, 2000.

DUBOIS, Urbain. *Nouvelle cuisine bourgeoise pour la ville et la campagne,* Bernardin, Béchet et Fils.

DURANTEL, Pascal. *Les gibiers,* Chamalières, Losanges, 1997.

FRENTZ, Jean-Claude. *La charcuterie en toute simplicité,* Montréal, Éditions La Presse, 1989.

GÉLINAS, Pierre. *Répertoire des mocroorganismes pathogènes,* Saint-Hyacinthe, Fondations des Gouverneurs, Edisem, 1995,

GODFREY, W. Earl. *Les oiseaux du Québec,* Montréal, Éditions de l'Homme, 1990.

GRAPPE, Jean-Paul. *Champignons,* Montréal, Éditions de l'Homme, 2007.

KAYLER, Françoise et André MICHEL. *Cuisine amérindienne,* Montréal, Éditions de l'Homme, 1996.

LENOIR, Jean. *Le nez du vin,* Carnoux, Éditions Jean Lenoir, 1998.

MADGE, S. et H. BURN. *Guide des canards, des oies, des cygnes,* Paris, Lausanne, Delachaux et Nestlé, 1995.

Meilleures recette de tante Rosalie, Bruxelles, Société des journaux du « Patriote », 1937.

Ministère de l'Agriculture, des Pêches et de l'Alimentation (MAPAQ). *Votre guide du consommateur.*

Ministère de l'Agriculture, des Pêches et de l'Alimentation (MAPAQ). *Guide du manipulateur d'aliments.*

POMIANE, Edouard de. *Bien manger pour bien vivre, Essai de gastronomie théorique,* Paris, Albin Michel, 1922.

PRESCOTT, Jacques et Pierre Richard. *Mammifères du Québec et de l'Est du Canada,* Waterloo, Éditions Michel Quintin, 1996.

VAYSSIERE, Maryse. *Noix, châtaignes, champignons,* Paris, Éditions du Laquet, 1998.

WOLFF, J. M., J. P. Lebland, N. Soleilhac. *Technologie culinaire à la carte.* Paris, Éditions, J. Lanore, 1997.

L'Équipe, de gauche à droite :
Pierre Beauchemin, photographe culinaire à l'ITHQ, Luce Meunier, styliste accessoiriste ;
Myriam Pelletier, styliste culinaire ;
Jean-Paul Grappe, chef de cuisine.

REMERCIEMENTS

Il est impossible de produire un livre sur le gibier à poil et à plume de notre belle province sans le soutien d'innombrables personnes. Permettez-moi de les remercier vivement pour leurs encouragements :

- Lucile Daoust, directrice générale de l'ITHQ.
- Paul Caccia, responsable de l'édition à l'Institut de tourisme et d'hôtellerie du Québec ;
- Mon équipe habituelle de production (voir photo ci-contre) ;
- Toute la famille des Éditions de l'Homme ;
- Mon ami Serge Yelle, chasseur émérite, pour la fourniture d'une grande partie du gibier ;
- La famille Himbeault, Le boucher du chasseur, à Saint-Stanislas-de-Kostka ;
- Michel Busch, directeur de la restauration à l'hôtel Reine-Élisabeth, pour la fourniture de l'ours ;
- Louis Normand, chef de cuisine et professeur, pour la fourniture des bécasses et des perdrix ;
- Christina Blais, du Département de nutrition de l'Université de Montréal ;
- Hélène Thiboutot, microbiologiste alimentaire ;
- Nicolas Gauthier, Laies, marcassins du Rieur Sanglier, à Yamachiche ;
- Jean-Pierre Marionnet, maître boucher ;
- La revue *Aventure, chasse et pêche* ;
- Maison Hector Larivée, pour la fourniture des fruits et légumes ;
- Mark Hills de la Colombie-Britannique, pour la fourniture du bœuf musqué ;
- Josée Toupin et Alain Demontigny, pour la fourniture du bison ;
- Jean-François Gosselin, de l'Institut Maurice-Lamontagne, pour la fourniture du phoque ;
- Patrick Matheys, propriétaire de la charcuterie Les cochons tout ronds ;
- Denis Ferrer, pour la fourniture du cerf de Boileau ;
- Famille Therrien de Canabec pour la fourniture de gibier ;
- Monas et cie ltée pour les équipements et fournitures diverses ;
- Couteaux Sanelli ;
- Coranco, dépositaire de la marque Lagostina ;
- Ministère des Ressources naturelles et de la Faune ;
- Olivier et Emmanuel Nassan, Élevages du Périgord (1993) inc. ;
- Linen Chest pour le linge de cuisine et les accessoires ;
- La maison d'Émilie, pour le linge de cuisine et les accessoires ;
- Centre d'information sur le bœuf canadien.

CRÉDITS

Malgré de nombreuses tentatives, nous ne sommes pas parvenus à joindre tous les ayants droit des documents reproduits. Les personnes possédant des renseignements supplémentaires à ce sujet sont priées de communiquer avec Les Éditions de l'Homme à l'adresse électronique suivante : edhomme@groupehomme.com.

La presque totalité des photos reproduites dans ce livre ont été prises par Pierre Beauchemin, sauf les suivantes :